人口減少社会の雇用

若者・女性・高齢者・障害者・
外国人労働者の雇用の未来は？

西川清之 著

文眞堂

はじめに

　わが国の総人口が初めて自然減になったのは2005年のことである。その後，2006年を除き，2007年から2013年まで7年連続で自然減が続いている。しかもその減少幅は年々広がっている。国立社会保障・人口問題研究所は，このままいけば，わが国の総人口は，2048年に1億人を割り込み，2060年には8674万人（中位推計）になると推計している。要するに，わが国は，「人口減少社会」に入ったのである。

　総人口の減少に伴って，当然のことながら，生産年齢人口や労働力人口も減り続けている。前者，生産年齢人口のピークは，1995年の8716万5000人で，2010年現在，8103万2000人にまで減少している。95年と比べて約600万人の減少である。総務省が2014年4月15日に発表した2013年10月時点の人口推計では，32年ぶりに8000万人を割り込んだ。また，後者，労働力人口のピークは1998年の6793万人で，以後，減少に転じている。

　そういう中で，厚生労働省は，2012年7月20日に，日本経済の低成長（今後の日本経済の実質経済成長率をゼロと低めに仮定した場合）が続いて労働市場の改革も進まなければ，2030年の就業者数は2010年に比べて約850万人少ない5450万人程度に減るとの「10年比，厚労省推計」をまとめた。それによると，適切な経済成長（名目3％程度，実質2％程度）が実現することを前提に，「全員参加型社会」の実現により，若者，女性，高齢者などの労働市場への参加が進むケースをシミュレーションすると，生産年齢人口が大幅に減少していくなかでも，30年の就業者数は6085万人で，10年の就業者数と比べて213万人減に留まる。そして，その理由について，「つくる」「そだてる」「つなぐ」雇用政策を推進することで，日本の成長を担う産業が効果的に雇用を創出するとともに，成長分野等を中心とした人材育成により産業の高付加価値化が図られ，適切な経済成長を維持するに足る質量両面の労働力が供給されるためである，と記している。

ところで，2013年3月2日号の『週刊東洋経済』の特集「2030年 あなたの仕事がなくなる」は，日本の「雇用低迷の原因」は3つの構造変化，① グローバリゼーション（労働生産性が均等化），② 技術革新（ITやロボットが労働者を置き換え），③ 需要不足（経済成熟と人口減少，将来不安）の連鎖にある，と記している[1]。本書第1章「人口減少社会の到来と雇用の主役の交代─雇用政策研究会報告（2012）に焦点を当てて─」は，ここに言う ③ 需要不足（経済成熟と人口減少，将来不安）に関わっての考察である。それに続く第2章「製造業の空洞化と雇用問題─『ものづくり白書』（2012年版）の指摘を課題として─」は，① グローバリゼーション（労働生産性が均等化）に関わっての考察ということになる。

「2030年，あなたの仕事がなくなる」では，グローバリゼーションに関わって，概要，次のように記している[2]。

> 2030年の仕事を考えるとき，従来とは違う現象によって物事の見方が大きく変わりそうなものがある。それが，グローバル化による雇用への影響だ。現在のTPP（環太平洋経済連携協定）参加をめぐる議論でもそうだが，一般に自由貿易を正当化する理論的根拠となってきたものに「比較優位説」がある。（中略）比較優位説には，ある大きな前提がある。それは「資本や労働者は国境を越えて移動しない」というものだ。もし仮に，労働者が移住費や言語の違いなどを無視でき，自由に国際移動できるなら，高い賃金を求めて動き回り，やがて賃金は世界中で均等化することになるだろう。（中略）現実には労働者が言語などを無視して自由に国際移動することはできず，比較優位説が（「絶対優位説」よりも…引用者）現実的ということになる。しかし，もう一つの資本はどうだろうか。こちらは金融取引や直接投資などの自由化が大幅に進んだ結果，投資マネーのみならず，多国籍企業の事業投資も国境を越えて活発に行われている。実はその結果，足元で現実味を帯びているのが，工業分野における比較優位説の崩壊だ。なぜか。工業製品において労働生産性を決めるのは一にも二にも生産技術だ。そしてその生産技術を握っているのは言うまでもなく企業である。企業はその気になれば，先進国と同じ最新技術を持った設備や工

場を新興国に造ることができる。となると工業分野においては，労働生産性は企業の投資を行う先でどこでも同じになるということだ。(中略) 企業にとって，労働生産性がポータブルになると，彼らが生産拠点を選ぶ最大の基準は賃金の安さになる。全世界で労働生産性が均等なら，製品コストは賃金水準に全面的に依存するからだ。かくて低賃金国に労働者の余剰があるかぎり，工業製品の生産はどんどんそちらへシフトする。(中略) 以上が，今起きているグローバル化の本質だ。(傍点は引用者)

その結果，どういうことが起こるのか。グローバル化で先進国の賃金は「下に」サヤ寄せされ，新興国の賃金は「上に」サヤ寄せされるとして，次のように記している[3]。

低賃金国との競争にさらされた製造業の現場は，海外移転を阻止するため賃金低下を余儀なくされ，職にあぶれた者が他の内需産業などに流出することで玉突き的な賃金低下も起きる。特に製造業は戦後日本の賃金相場の牽引役だったため，ここでの賃下げは全体に与える影響が大きい。経営に対する労働組合の交渉力は弱まり，低賃金国のレベルにサヤ寄せされるかのごとく福利厚生や社会保障，労働環境の劣化が起きる。こうした流れが止まるのは究極的には，生産拡大や労働者不足で低賃金国の賃金が上昇し，先進国の賃金と均等化するときだろう（図…省略，引用者）。新興国の低賃金労働者がいなくなるまで先進工業国の仕事には失業の圧力がかかり続けることになる。(傍点は引用者)

要するに，多国籍企業の国境を越えた事業投資は，最新技術をもった設備や工場を現地に造ることによって，労働生産性の均等化を実現する。労働生産性が均等化すると，多国籍企業が生産拠点を決定する最大の基準は賃金のやすさということになる。他方，低賃金国との競争にさらされた国内の製造業の現場は，賃金低下，失業圧力に脅かされることになる，というのである。

傍点部分の「生産拠点を選ぶ最大の基準は賃金の安さ」を，具体例で裏付けしておく。日本経済新聞は，台湾企業の鴻海（ホンハイ）精密工業について，

次のように記している[4]。

> 人件費の高騰でスマートフォン（スマホ）やパソコンなどの受託工場が安価な労働力を求め工場立地の移動を加速し始めた。電子機器の受託製造サービス(EMS)世界最大手の台湾・鴻海（ホンハイ）精密工業はついに中国で最も人件費の安い貴州省まで行き着き「脱・中国」の動きも浮上。生き残りのため西へ東へと工場の大移動が始まりそうだ。（中略）貴州省は中国南西部の高原地帯にある。内陸のため経済発展が遅れ，月間最低賃金も7月時点で1030元（約1万6300円）と中国で最下位。（中略）鴻海にとっては人件費の安さが最大の魅力だ。

受託製造サービス(EMS)[5]は，「人海戦術による組み立て作業が基本で安価な労働力が不可欠」[6]だという。そこで，鴻海（ホンハイ）は，賃金の安い工場労働者を求めて，工場を「西へ東へ」と移動させ，ついには貴州省にたどり着いたというわけである（図参照）。しかし，ここまでいくといささか悲惨という気がする。労賃の安い土地など，いずれは枯渇あるいは消滅することは目に見えているからである。

人口減少社会のわが国では，建築業界，医療・福祉業界をはじめとして，いろんな業界で「人手不足」を来している。そこで政府の旗振りの下，経済界は労働力人口の掘り起しに躍起になっている。女性の管理職への登用，高齢者の継続雇用などは，その典型例である。

以下の諸章では，ピンポイント的に，若者，女性，高齢者，障害者，外国人労働者の雇用を取り上げた。これらを取り上げた理由は，次の通りである。

筆者は，1993（平成5）年度の旭川大学公開講座で，「バブル崩壊―減速経済と雇用調整―」というテーマで，講師を担当した。北海道新聞朝刊，1993年12月15日付，「聞・知・考」は，その時の筆者の話を，大意，次のように記している[7]。

> 89年のバブル全盛期，大手企業は新卒者を千人単位で採用していた。それがわずか4年でどう変わったか。それは，「女性」「高齢者」「外国人

図　EMSは安価な労働力を求めて工場立地を移してきた

```
鴻海の主な進出都市と経路 (年は着工や稼働時期)

山西省太原市  1,290    2003年
                              2004年  山東省煙台市 1,380
四川省成都市  1,200
              2010年
          河南省鄭州市  1,240
                              1993年  江蘇省昆山 1,530
       2010年  2009年
              重慶市  1,050
    2013年(予定)                              台北
貴州省貴陽市  1,030
                              1988年
    インドネシア？(交渉中)    広東省深圳市  1,600

数字は各都市の7月時点の月間最低賃金(単位：元)。ジェトロ調べ
```

（出所）日本経済新聞朝刊，2013年10月11日付，「受託大手，低賃金求め西へ東へ」。（一部補筆）

労働者」の扱いに顕著に表れている。バブル時代の人手不足の時，この3者が「切り札」と言われた。ところがバブル崩壊によって，真っ先に雇用調整の矛先を向けられたのがこの3者だった。外国人労働者は，とりわけ困難な状況に追い込まれた。ドイツでもトルコ人労働者が迫害を受けているように，不況で雇用調整が進むと，外国人労働者に対する目が冷ややかになり，国粋主義的な状況になる。極めて危ういことだが，日本にもその兆候が表れている。今後，高齢化社会，少子社会を迎え，労働力不足は目に見えている。外国人労働者については，人権を保障する制度を確立するまでは，安易に受け入れるべきではないという留保がつくが，高齢者や女性を積極的に活用しなくてはならない時代が確実に来る。しかし現状では女性，高齢者，外国人は企業にとっては人手が足りない場合の「安全弁」としての扱いしか受けていない。企業のリストラクチャリング，略して「リストラ」という言葉が流行している。その意味は，不採算部門切り捨てであり，この3者の扱いそのものなのである。（以下，略…引用者）

また，2011年8月4日の「2011年度龍谷大学教員免許状更新講習」では，「現代社会における雇用問題」をテーマとして，講師を担当した。当日は，パワーポイントを用いて，「新規学卒者の就職難」「女性の管理職比率」「高年齢者の雇用延長」「外国人労働者の現状」「障害者雇用の現状」を，朝9時から夕方5時半まで，講義した。本書の第3章から7章は，その折の草稿の一部を基に執筆したものである。

この場を借りて，当日の受講生24名の皆様には，改めて御礼申し上げたい。また，本書は，龍谷大学の2012年度特別研究員制度（2012年8月15日〜2013年8月14日）の適用を受けて執筆された3本の論文を核としてまとめられたものである。そのような機会を与えていただいた龍谷大学の関係者各位に感謝の意を表したい。

注
1 『週刊東洋経済』第6449号，2013年3月2日発行，38-39頁。
2 同上，39-41頁。
3 同上41頁。
4 日本経済新聞朝刊，2013年10月11日付，「受託大手，低賃金求め西へ東へ」。
5 EMS（Electronics Manufacturing Service）とは，自社ブランドを持たず，複数メーカーからパソコンや携帯電話など電子機器の製造を請け負う事業形態をいう。製造だけでなく，設計や部品調達，物流まで一貫して手掛けるケースもある。
6 注4に同じ。
7 北海道新聞朝刊，1993年12月15日付，「聞・知・考」。

目　次

はじめに………………………………………………………………… i

第1章　人口減少社会と雇用の主役の交代
　　　　―雇用政策研究会報告（2012）に焦点を当てて―………… 1

　はじめに ……………………………………………………………… 1
　第1節　人口減少社会の到来 ……………………………………… 4
　　1．総人口と年齢3区分別人口の推移 ………………………… 4
　　2．出生数と合計特殊出生率の推移 …………………………… 6
　　3．労働力人口と労働力人口比率の推移 ……………………… 8
　　4．人口減少が経済に及ぼす影響 ……………………………… 9
　第2節　「失われた20年」とはどういう時代だったのか？ ………11
　　1．経済成長率（実質GDPの成長率）の推移 …………………11
　　2．名目賃金の推移 ………………………………………………13
　　3．完全失業者数と失業率の推移 ………………………………14
　第3節　雇用政策研究会報告―「2030年・日本の姿」…………16
　第4節　産業における雇用の主役の交代 …………………………21
　　1．国内市場の縮小 ………………………………………………22
　　2．雇用の主役の交代 ……………………………………………24
　　3．医療・福祉業界の処遇改善と労働生産性の向上 …………27
　結びに代えて …………………………………………………………30

第2章　製造業の空洞化と雇用の行方
　　　　―『ものづくり白書』（2012年版）の指摘を課題として―………36

　はじめに ………………………………………………………………36

第1節　グローバリゼーションと製造業の空洞化 …………………………38
　1．言葉の意味とその生成の由来 ……………………………………38
　2．わが国における円高と貿易収支の推移 …………………………42
　3．わが国における戦後の貿易史 ……………………………………44
第2節　製造業の海外展開と国内外の製造業就業者数の推移 …………47
　1．製造業の海外展開と現地法人就業者数の推移 …………………47
　2．わが国の製造業における就業者数の推移 ………………………51
第3節　製造業の海外展開に伴う国内就業者数の動向 …………………52
　1．わが国ものづくり産業が重要と考える販売市場および生産拠点 …52
　2．わが国企業による海外 M&A の推移 ……………………………56
　3．製造業の海外展開に伴う国内就業者数の動向 …………………58
結びに代えて―国内の雇用はどうなる？ …………………………………66

第3章　わが国の若年者雇用の現状と課題
　　　―「学歴インフレ」と「新規学卒一括採用」の視点から― ………73

はじめに ………………………………………………………………………73
第1節　若年者失業の推移と現状 …………………………………………75
　1．若年者失業の推移と現状 …………………………………………75
　2．「就職氷河期」とは何か？ …………………………………………77
第2節　「学歴インフレ」の時代 ……………………………………………80
　1．大学・短大への進学率の推移 ……………………………………80
　2．「学歴インフレ」の時代 ……………………………………………82
　3．新卒者の就職状況 …………………………………………………84
第3節　「新規学卒一括採用」にメリットはないのか？ …………………86
　1．「新規学卒一括採用」とは何か？ …………………………………86
　2．「新規学卒一括採用」にメリットはないのか？ …………………89
第4節　学校経由の就職―大学の職業斡旋機関としての役割の重要性 ……94
結びに代えて …………………………………………………………………97

第4章 女性の管理職比率と「日本的雇用慣行」
―ダイバーシティ・マネジメントの視点から― ……103

はじめに ……………………………………………………………103
第1節 女性の管理職比率の推移と現状 ………………………106
 1. 労働力人口，就業者数，雇用者数等の男女比較 ………106
 2. 正規の職員・従業員数の減少と非正規の職員・従業員数の増加……106
 3. 性別・年齢階級別・雇用形態別雇用者数 ………………108
 4. 女性の管理職比率の推移と現状 …………………………109
第2節 勤続年数と「遅い選抜」 …………………………………110
 1. 女性の活躍を推進する上での問題点 ……………………110
 2. 女性管理職が少ないあるいは全くいない理由 …………113
 3. 勤続年数と「遅い選抜」 …………………………………115
 4. 労働時間の国際比較 ………………………………………118
第3節 隘路としての「日本的雇用慣行」 ………………………120
 1. ダイバーシティ・マネジメント …………………………120
 2. 時間あたりGDPとジェンダー・エンパワーメント指数……123
 3. 隘路としての「日本的雇用慣行」 ………………………129
 4. 「管理職」についての女性の意識 ………………………133
結びに代えて ………………………………………………………135

第5章 「65歳まで雇用」と企業
―人件費ならびに若者の就業に及ぼす影響を中心に― …………141

はじめに ……………………………………………………………141
第1節 2012年の改正高年齢者雇用安定法 ……………………144
 1. 65歳までの継続雇用へ ……………………………………144
 2. 定年制の実施状況 …………………………………………145
 3. 2012年の改正高年齢者雇用安定法 ………………………147
第2節 「高年齢者の雇用状況」 …………………………………150

  1．企業の雇用確保措置 ………………………………………………150
  2．希望者全員が 65 歳以上まで働ける企業等について …………152
  3．定年到達者等の動向について …………………………………155
 第 3 節　65 歳までの継続雇用と企業………………………………156
  1．「継続雇用」義務化への批判 ……………………………………156
  2．人件費は増大するのか？ ………………………………………159
  3．若者の就職口は減るのか？ ……………………………………163
 結びに代えて―政府の責任と企業の責任 …………………………168

第 6 章　わが国の障害者雇用の現状と課題
―精神障害者の雇用義務化に焦点を当てて― ………173

 はじめに ………………………………………………………………173
 第 1 節　障害者雇用促進法―その変遷 ……………………………176
 第 2 節　障害者雇用の現状 …………………………………………179
  1．誰が障害者なのか？ ……………………………………………179
  2．障害者雇用の現状 ………………………………………………182
 第 3 節　障害者雇用の課題 …………………………………………189
  1．企業と障害者雇用 ………………………………………………189
  2．精神障害者の雇用義務化 ………………………………………191
 結びに代えて …………………………………………………………196

第 7 章　外国人労働者と企業
―「高度人材」とは誰か？― ……………………………202

 はじめに ………………………………………………………………202
 第 1 節　「出入国管理及び難民認定法」と外国人労働者 …………204
  1．「出入国管理及び難民認定法」―その変遷 ……………………204
  2．外国人労働者の就労実態 ………………………………………208
 第 2 節　「高度人材」とは誰を指すのか？ …………………………214
  1．「高度人材」とは誰を指すのか？ ………………………………214

  2.「高度人材ポイント制度」の仕組み ………………………………216
 第3節　「高度人材の卵」としての留学生 …………………………221
  1. わが国への流入決定要因 …………………………………………221
  2.「高度人材の卵」としての留学生 …………………………………223
 結びに代えて―外国人労働者と企業 …………………………………227

参考文献一覧（脚注に示した文献及び「白書」類を除く）……………233

索引 ……………………………………………………………………………238

初出一覧

第1章

人口減少社会と雇用の主役の交代
―雇用政策研究会報告（2012）に焦点を当てて―

はじめに

　2012年6月6日付の日本経済新聞の「社説」は，「2011年の出生数は105万人と過去最少になり，1人の女性が生涯に産む子供の数の推計である合計特殊出生率は前年と同じ1.39にとどまった。ともに05年を底にほぼ回復基調にあったが，ブレーキがかかった。死亡数は125万人と戦後最多を更新。日本の人口は約20万人の自然減になった。これは神奈川県小田原市の人口に匹敵する規模である。11年は東日本大震災もあって，少子化や人口減少の動きは政府が考えていたよりも急である。」[1] と記している。

　これは，厚生労働省が6月5日に発表した「2011年の合計特殊出生率は前年と同じ1.39」に端を発したものである。そして，8月8日付の日本経済新聞は，「総務省が7日発表した住民基本台帳に基づく3月末時点の人口動態調査によると，日本人の総人口は1億2665万9683人（日本定住の外国人は含まず…引用者）と，前年同期に比べて26万3727人減少した。3年連続で前年を下回り，過去最大の減少数となった。少子高齢化で死亡数が出生数を上回る人口の自然減が初めて20万人を突破。（中略）出生数は前年を約2万人下回る104万9000人と，調査を始めた1980年以来の最低を更新した。死亡数は125万6000人と過去最高。死亡数から出生数を引いた自然減は前年（約15万人）を上回った。」[2] と記している。要するに，わが国は，「人口減少社会」（少産多死社会）に入ったのである。

　では，人口減少はどうして問題なのか。端的にいうと，こうだ。人口減少は，国内市場を縮小させる。つまり，国内需要を縮小させる。そこで，国内市

場が縮小している企業は当然のことであるが，今後縮小が予想される企業は，それがたとえ内需型産業の企業であっても，市場維持・拡大のために海外を志向する。それは，結果として，わが国に産業の空洞化をもたらし，国内の雇用機会を減少させる。また，人口減少に伴う生産年齢人口や労働力人口の減少は，早晩，産業界に労働力不足をもたらす。労働力不足は企業発展の桎梏となり，結果として，経済成長を減速させ，雇用機会を奪う。

それに加えて，流通業界では，大手企業を中心に，人件費削減のため，従業員の非正規化を推し進めている[3]。あるいは，海外シフトのため，国内での新卒採用を極力抑え，現地採用の従業員を増やそうとしている企業もある[4]。わが国の労働者を取り巻く雇用環境は厳しくなるばかりである。

そういう中で，雇用から見て，一縷の望みは，医療・福祉である。ここでは求人数が伸び，現在，製造業の雇用減少の受け皿となっている。しかし，ここでも従業員の非正規化，パート化が進んでいて，賃金は伸びない。雇用形態の多様化（あるいは非正規化）を推し進めるのであれば，同一労働同一賃金の保障は最低条件だと思うが，そんな声は一部の経済学者[5]を除いて，産業界のどこからも上がってこない。2012年6月24日付の日本経済新聞は，「企業の求人意欲が高まっているのに，賃金相場がなかなか上昇しない。医療や介護などサービス関連企業が雇用を大幅に増やしたが，こうした分野で働く人の賃金はむしろ減っている。雇用のサービス業シフトが賃金相場を押し上げる米国とは逆の動きだ。非正規雇用の賃金の安さやがんじがらめの規制を背景に，賃金が上がりにくい仕組みが定着している。」[6]（傍点は引用者）と記している。上記傍点部分をグラフに示せば図1-1のようになる。医療・福祉業界の常用雇用指数の推移は右肩上がり，賃金指数のそれは右肩下がり，となっている。

製造業からサービス業への雇用シフトは先進国共通の現象である。米国では2002～10年の間にヘルスケア・教育関連産業の雇用が20％増え，しかもこの分野で働く人の賃金は32％増えた。これに対して，日本でも医療・福祉は，雇用を伸ばしているが，賃金はむしろ減っている。みずほ総合研究所の調査によれば，医療・福祉の雇用は2002～10年の期間に38％増えたが，1人当たり賃金は13％減少している。日本経済新聞は，その理由の一つに，増加した雇用の多くを低賃金の非正規社員で賄っていることを挙げ，「医療・福祉部門の

はじめに　3

図1-1　医療・福祉業界の常用雇用指数と賃金指数の推移（5人以上事業所）

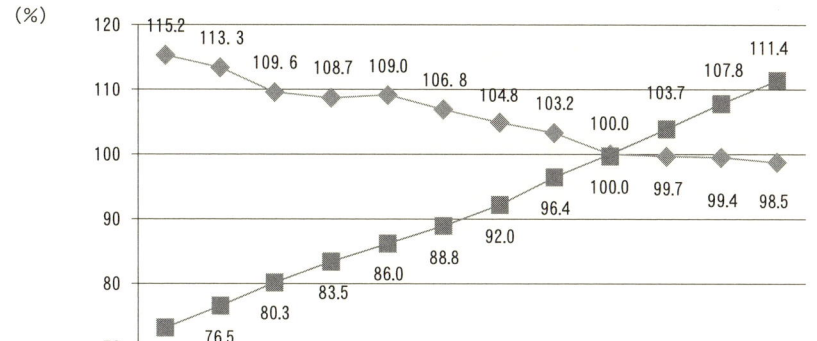

(注)　1. 常用雇用指数はパートタイム労働者含む就業形態計の数値。パート比率は平成24年の各産業の常用雇用者でのパートタイム労働者の割合を適用。
　　　2. 賃金指数は，現金給与総額・男女計，平成22年＝100.0としたもの。「現金給与総額」は「きまって支給する給与」及び「特別に支払われた給与」の合計額で，所得税，社会保険料，組合費，購買代金等を差し引く以前の金額。
(出所)　日本生産性本部生産性労働情報センター『2013年版 活用労働統計』，『2014年版 活用労働統計』，厚生労働省大臣官房統計情報部編『労働統計要覧（平成25年度）』から筆者作成。原資料は厚生労働省「毎月勤労統計調査」。

パート比率は21％で製造業の2倍。経済協力開発機構（OECD）の05年の調査では日本のパートの平均給与は正規社員の48％。スイス（96％）やドイツ（74％）より低い。女性の就業者はパートで働く比率が5割程度に達する。配偶者控除を受けるために，労働時間を減らして年間収入を103万円以内に抑える主婦も多い。同じ仕事をすれば正規，非正規の賃金をそろえる『同一労働・同一賃金』が一般的な欧米とは異なる。企業は賃金が低いパートを使い，総人件費を抑えてきた。」[7]と記している。

　本章では，まず，「人口減少」が経済成長に及ぼす影響を考察する。次に，「失われた20年」[8]の平成不況が雇用に及ぼしてきた影響を概観する。その上で，国内市場の縮小に応じて，産業における雇用の主役の交代を計画的に推進することの重要性を論じる。

第1節　人口減少社会の到来

1. 総人口と年齢3区分別人口の推移

わが国の総人口が初めて自然減となったのは2005年のことである。その後，2007年から2013年まで，7年連続で自然減が続いている（図1-2参照）。しかもその減少幅は年々広がっている。国立社会保障・人口問題研究所は，わが国の総人口は，2048年に1億人を割り込み，2060年には中位推計で8674万人になる，と推定している[9]。数だけで見れば，わが国の1950年代初頭の総人口に逆戻りするだけの話しである。しかしその中身が異なる。当時の高齢化率は5％程度（20人に1人）に過ぎなかったが，2060年のそれは，39.9％（10人に4人）にまで増加する（表1-1参照）。筆者は，それはそれで仕方がないことだと考えている。つまり，今日の人口減少は，50年前からわかっていたことだからである[10]。しかし，当然ではあるが，政府は諦めていない。経済財政諮

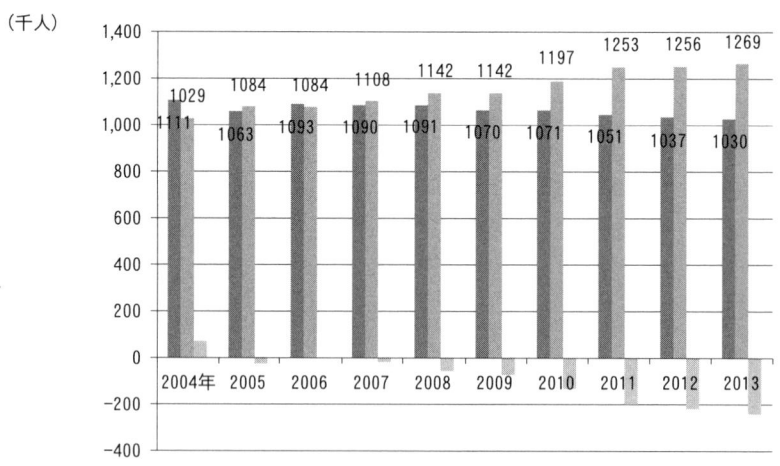

図1-2　出生数・死亡数・自然増加の推移

（注）　わが国における日本人に関するもので外国人に関するものは含まない。
（出所）　厚生労働省「人口動態統計」，ただし2005年，2010年は国勢調査人口による。（一部補筆）

表1-1 50年後はこうなる

	現在（2010年）	50年後（2060年）
総人口	1億2,806万人	8,674万人
老年人口（65歳以上）	2,948万人（総人口の23％）	3,464万人（39.9％）
生産年齢人口（15～64歳）	8,173万人（63.8％）	4,418万人（50.9％）
年少人口（0～14歳）	1,684万人（13.1％）	791万人（9.1％）
出生率	1.39	1.35
平均寿命	男性79.64歳，女性86.39歳	男性84.19歳，女性90.93歳
平均初婚年齢	25.7歳（1960年生まれの世代）	28.2歳（1995年生まれの世代）
生涯未婚率	9.4％（同）	20.1％（同）

（出所）日本経済新聞夕刊，2012年1月30日付，「65歳以上 5人に2人」。（一部輔筆）

表1-2 「選択する未来」提言のポイント

確実な未来
○人口急減・超高齢化社会が到来
現状のままなにもしない場合
○マイナス成長が定着
○地方自治体の4分の1が消滅危機
○財政破綻リスクの高まり
必要な対策
○50年後に1億人の人口を維持
○出産・子育て支援を倍増
○外国人材の戦略的な受け入れ
○70歳まで働ける社会をつくる
○地方都市の集約と活性化

（出所）日本経済新聞夕刊，2014年5月13日付，「出産・育児支援 倍増を」。

問会議の下に置かれた有識者委員会「選択する未来」（会長・三村明夫日本商工会議所会頭）は，2014年5月13日に，「人口減少の解決が急務だ」と提言する中間報告書をまとめた[11]（表1-2参照）。しかし，表中の「50年後に1億人の人口を維持」するには，合計特殊出生率を，2030年ごろまでに，現在の1.41から2.07にまで引き上げる必要がある。2030年まであと15年ほどしかない。しかも，主要国で出生率2.0以上を達成しているのはフランスだけである[12]。合計特殊出生率2.07は，到達可能な目標と言えるのだろうか。

ここで，1945年から現在，そして将来にわたっての総人口と年齢3区分別人口の推移（実績値と推計値）を見ておく（図1-3参照）。

図1-3　総人口と年齢3区分別人口の推移

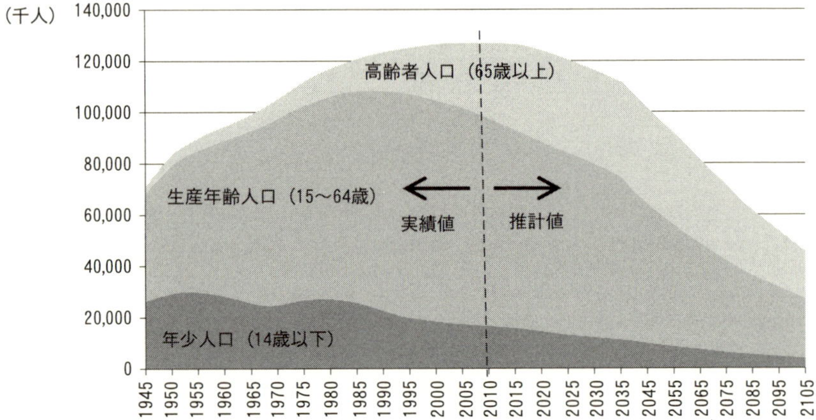

（出所）　総務省統計局総務省統計研修所『日本の統計』2014年版，8-9頁より筆者作成。

　図1-3が示すように，わが国の総人口が初めて自然減になったのは2005年のことである。その後は2006年を除き，毎年，確実に減少している。
　次に，生産年齢人口の推移を確認しておく。生産年齢人口の割合がピークとなったのは1992年の69.8％で[13]，また，実数がピークとなったのは1995年の8716万5千人である。そして2010年現在，8103万2千人で，95年のそれと比較して約600万人の減少となっている[14]。その後，総務省が2014年4月15日に発表した2013年10月時点の人口推計では，生産年齢人口が32年ぶりに8000万人を割り込み，前年より116万5千人減の7901万人となり，総人口（定住外国人を含む）に占める割合は62.1％になった[15]。総人口のみならず生産年齢人口も年々確実に減少している。人口減少社会では，これは当たり前のことであって，何ら驚くにはあたらない。ここで確認しておきたいのは，人口減少はわが国の厳然たる未来である[16]，ということである。本章では，これを素直に受け入れることから始める。それを前提として，問題解決の方法を探るほかはない，というのが筆者の基本的スタンスである[17]。

2．出生数と合計特殊出生率の推移

　1945年から現在までのわが国の出生数と合計特殊出生率[18]の推移を確認して

図1-4 出生数と合計特殊出生率の推移

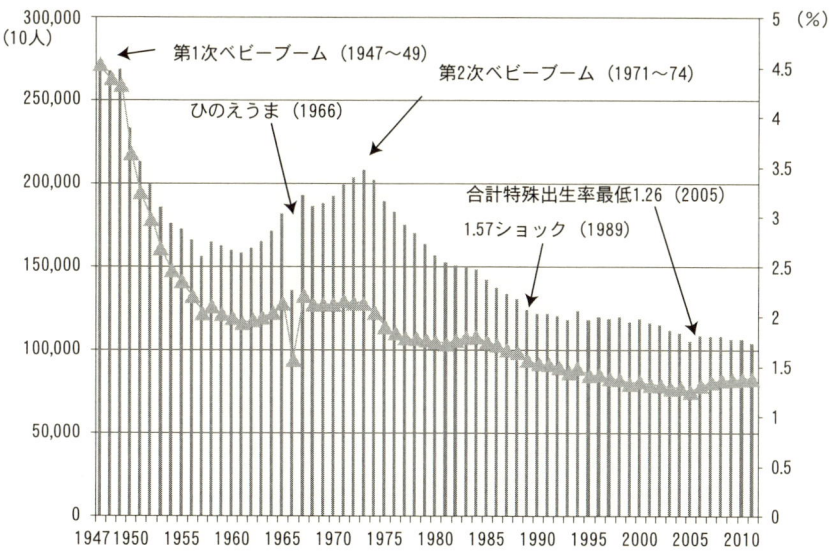

(注) 1947年から1972年は沖縄県を含まない。
(出所) 厚生労働省「人口動態統計」より筆者作成。

おく。(図1-4参照)

出生数は，大戦直後の第1次ベビーブーム（1947〜49年）の世代，いわゆる団塊の世代と，第2次ベビーブーム（1971〜74年）の世代，いわゆる団塊ジュニアを2つの山として，1975年以降は長期低落傾向にある。とくに，2005年以降は100万人台で推移している。厚生労働省は，2014年6月4日に，2013年の人口動態統計を発表した。それによると，赤ちゃんの出生数は前年から7400人減り，過去最少の102万9800人，3年連続で過去最少を更新した。自然減は過去最大の23万8600人で，6年連続で「最大値」が続き（図1-2参照），人口減少のスピードが加速していることが窺える[19]。

次に，合計特殊出生率の推移をみると，1947年の4.54をピークとして，56年に「置換水準」[20]を下回り，75年には女性の社会進出などで2.0を割り込んだ。その後も低下傾向は止まらず，1989年には「ひのえうま」であった1966年の1.58を下回る1.57となり，「1.57ショック」として騒がれた。2005年の

1.26を底に，2006年以降は緩やかに改善している。直近の2013年の出生率は1.43で，2012年に引き続き2年連続で上昇している。

3．労働力人口と労働力人口比率の推移

労働力人口[21]と労働力人口比率（労働力率）の推移を確認しておく（図1-5参照）。

日本の労働力人口は戦後ほぼ一貫して右肩上がりで増加してきたが，1998年の6793万人をピークに減少傾向に転じた。15歳以上の全人口に占める割合を示す労働力人口比率（労働力率）は2009年に59.9％と，戦後初めて6割を割り込んだ[22]。その主な要因は少子高齢化と総人口の減少である。2008年秋以降の不況で求人が減り，「就職活動をあきらめて求職活動を一時停止する人が増えた」ことも統計上の失業者数を減らし，労働力人口の減少に拍車をかけたとみられている[23]。

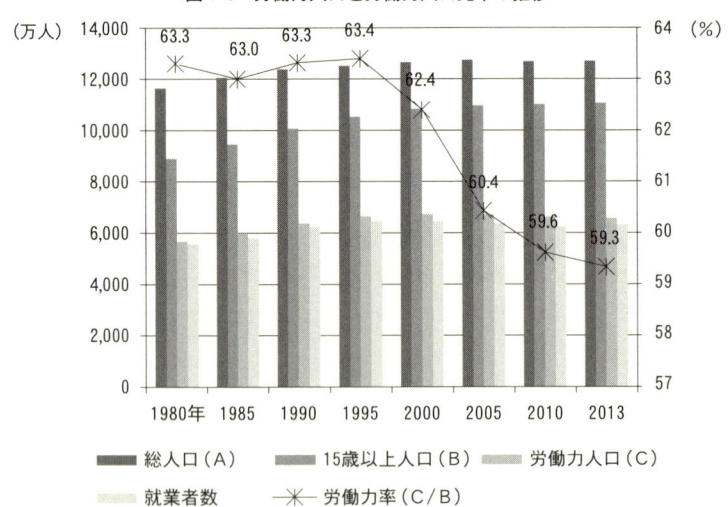

図1-5　労働力人口と労働力人口比率の推移

（注）　総人口は労働力調査結果推定のための基礎人口として推計した数値。
（出所）　前掲『労働統計要覧（平成25年度）』。原資料は総務省統計局「人口推計」「労働力調査」。（一部補筆）

4．人口減少が経済に及ぼす影響

人口減少が経済に及ぼす影響について，松谷明彦らは，次のように述べている[24]。

　人口の減少は経済を確実に変質させる。その第1は経済成長の消滅である。今後，経済成長は年々低下していき，やがて継続的なマイナス成長に転ずる。第2は生産資本ストック（生産設備の総量）の縮小である。それによって日本経済の原動力であった設備投資は，今後ほとんど拡大せず，やがて明確に縮小に向かう。そして第3は経済の不安定性の増大，具体的には不況が長期化する危険性の存在である。そうした日本経済の変質によって，これまでの経済運営，企業経営の手法は通用しなくなるだろう。そして変質の過程で，倒産や失業の一時的な増加といった混乱も生じよう。

人口減少即経済成長[25]の消滅ではない。経済成長に影響を及ぼす要因には，人口減少（正確には労働力人口の減少）以外にも，資本蓄積と技術革新（合わせて労働生産性と呼ぶ。）がある。松谷も，「労働者一人当たりの生産量を『労働生産性』と言い，したがって正確にはGDPの大きさは労働生産性と労働者数によって決まる。」[26]と述べている。また，吉川洋は，表1-3を示しながら，次のように述べている[27]。

　高度成長はけっして労働力人口の旺盛な伸びによって生み出されたものではない。それは，労働生産性の伸び（9.6％－1.3％＝8.3％）によってもたらされたのだ。こうした労働生産性の上昇は，資本蓄積（投資）と技術

表1-3　労働力人口と経済成長（高度成長期：1955～1970年）

	1955年	1970年	15年間の年平均成長率
実質GDP	47.2兆円	187.9兆円	9.60％
労働力人口	4,230万人	5,170万人	1.30％

（出所）吉川，前掲『いまこそ，ケインズとシュンペーターに学べ』209頁。（一部補筆）

進歩によって生み出されたのである。

　引用は GDP における労働生産性の重要性を指摘した箇所であるが，同時に，その寄与度は低いにしても労働力人口が GDP の関数であるということも示している。結局，人口減少が経済成長に及ぼす影響は「程度」問題だといえよう。例えば 1 億 2000 万人の人口が，50 年後に 8000 万人になったとして，その下で現在の経済規模を維持していくことなど，土台無理な話である。そういう意味で，松谷らが用いる「人口減少経済」[28]は言い得て妙な表現である。筆者は，これを「身の丈経済」と称したい。

　次に，小峰隆夫による「人口減少＝国内市場縮小」批判に言及しておく。小峰は，次のように述べている[29]。

　　世の中ではどうして「人口減少＝市場規模縮小論」が支配的なのだろうか。私は，これは次のような 2 つの錯覚が作用しているからだと考えている。第 1 の錯覚は，ミクロとマクロの錯覚だ。つまり，それまで内需に依存していた個々の企業にとっては，人口の減少は国内市場の縮小となるから，海外に進出するしか生きる道はない。しかしそうやって海外で稼いだ所得が国内で使われると，シルバー・マーケットのような新しい市場が生み出され，新しい産業，企業がその恩恵を受ける。こうして産業・企業の栄枯盛衰が生じるのは人口減少時代に限らず，いつの時代にもあることだ。国内市場縮小論は，現に市場が縮小しそうな産業・企業のミクロレベルの議論をそのままマクロに延長しているのではないか。しかも，市場が縮小しそうな産業・企業は現在すでに存在しており，市場が縮小するという見通しは比較的明確である場合が多い。これに対して，これから市場が拡大する産業・企業はこれから現れるものが多く，どんな分野で市場が拡大するかは不確実である場合が多い。われわれに聞こえてくるのは，現存する産業・企業にとっての確実な変化である。こうした事情も，市場縮小論を優勢にしているのではないか。第 2 の錯覚は，量と質（付加価値）についての錯覚である。人口が減ると日本人全体の食事回数は減り，学生の数も減る。すると，確実に食品市場，教育市場規模は縮小するように思わ

れる。しかしこれは量の話である。量が減ったからといって，食品業界，教育業界のマーケットが縮小するとは限らない。質（付加価値）が高くなる可能性があるからだ。例えば，日本人全体の食事の総回数が減っても，1回当たりの食費が増えれば食品マーケット全体の規模が縮小するとは限らない。

第1の錯覚の指摘は，マクロ経済学的には正しいのかもしれない。しかし，企業経営者にとっての最大の関心は日常の企業経営というミクロレベルの問題である。彼らにとって大事なことは，自分の企業を維持存続させることであって，「産業・企業の栄枯盛衰」などと呑気に構えている余裕などない。人口減少，その結果としての国内市場の縮小はまさに彼らあるいはその企業の死活に関わる問題である。また，第2の錯覚の「質で量を補填」の可能性は，図1-2の総人口の推移を見る限り，短期的には言えても，長期的にはやや無理がある。これもやはり程度問題だと言えよう。

第2節 「失われた20年」とはどういう時代だったのか？

1．経済成長率（実質GDPの成長率）の推移

わが国の経済成長率の推移について確認しておく。図1-6は，戦後，経済復興が本格的に始まる1956年から2012年までの経済成長率の推移を示したものである。

この間の日本経済は大きく3つの段階に分けることができると思う[30]。第1段階は，戦後復興期から高度経済成長期までの56〜73年で，経済成長率の平均は9.1％となっている。第2段階は，73年の第一次オイル・ショックと変動相場制への移行を境にした74〜90年で，成長率の平均は4.1％となっている。いわゆる「安定成長」が喧伝されていた時代である。そして第3段階は，バブルが弾けた1991年から2012年の「失われた20年」で，成長率の平均は0.63％となっている。

「失われた20年」の経済低迷（実質GDP平均0.63％）の原因として，さま

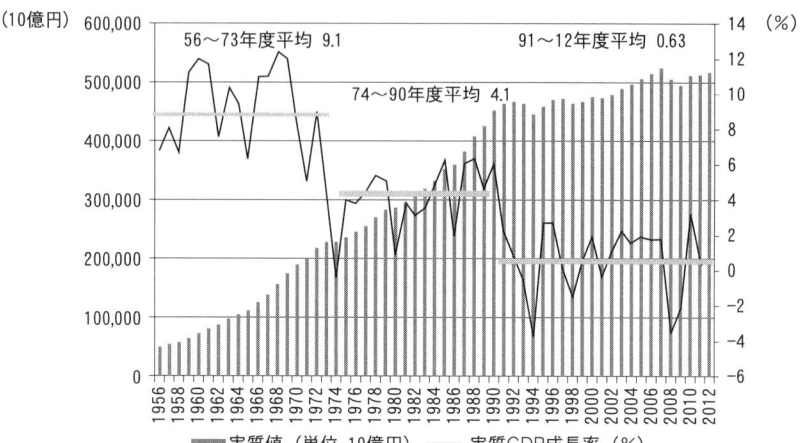

図1-6 経済成長率（実質GDPの成長率）の推移

（注） 1. 1973年度までは沖縄県を含んでいない。
2. 国民経済計算は，1979年度までは68SNA，1980年度からは93SNAベース。2013年12月25日発表値。ただし，現在までの同一基準による一貫したデータは訴求改訂されていないため，各基準年の係数を繋げているが体系基準年が異なるため直接に接続しない。実質値については，1979年度までは1990年暦年の固定基準年（1990年＝100.0），以降1993年までは1995年暦年の固定基準年（1995年＝100.0），1994年以降は2005年暦年の連鎖価格（2005年＝100.0）による表示。
（出所） 前掲『2014年版 活用労働統計』より作成。原資料は内閣府「国民経済計算年報」。

ざまなことが指摘されている。わが国が冷戦構造終焉の意味を解さなかったこと，経済のグローバル化やITの波に乗り遅れたこと，等々である[31]。それはそれとして，深尾京司は，その根本原因を，企業を中心とした貯蓄超過と投資の減速に求めている。貯蓄超過については，次のように述べている[32]。

　　貯蓄超過を円滑に運用しなければ需要不足により不況に陥る。日本はこのような需要不足の危機を1970年代後半から慢性的に抱えていた。（中略）日本では1980年以降，82，86，92，97，2000，08年に景気後退が起きているが，その多くは貯蓄超過の使途が変化した時期と一致する。図式的には，ある時期において中心的に行われてきた貯蓄超過の使い方（中略）が，国際環境や財政赤字問題等により維持できなくなったものの，それに代わる新しい使い道にうまく移行できない時期に不況が起きていると

いえよう。

　要するに，その原因は，貯蓄超過と投資減速に基づく有効需要不足に求めることができる，というのである。このような所論は，ポール・クルーグマンにも見られる[33]。
　ここで経済成長を取り上げた理由について，簡潔に述べておく。既述したように，生産年齢人口や労働力人口の増減は，経済成長に影響を及ぼす。それを端的に示す用語が，人口ボーナスであり人口オーナス（負荷）である。
　人口ボーナスとは，働く世代である15～64歳の生産年齢人口が，年少人口と高齢者人口の合計，すなわち従属人口を上回り，経済成長にプラスに作用する状態を指す。人口全体の中で働く人々の割合が高くなり，働かない人々の割合が低下すると，所得と需要が増加し，経済には追い風になると考えられているのである。人口オーナスはその逆の状態を指す[34]。これらの用語に従えば，わが国の現在及び当面の人口構成は経済成長にとってマイナスに働く人口オーナスの局面にあると言える。

2．名目賃金の推移

　日本総合研究所の山田久は，わが国の名目賃金は1995～2010年の間に11%減った，と述べている[35]。図1-7は，現金給与総額の名目賃金指数の推移を示したものである。1997年の111.9%をピークとして，2012年には99.6%にまで低下している。
　ここで名目賃金に着目する理由は，下方硬直性のある「名目賃金が下がり始めたら『本格的』デフレ」[36]と言われるからである。では，日本の賃金はいつ頃から下落基調に入ったのであろうか。黒田祥子・山本勲は，1985～2001年の『賃金構造基本統計調査』のデータを用いて，名目賃金（フルタイム労働者の年間給与総額）の動向を調査し，名目賃金の下落は，1992～97年頃には見られないが，1998年以降見られるようになった，と述べている[37]。また，野田知彦・阿部正浩は，1990～2004年の上場企業のパネル・データ（日経NEEDS）を用いた実証分析により，他の研究者と同様に，1997年の金融危機の前後に賃金決定のメカニズムに変化が生じた，という結果を得ている[38]。そ

14　第1章　人口減少社会と雇用の主役の交代

図1-7　現金給与総額の名目賃金指数の推移
（産業計，就業形態計，男女計，30人以上事業所，2010年＝100.0％）

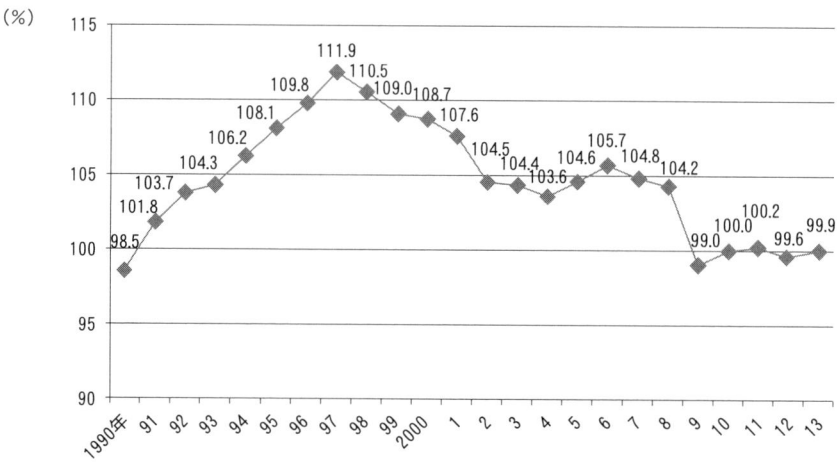

（出所）　前掲『2014年版　活用労働統計』32頁より筆者作成。原資料は，厚生労働省「毎月勤労統計調査」。

こで，ここでも，彼らに従って，日本の賃金は，1998年前後から下落基調に入った，と理解しておく。

3．完全失業者数と失業率の推移

わが国では，戦後長らく完全雇用[39]と言ってもよいほどの低失業率であった。しかし，図1-8が示すように，1991年のバブル崩壊後，失業者数及び失業率は徐々に上昇し，特に1997年を境に急速に悪化し，2002年には，失業者数359万人，失業率5.4％にまで上昇した。その後はリーマン・ショック等の影響もあり予断を許さない状況が続いたが，2013年現在，失業者数は前年より20万人減の265万人，失業率は同0.3ポイント低下の4.0％にまで回復してきている。

図1-8では，実数ならびに率ともに年平均で示しているが，月単位でみると，1953年の統計開始以来，失業率が最も高かったのは2009年7月の5.7％（実数では359万人）である。この5.7％は，2002年の6月と8月，2003年4月に記録した5.5％を上回るものであった。また，この月は，有効求人倍率も，

図1-8 完全失業者数および失業率の推移

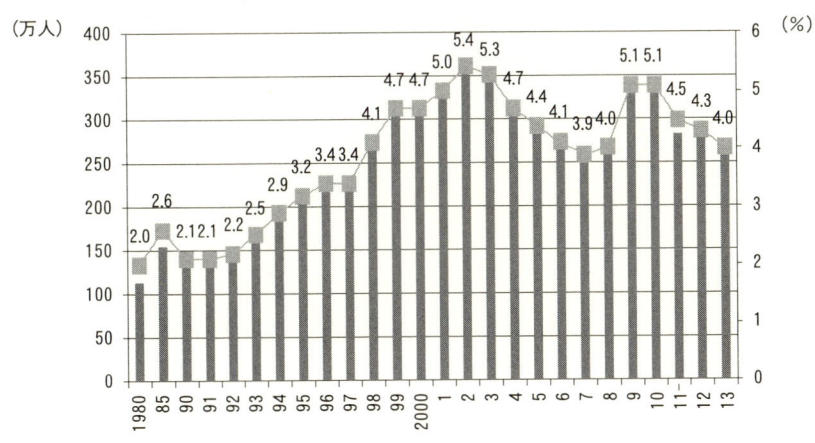

（注）　2011年は，東日本大震災の影響により，岩手県，宮城県及び福島県を除く。
（出所）　前掲『労働統計要覧（平成25年度）』より筆者作成。原資料は「労働力調査」。

1963年の統計開始以来，過去最低の0.42倍を記録している[40]。

なお，日本経済新聞は，最近の有効求人倍率ならびに完全失業率について，概要，「厚生労働省が2014年6月27日に発表した5月の有効求人倍率（季節調整値）は，前月から0.01ポイント上昇の1.09倍であった。改善は18カ月連続で，1992年6月以来の約22年ぶりの高水準である。製造業やサービス業などで求人が伸びた結果である。完全失業率も3.5％まで下がり，16年5カ月ぶりの水準になった。」と記している[41]。最近の景気回復を反映したものである。

以上，第2節では，「失われた20年」がどういう時代であったかを窺い知るため，経済成長の推移，名目賃金の推移，完全失業者数と失業率の推移，を見てきた。このように見てくると，この20年間は日本経済にとって試練の時代であった，と言えよう。

16　第1章　人口減少社会と雇用の主役の交代

第3節　雇用政策研究会報告—「2030年・日本の姿」

　厚生労働省は，2012年7月20日，日本経済の低成長（今後の日本経済の実質経済成長率をゼロと低めに仮定した場合）が続いて労働市場の改革も進まなかった場合，2030年の就業者数は2010年に比べて約850万人少ない5450万人程度に減るとの「10年比，厚労省推計」をまとめた[42]。この推計は，厚生労働省が独立行政法人の労働政策研究・研修機構（雇用政策研究会・座長＝樋口美雄慶應義塾大学商学部教授）に委託していたもので，公表の報告書名は，

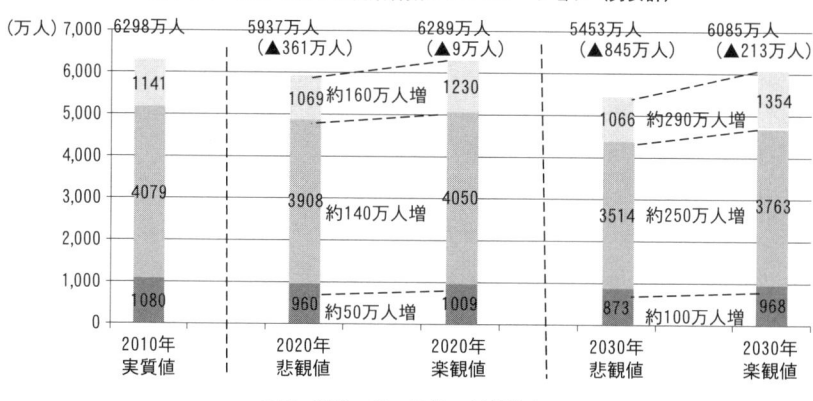

図1-9-1　2030年までの就業者数のシミュレーション（男女計）

（注）　1．原資料は，2010年実績値は総務省「労働力調査」（平成22年（新）基準人口による補間補正値），2020年及び2030年は（独）労働政策研究・研修機構推計
　　　 2．推計は，（独）労働政策研究・研修機構が，国立社会保障・人口問題研究所「日本の将来推計人口（平成24年1月推計）」等を用いて行ったもの
　　　 3．「楽観値」とは正確には，「経済成長と労働参加が適切に進むケース」で，「日本再生戦略」を踏まえた高成長が実現し，かつ労働市場への参加が進むケース
　　　 4．「悲観値」とは正確には，「経済成長と労働参加が適切に進まないケース」で，復興需要を見込んで2015年までは経済成長が一定程度進むケースと同程度の成長率を想定するが，2016年以降，経済成長率・物価変化率がゼロかつ労働市場への参加が進まないケース（2010年性・年齢階級別の労働力率固定ケース）
（出所）　「報告書概要Ⅶ」71頁。

第 3 節　雇用政策研究会報告―「2030 年・日本の姿」　17

図 1-9-2　2030 年までの就業者数のシミュレーション（男）

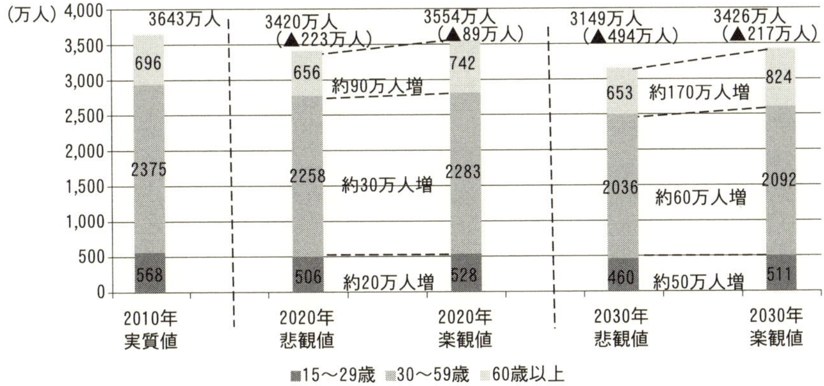

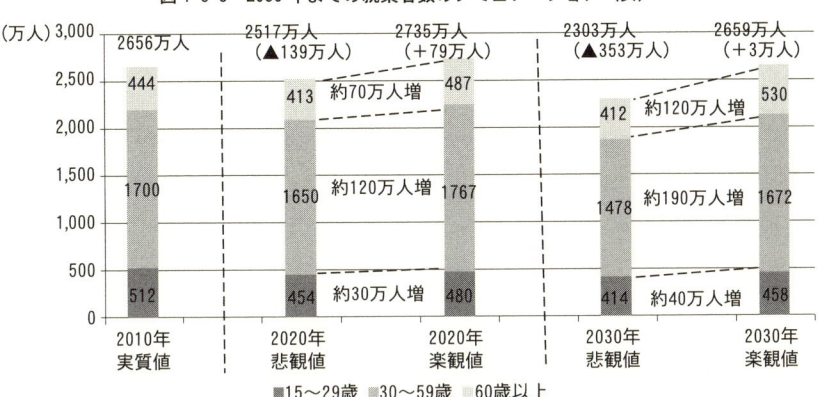

（出所）「報告書概要Ⅷ」72 頁。

図 1-9-3　2030 年までの就業者数のシミュレーション（女）

（出所）「報告書概要Ⅷ」72 頁。

「『つくる』『そだてる』『つなぐ』『まもる』雇用政策の推進」（以下，「報告書」という。）である。「報告書」は本文 64 頁，全体で 134 頁と大部なので，ここでそのすべてを考察の対象とするわけにはいかない。そこで，「第 4 章 2030年・日本の姿～労働力需給推計の活用による経済・雇用政策のシミュレーション～」を中心に考察する。図 1-9-1, 2, 3, 4, 5 は，「報告書概要Ⅶ・Ⅷ」に示さ

18   第1章 人口減少社会と雇用の主役の交代

図1-9-4　男性の労働力率の見通し（経済成長と経営参加が適切に進むケース）

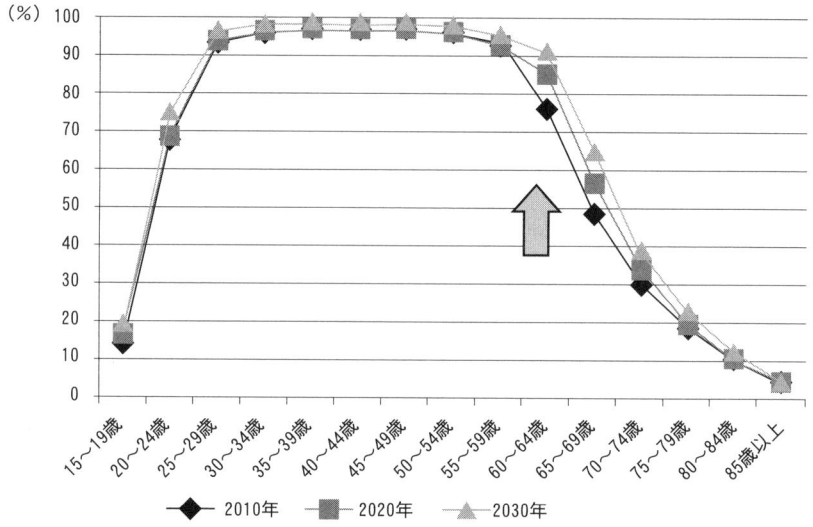

（出所）「報告書」85頁より筆者作成。

図1-9-5　女性の労働力率の見通し（経済成長と経営参加が適切に進むケース）

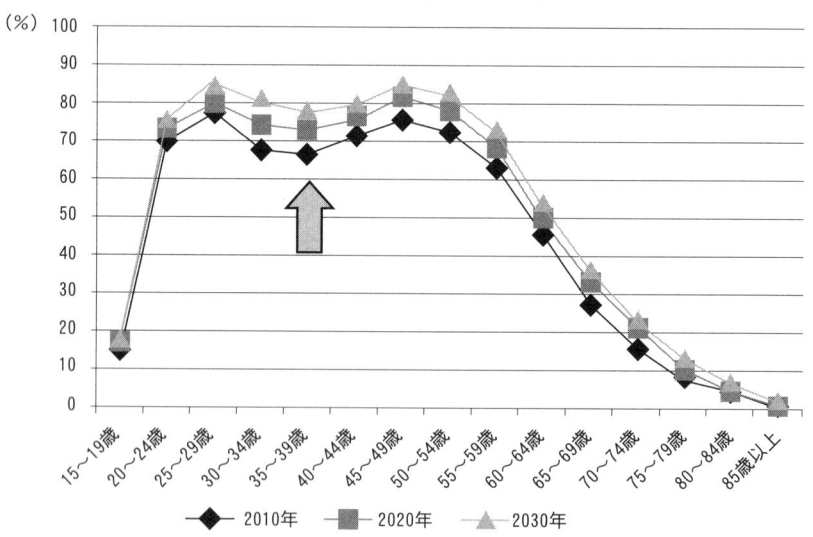

（出所）「報告書」85頁より筆者作成。

第 3 節　雇用政策研究会報告─「2030 年・日本の姿」

れていたものである。

　まず，確認しておきたいのは，「報告書」の（成長＋参加促進ケース）の「参加促進ケース」が何を意味しているかである。シミュレーションは，男性については，「年齢に関わりなく希望する全ての者が働ける社会の実現により，男性の高齢者層の労働力率は上昇」[43]（傍点は引用者），また，女性については，「女性の就業環境の改善等により M 字カーブが解消する」[44]を意味している。

　また，「報告書」は，「日本の経済・雇用対策の 4 つの要」の ④ に，「生産年齢人口の減少下で，国力を維持・成長させるため，全員参加型社会の実現を図るとともに，労働力の質の向上を進めること」[45]（傍点は引用者）を挙げている。注意を要するのは，傍点部分である。「全員参加型社会」とはどのような社会を指すのであろうか。しかし，「報告書」にその定義は見当たらない。そこで，ここでは，「年齢に関わりなく希望する全ての者が働ける社会」であり，「若者，女性，高齢者，障害者をはじめ，就労を希望する全ての者の就職・定着支援を推進する」[46]社会と解しておく。

　ところで，2010 年から 30 年の 20 年間で就業者数が 845 万人減るとの推計は，「経済成長と労働参加が適切に進まないケース」で，今後の日本経済の実質経済成長率をゼロと低めに仮定した悲観的シナリオの数字である。若年層の失業率が高く，女性や高齢者を働き手として十分に活用できていない今の状況が続くことを前提にしている。この場合，30 年の就業者数は 10 年比で男性が 494 万人減，女性が 353 万人減となる。

　実質成長率が 2% 程度に高まる楽観的シナリオでも[47]，男性の就業者数は 217 万人減る。しかし，女性の就業者数は，全体では人口が大幅に減るにもかかわらず，3 万人増える。これは，10 年時点で 66.4% にとどまる 25〜44 歳，いわゆる M 字型カーブのボトムの就業率が 78.3% にまで上昇すると予測されるためである。男女合計の減少幅は 213 万人で，何もしない場合に比べておよそ 640 万人の就業者が生み出される計算になる。

　要するに，「報告書」は，わが国の労働力減少を前提としながらも，その労働力減少を最小限に食い止めるために，女性，高齢者，若者等の労働力の有効活用，そして，そのための就業環境の改善を提言しているのである。「報告書」

のまとめ「2030年・日本の姿」の要点を記しておこう[48]。

　政策効果がほとんど出ない場合をシミュレーションすると，2030年（以下，30年と記す。）の就業者数は5453万人と，2010年（以下，10年と記す。）のそれと比較して845万人減となる。労働供給が大幅に減少すると，成長産業も適切な労働力・人材を確保できず，また，内需拡大も期待できないことから，日本経済はほぼゼロ成長状態に停滞する。この場合，日本の強みである製造業等も，人材育成が進まず，付加価値を引き上げることが困難となる。産業全体の競争力が弱まる中で，製造業の就業者数は，10年の1060万人から30年には834万人にまで減少する。一方，医療・福祉の就業者数は，10年の656万人から30年には855万人にまで増加するが，経済成長と雇用参加が適切に進む場合と比較すると，社会保険の外部の周辺サービス等による雇用を含め，雇用成長は伸び悩む。他方，適切な経済成長（「日本再生戦略」を踏まえた高成長のこと…報告書注）が実現することを前提に，「全員参加型社会」の実現により，女性，若者，高齢者などの労働市場への参加が進むケースをシミュレーションすると，生産年齢人口が大幅に減少していくなかで，30年の就業者数は6085万人で，10年の就業者数と比べて213万人減に留まる。これは，「つくる」「そだてる」「つなぐ」雇用政策を推進することによって，日本の成長を担う産業が効果的に雇用を創出するとともに，成長分野等を中心とした人材育成により産業の高付加価値化が図られ，適切な経済成長を維持するに足る質量両面の労働力が供給されるためである。結果として，製造業の就業者数は30年には987万人，医療・福祉分野の就業者数は，30年には972万人と，人口減少社会の下でも，日本の強みである製造業を，日本の長所として維持することが可能となる。また，この全員参加型社会は，適切な人材育成と，こうした人材による高付加価値の生産活動を必要とする成長産業の育成が同時に進むことによる，TFP[49]の上昇を契機に，合成の誤謬を抜け出し，財・サービスに適正な価格が付与されることで，労働者の雇用の安定と賃金の上昇を図り，消費拡大も推進される社会である。次に，性別に就業者数をみると，希望する者全員が年齢に関係なく働くこ

とのできる社会の実現により，人口減少の影響等により全体の就業者数は減少するなかで，男性は高齢層の就業率が増加し（図1-9-4の上方向矢印…引用者），女性はM字カーブの解消等により就業者数自体が増加する（図1-9-5の上方向の矢印…引用者）。こうした状況下では，働き手が男性から女性に大きくシフトする職も出てくることから，従来の男女の役割や職業適性に関する固定的な見方を着実に払拭し，男女同一の性差なき人材形成を図ることで，30年の労働需要に適切に対応する労働力・人材を確保できることになる。

雇用をリードするのは経済成長である。したがって，30年の就業者数6085万人の実現は，「日本再生戦略」の名目3％程度，実質2％程度の経済成長が達成できるかどうかに懸かっている。果たしてその達成は可能であろうか。ハードルは高い。

第4節　産業における雇用の主役の交代

小峰は，「人口減少＝国内市場縮小」論を，機会あるごとに批判している。しかし，「人口減少＝国内市場縮小」は社会に広く浸透している。例えば，第3節で取り上げた「報告書」にも，「少子高齢社会の到来に伴う人口減少社会を迎えるなか，『生産年齢人口の大幅な減少』という，労働供給面から見ると『労働力の減少による経済成長の抑制要因』，労働需要面から見ると『消費者層の減少を通じた内需減少の懸念要因』を，如何に乗り越え，持続的成長を成し遂げていけるのかという重要な課題に直面している。」[50]（傍点は引用者）という記述がある。

上記引用でもう一つ着目したいのは，「労働需要面」という用語である。はじめにでも述べたように，「内需減少」は「雇用の減少」を招く，と考えるからである。

1. 国内市場の縮小

既述したように，経済成長を左右する要因には，(1)労働力人口，(2)資本蓄積，(3)技術進歩の3つがある。これらは，「長期的な供給サイドの要素」と呼ばれている。これに対して，民間消費・民間設備投資・政府支出・純輸出（貿易収支とサービス収支で所得収支等は除く）は「短期的な需要サイドの要素」と呼ばれている。

2012年度のわが国の名目国内総生産（GDP）は472兆5965億円であった。これを支出側からみると，民間最終消費支出（個人消費）が288.1兆円で全体の61.0%を占める。このほか，企業の設備投資，住宅投資などの総固定資本形成が99.7兆円，政府最終消費支出が97.1兆円，在庫品増加が−2.0兆円，財貨・サービスの純輸出が−10.3兆円であった。短期的なGDPの変動の検証は，これらすべての観点から行われる必要がある。しかし，本章では，紙幅の関係もあり，論点を消費の動向に絞る[51]。

消費の動向は，総人口と家計可処分所得の多寡によって決まる。したがっ

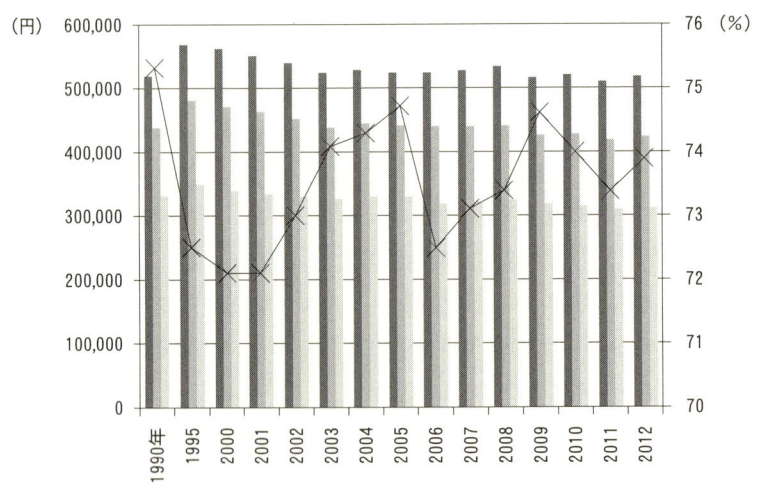

図1-10　1世帯当たり1カ月間の収入と支出（2人以上の世帯のうち勤労者世帯）

(注)　1995年以前は，農林漁業世帯を除く2人以上の世帯。可処分所得＝実収入−非消費支出。平均消費性向とは，可処分所得に対する消費支出の割合。
(出所)　総務省「家計調査年報（家計収支編）」各年より筆者作成。

て，総人口が減少し，可処分所得の拡大も期待できないとなれば，消費の持続的拡大は望むべくもない。換言すれば，自ら働くことで収入を得ている労働力人口は，今後も減り続けるであろうし，現在の高い水準の労働分配率（2012年度は64.0%[52]）から考えると，今後の1人当たり賃金の大幅増も期待薄である。

図1-10は，1世帯当たり1カ月間の実収入，可処分所得，消費支出の推移をみたものである。実収入や可処分所得は，1997年をピークに減少に転じ，2000年代に入っても横這いから緩やかな減少傾向が続いている。可処分所得の減少が消費にマイナスの影響を与えることは言うまでもない。一例を挙げると，チェーンストアの総販売額は，図1-11が示すように，1996年に生産年齢人口が減少に転じて以来，1997年をピークとして，年々減少傾向にある。

このような状況下で，日本経済新聞は，「内需産業も大航海時代」という見出しで，「内需型の産業とされてきた食品や日用品メーカーが一斉に海外展開

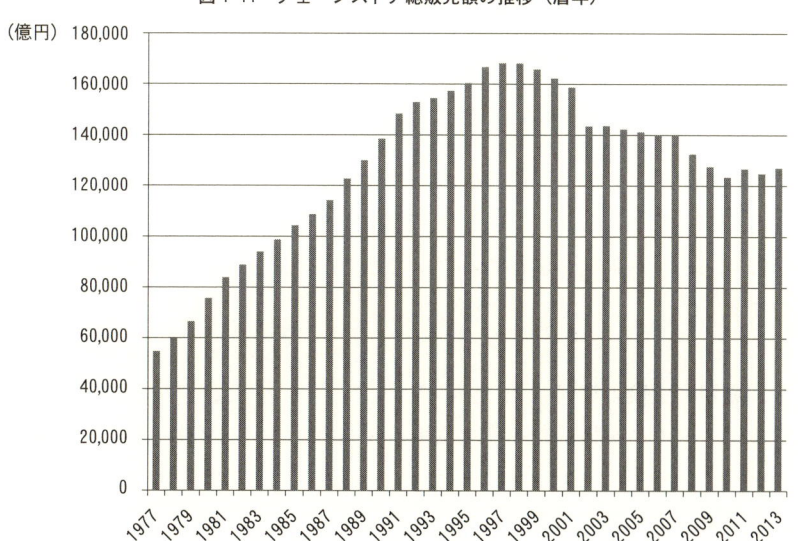

図1-11 チェーンストア総販売額の推移（暦年）

（出所）　日本チェーンストア協会「暦年で見る規模推移」。（一部補筆）https://www.jcsa.gr.jp/figures/index.html

を加速している。アジア・オセアニアを中心に現地の有力企業に対してM&A（合併・買収）を相次いで実施。買収資金を抑えられるという点で歴史的な円高も追い風だ。国内市場は少子高齢化で縮小が避けられない。海外事業を広げないと将来が先細りになるという危機感が企業の背中を押している。」[53]（傍点は引用者）と記している。

さらに，内需型産業のM&Aの活用について，「内需型企業が海外展開を急ぐのは，縮小していく国内市場だけでは投資に見合った成長の果実を得ることが難しくなっているためだ。大手各社は海外展開に併せて国内の工場閉鎖や同業との提携などを通じて国内事業の効率化も進めている。ビール系飲料市場は1994年をピークに8割程度に落ち込み，2010年は6年連続で最低水準を更新した。ユニ・チャームが強みをもつ紙おむつ市場は，国内では少子化で90年代後半から縮小し，ここ最近は1200億円程度で横ばいが続く。さらに国内市場はメーカー間や小売業同士の競争が激しいうえ，デフレ傾向も長く続き，利益を上げにくい。『国内事業の収益性が低すぎるため，リスクがあっても高い投資リターンが見込める海外のM&Aのほうが市場から評価される』（投資銀行関係者）という面もある。もっとも各社とも海外展開の原資を国内で稼いでいるのは事実で，事業の効率化は急務だ。」[54]（傍点は引用者）という解説を付している。

人口減少が進行し国内市場が縮小すれば，企業が海外展開を図るのは当然の成り行きである。しかし，困るのは，それによって国内の雇用機会が減少することである。しかし，幸いなことに，縮小する市場があれば，拡大が見込まれる市場もある。高齢化が進行するなかで拡大が見込まれる労働市場とは医療・福祉である[55]。

2．雇用の主役の交代

日本における産業構造の高度化（第1次→第2次，第2次→第3次産業への就業構造の転換）は早い段階で行われている。ここでは，雇用という視点から，産業間労働移動の重要性について考えてみよう。

雇用の主役は時代の流れとともに変わってきた。戦後復興が始まった1950年代は就業者総数4000万人前後のうち，農林業や漁業の第1次産業に従事す

る就業者数は約 1600 万人で，全体の約 4 割を占めた。しかし高度経済成長を経て，雇用の主役は第 1 次産業から第 2 次産業に移った。第 1 次産業の就業者数は，2012 年現在で 240 万人となり，全盛期の 15％程度にまで落ち込んでいる。製造業の就業者数が農林業のそれを抜いたのは 1964 年である。以来，約 30 年間にわたって，製造業は産業別で国内最大の雇用の受け皿となってきた。重心は，繊維・衣服などの軽工業から鉄鋼や電気機械，自動車など重厚長大の輸出型産業に移ったが，2 度の石油危機を乗り越え，製造業は日本の成長を支えてきた。製造業とともに雇用に貢献したのが建設業である。高度経済成長の中で高速道路やダム，新幹線，港湾が整備され，多くの雇用を生んだ。製造業の就業者数のピークは 1992 年の 1569 万人である。その後はバブル崩壊に伴う内需の落ち込みに加え，円高で企業が生産拠点を海外に移したため，雇用は減少に転じた。2013 年にはピーク時の 3 分の 2 程度の 1039 万人にまで減少している。バブル崩壊で製造業の雇用が落ち込むなかで，政府は公共工事の拡大で景気や雇用を下支えした。労働力は製造業や農林業から建設業に移り，1997 年には全体の 1 割を占める 685 万人が建設業で働いていた。しかし，2001 年ごろから財政難で公共工事の維持が困難になり，公共工事費が減少するのに伴い，建設業の就業者数も，2013 年現在で 499 万人となり，1997 年のピーク時の 3 割弱減となっている。第 1 次，第 2 次産業の雇用が減る中で，国内雇用を支えているのが卸売・小売業，サービス業などの第 3 次産業である。1996 年には卸売・小売業，飲食店の就業者数が 1463 万人になり，製造業の 1445 万人を抜いた。第 3 次産業のウェイトは，今後もますます増大するとみられている[56]。

図 1-12 は，1975 年から現在に至るまでの主な産業別就業者数の推移を見たものである。2013 年現在で，卸売・小売業が 1057 万人，製造業が 1039 万人，医療・福祉は 735 万人となっている。

ところで，筆者がここでいう産業間労働移動とは，第 2 次産業→第 3 次産業という意味ではない。卸売・小売業等から医療・福祉への同一産業内での労働移動（内実は労働誘導にならざるを得ないであろう。），つまり，同一産業内における雇用の主役の意図的な交代の推進を意味する。その理由は，わが国では，医療，介護，IT（情報技術）などの産業では人手不足で，求人企業と求

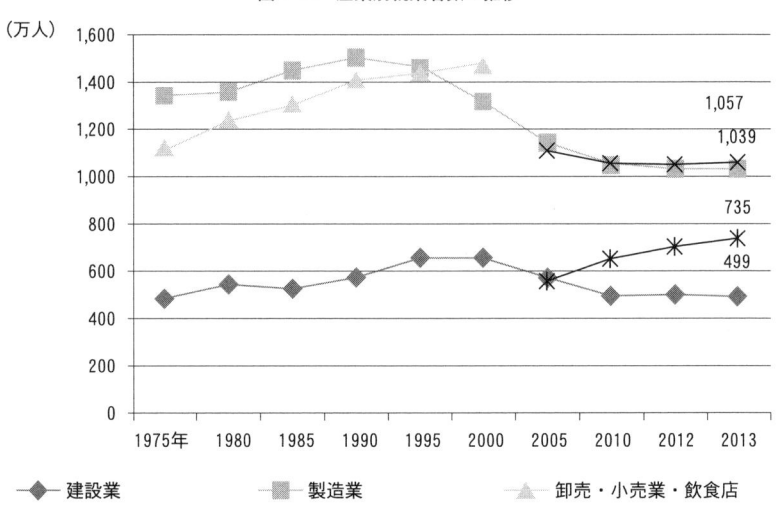

図1-12 産業別就業者数の推移

(万人)

◆ 建設業　　■ 製造業　　▲ 卸売・小売業・飲食店
✕ 卸売・小売業　　＊ 医療・福祉

(注) 日本標準産業分類改定により、接続しない産業（卸売・小売業・飲食店と卸売・小売）がある。接続しない産業は別々のグラフとなっている。
(出所) 前掲『労働統計要覧（平成25年度）』より筆者作成。原資料は総務省統計局「労働力調査」。（一部補筆）

職者の条件が合わないミスマッチが大きくなっている、といわれているからである[57]。また、2030年代の初頭まで、団塊世代を中核とする多くの高齢者の存在は、医療・福祉に深刻な労働力不足をもたらすであろうと考えられるからである。現実は、既述の「報告書」のまとめ「2030年・日本の姿」の線に沿って進んでいるようである。厚労省が独立行政法人の労働政策研究・研修機構に委託した「厚労省30年推計」は、2012年に就業者数が首位であった卸売・小売業は30年には287万人、また2位であった製造業も162万人減少し、他方で、医療・福祉は30年には最低でも202万人増加し、908万人となる、その結果、医療・福祉は就業者数で、卸売・小売業と製造業を抜いて首位に立つ見込み、と記している[58]。

政府は、2013年3月15日に開いた産業競争力会議（議長・安倍晋三首相）で、今後5年間を集中期間と位置付け、産業構造の改革に取り組むことを決めた[59]。そして、首相は雇用対策について、「成熟産業から成長産業へ『失業な

き円滑な労働移動』を図るため，行き過ぎた雇用維持型から労働移動支援型への政策シフトを具体化すること」を厚生労働大臣に指示した[60]。試みは良しとしよう[61]。しかし，労働移動はそう簡単に実現できるものではない。特に，中高年者の再教育には時間と費用を要する。そして，時間と費用をかけても，その効果性は疑わしい。そういう意味では，中高年者の労働移動にエネルギーを費やすよりも，若い世代を医療・福祉に誘導する方がはるかに容易だと思う。しかし，そのためにはこの業界に若い世代を引き付けるだけの魅力がなければならない。

3．医療・福祉業界の処遇改善と労働生産性の向上

ところが，医療・福祉の仕事は労働生産性[62]が低く，賃金も安い，という問題がある。また，以前から，「仕事がきついわりに給料が安い」という声はよく聞く[63]。日本経済新聞論説委員の岩田三代は，次のように述べている[64]。

> 「ピンクカラージョブ」という言葉がある。ホワイトカラーやブルーカラーになぞらえ，看護師や保育士，家政婦など伝統的に女性が多く働く仕事を指す。これらの仕事は，総じて給与が低い。家庭で女性が無償で担ってきたため，社会的評価が低く処遇が抑えられてきた。（中略）厚生労働省の「賃金構造基本統計調査（2010年）」によれば，保育士の95％，ホームヘルパーの82％，福祉施設介護員の68％が女性だ。不況にもかかわらず，人手不足がいわれる職種でもある。中でも深刻なのが介護分野だ。有効求人倍率は10年度で1.38と1を上回る。その一因が仕事の割に安い賃金だ。厚生労働省の調査では全産業の平均賃金月32万3千円に対し，ホームヘルパーが21万円，福祉施設介護員で21万4千円，最も専門性が高いケアマネジャーでも26万2千円だ。初任給は他産業とそれほど変わらないが，一般企業のように昇進や昇格が望めない職場も多い。（中略）女性の多い職場は，「一家の大黒柱」である男性が働く職場に比べて，給与が低く抑えられがちだった。結婚や出産でやめることが前提で，専門性をみがく研修やキャリアアップ制度も不十分だった。介護や保育は命を支え，はぐくむ重要な仕事であるにもかかわらず「ピンクカラー」の殻に押

し込められてきたツケが，人手不足という形で顕在化しているともいえる。ただし，これらの職場は保険金や税で運営されている部分が多く，処遇改善は容易ではない。厳しい経済環境や財政状況が続く中で，保険料を大幅に上げたり税金の投入を増やしたりするのは現実的ではない。カギは産業化と経営の効率化にある。（傍点は引用者）

介護や保育は，「命を支え，はぐくむ重要な仕事」である。しかし，この分野で働く人々の処遇は，他の仕事と比較して，最低の部類に属する。加えて，処遇改善も儘ならないとなれば，若い世代がこの業界に関心を示すはずはない。医療・福祉の労働生産性について，今少し詳しく見てみよう。

「法人企業統計年報特集」（平成24年度調査）で，業種別の従業員1人当たり付加価値額を見ると（図1-13参照），平成24年度の医療・福祉の1人当たり付加価値額の水準は325万円である。これは全産業平均666万円の半分以下であり，さまざまな業種の中でも最も低い部類に属する。また，図1-14は，医療・福祉の付加価値額の推移を見たものである。上がり下がりが激しくて一概には言えないが，低下傾向で推移しているといえよう。

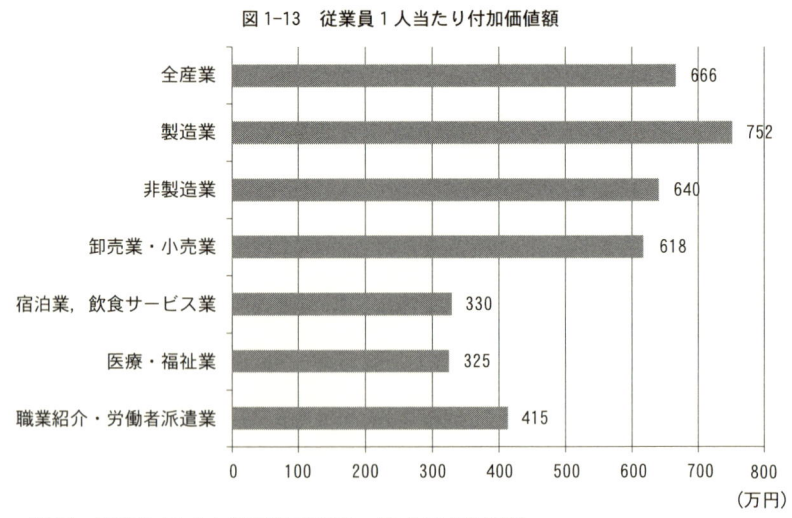

図1-13 従業員1人当たり付加価値額

業種	万円
全産業	666
製造業	752
非製造業	640
卸売業・小売業	618
宿泊業，飲食サービス業	330
医療・福祉業	325
職業紹介・労働者派遣業	415

（出所）　財務省「法人企業統計年報特集」（平成24年度調査）。

図1-14 医療・福祉の従業員1人当たり付加価値額の推移

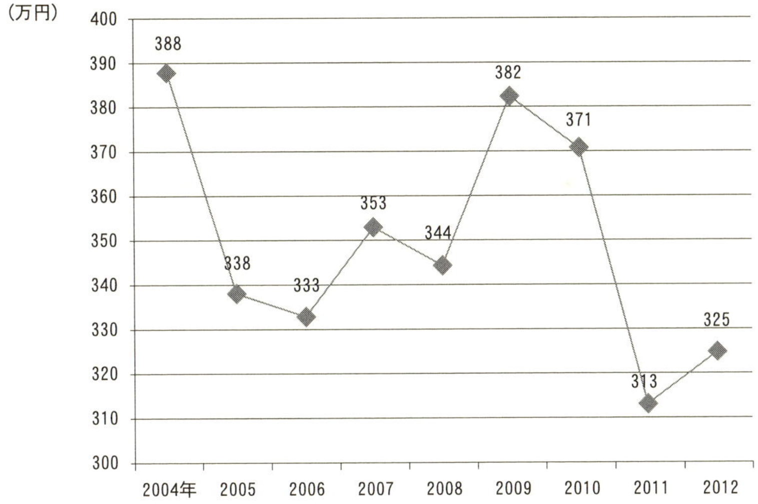

(万円)
- 2004年: 388
- 2005: 338
- 2006: 333
- 2007: 353
- 2008: 344
- 2009: 382
- 2010: 371
- 2011: 313
- 2012: 325

(出所) 図1-15に同じ。

　「法人企業統計」には株式会社しか含まれないので、医療法人や社会福祉法人を含めた総務省の「サービス産業動向調査」(平成24年確報)で、1事業従事者当たり年間売上高をみると、社会保険・社会福祉・介護事業[65]の従業員1人当たり売上高は393万円となっている。医療業は886万円と大きいが、それでもサービス産業計の1108万円を下回る。売上高以上の付加価値は生み出せないので、医療・介護の生産性は低いと言える。

　最後に、総務省・経済産業省「平成24年経済センサス―活動調査(確報)」、「産業小分類、市町村、都道府県のランキング」(いずれも平成26年2月26日改訂版)で、従業者数及び従業員1人当たり付加価値額を見ておく。

　老人福祉・介護事業の従業者数は179万1286人で、全業種中首位で、その他、病院が2位、一般診療所が8位と、医療・介護分野が上位に並ぶ。したがって、政府が成長戦略の柱に位置づける業種の雇用吸収力は大きいといえる。しかし、従業者数の割に、売り上げ規模は小さく、老人福祉・介護事業は売上(収入)6兆2945億円で57位、病院は23位、一般診療所は39位となっている。売上高が低いのは、診療報酬や介護費用などが公定価格で縛られてい

るため，競争が生じにくく，その結果，経営効率も低い，ということがその背景にある。他方，企業が1年間に稼ぎ出した儲けを示す付加価値額[66]では，老人福祉・介護事業が3兆8666億円で第9位，病院は首位，一般診療所が6位と高順位に入っている。一見すると社会的な価値を生み出す力が高いようにも見えるが，従業員1人当たり付加価値額（外国企業を除く）に直すと，老人福祉・介護事業が282万円，病院が517万円，一般診療所が531万円にとどまる。これに対して，銀行業は1656万円，生命保険業は1235万円となっている[67]。

　3つの統計資料を示したが，いずれの資料でも，医療・福祉の労働生産性は低い。では，なぜ低いのか。その理由として，既述のように，① 参入障壁があり事業者間の競争が乏しく，生産性を高めようという動機づけが働きにくい，② 福祉サービスの料金は公定価格が基本で，サービスの差が生まれにくい，などを指摘できる[68]。

　そこで，厚生労働省の諮問機関である社会保障審議会の専門分科会は，2014年4月28日に，介護サービスの報酬改定の議論を始めた。今回の焦点は，人手不足が深刻な介護の現場で，職員の待遇をどう良くするかにある。日本経済新聞は，「介護業界は離職率が10％台後半と高く，人手不足が続く。いわゆる『団塊の世代』が75歳以上になる25年度までに，職員数を今の約150万人から約250万人に100万人増やす必要があるとの試算もある。賃金面など『魅力ある職場』に環境を変えなければ，この状況に対応できない。」と記している[69]。

　成長分野と期待される医療・介護であるが，若い世代を引き付けるためには，生産性の向上，処遇の改善は不可欠である。解決されるべき課題は山積みである。しかし，超高齢社会を目前に控え，医療・福祉の労働市場改革は待ったなしである。

結びに代えて

　吉川が引用していた文章をここでも引用しておきたい。それは，西洋古代史

の泰斗・村川堅太郎が，論文「ギリシアの衰頽について」で引用した文章で，紀元前2世紀半ばに生きたポリビオスは，当時のギリシアについて，次のように書き残している[70]。

　　現在では全ヘラス（ギリシア）にわたって子供のない者が多く，また総じて人口減少がみられる。そのため都市は荒廃し，土地の生産も減退した。しかも我々の間で長期の戦争や疫病があったというわけでもないのである（中略）人口減少のわけは人間が見栄を張り，貪欲と怠慢に陥った結果，結婚を欲せず，結婚しても生れた子供を育てようともせず，子供を裕福にして残し，また放縦に育てるために，一般にせいぜい一人か二人きり育てぬことにあり，この弊害は知らぬ間に増大したのである。

　今日の人口減少社会は，日本人自らが選択した途である。合成の誤謬という言葉がある。個人レベルで妥当であったとしても社会全体の大きなレベルでは妥当しないという意味だ。子どもの人数がここまで減り，高齢者あるいはその予備軍がここまで増えてしまっては，もはや，高度経済成長時代のような経済成長は望むべくもない。これからは身の丈に合った経済を追求していく以外に途はない。
　しかし，若い世代に負の遺産を負わせるわけにはいかない。そういう意味で，むしろ厄介なのは高齢者問題であろう。原田泰は，「人口減少は恐くないが，高齢化は恐い。しかし，それは高齢者が少ない時代につくった高齢者を優遇する制度を，高齢者が多くなっていく社会でも維持しようとしているからだ。そんなことをすれば若者の負担が高まり，日本が活力のない社会になっていくのは当然だ。」[71]と述べている。ここで年金問題等について言及する余裕はないが，若い世代に負担をかけないためにはどうしたらよいか。歳をとっても働ける限りは働く，等，いろいろあると思う。それが結局，労働力率を高めることにもなる。若い世代への負担をいくらかでも和らげることになる。そのためにも，「報告書」にも一部示されているように，若者を含めて，女性，高齢者，障害者，そして場合によっては外国人労働者の労働環境をそれぞれにとって働きやすい環境に変えていく必要がある。長時間労働など論外である。規制

しなければならないところはしっかりと規制する。しかし場合によっては，特に医療・福祉の領域において，一部規制緩和も必要となってこよう。

医療・福祉は，高付加価値を生み出す「成長産業」ではない。したがって，医療・福祉に対して，「成長産業」や「成長戦略」という用語を用いることには抵抗がある。成長産業だからではない。処遇が悪いために若い世代が医療・福祉を忌避するとしたら，超高齢社会を目前に控えたわが国は立ち行かなくなる。だからこそ対策を講じるのである。処遇改善を図るのである。

注
1　日本経済新聞朝刊，2012年6月6日付，社説「加速する人口減への危機意識がたりない」。
2　同上，2012年8月8日付，「人口減最大，26万人」。
3　2012年9月8日付の日本経済新聞朝刊は，イトーヨーカ堂は，2015年度をメドに現在の正社員8600人を半減して，パートタイマーの比率を現在よりも13ポイント高い90％に引上げ，15年度の人件費を100億円削減する，と記している。
4　2011年9月15日付の日本経済新聞朝刊は，ファーストリテイリングは，「3年以内をめどに海外で『ユニクロ』の店舗を年200～300店ペースで出店し，16年度以降，毎年500億円以上の増収を目指す。これに伴い年1500人規模の新卒採用の8割を外国人とするなど採用の現地化も加速する。アジア市場に軸足を置く戦略が一段と鮮明になる。」と記している。
5　島田晴雄（敬称は省略。以下，同様。）は，その著『盛衰―日本経済再生の要件』（東洋経済新報社，2012年）で，「今，重要なことは日本の労働市場，労働政策，雇用のあり方を同一労働，同一賃金の原点に立ち戻すことである。」（170頁）と述べている。
6　日本経済新聞朝刊，2012年6月24日付，「雇用，サービス業シフトの落とし穴」。
7　同上。
8　日本経済新聞社編『ニッポンこの20年―長期停滞から何を学ぶか』日本経済新聞出版社，2011年，「プロローグ」。本章では，バブル崩壊前夜の1990年頃からリーマン・ショック後の2010年頃までのおよそ20年間を指す用語として用いる。
9　日本経済新聞夕刊，2012年1月30日付，「65歳以上 5人に2人」。
10　2014年1月4日付の日本経済新聞朝刊の「社説」は，概要，次のように記している。すなわち，政府が1964年にまとめた将来推計人口では日本の総人口は2005年に1億2170万人でピークを迎えると予測していた。実際のピークは08年の1億2810万人で，予測はほぼ的中した。つまり総人口がいずれ減り始めることは50年前からわかっていたことである。にもかかわらず日本は政官民ともに十分な対応を怠ってきた，と。
11　日本経済新聞夕刊，2014年5月13日付，「出産・育児支援 倍増を」。日本経済新聞朝刊，2014年5月14日付，「『人口1億人維持』有識者委が提言」。
12　同上，2014年5月14日付，社説「出生率向上頼みの人口減対策でいいのか」。
13　同上，2014年4月16日，きょうのことば「生産年齢人口」。
14　ここでの数字はすべて総務省統計局「国勢調査」による。
15　日本経済新聞朝刊，2014年4月16日，「生産人口8000万人割れ」。
16　松谷明彦・藤正巖『人口減少社会の設計―幸福な未来への経済学』中公新書，2002年，はじめに，v頁。
17　赤川学は，その著『子供が減って何が悪いか！』（ちくま新書，2004年）で，「少子化の弊害に

対して子どもを増やすことで対応するのではなく、少子化と人口減少をすでにある事実・与件・前提としたうえで、選択の自由と負担の分配に配慮した制度を設計していくことを訴えたい」(25頁) と述べている。同感である。
18 合計特殊出生率とは、その年の出産動向が今後も続いたとして、1人の女性が生涯に産むと推定される子供の数のことで、まず15歳から49歳までの女性を出産期と想定し、生まれた子供の数である出生数を、それぞれの年齢別の女性人口で割り、合算して求める。
19 日本経済新聞朝刊、2014年6月5日付、「出生数最少102万人」。同、社説「人口減への危機感共有し少子化対策急げ」。
20 合計特殊出生率がこの水準以下になると人口が減少することになる水準のことで、おおむね2.1だが年によって変動がある。なお、1956年当時は2.24が置換水準であった。厚生労働省編『厚生労働白書』平成23年版、18頁。
21 労働力人口とは、労働に適する15歳以上の人口のうち、企業で働く人や自営業者などの「就業者」と働く意欲があって仕事を探している「完全失業者」の総数を指す。
22 日本経済新聞朝刊、2010年2月12日付、「労働力人口6割切る」。
23 同上、2010年2月22日付、エコノ入門塾「労働力人口が減少」。
24 松谷明彦ら、前掲『人口減少社会の設計』56頁。
25 経済成長とは、国民総生産(GDP)という経済活動の総体の持続的拡大を意味し、一般に、実質GDPの増減率で示される。
26 松谷明彦『「人口減少経済」の新しい公式』日本経済新聞社、2004年、44-60頁。
27 吉川洋『いまこそ、ケインズとシュンペーターに学べ—有効需要とイノベーションの経済学』ダイヤモンド社、2009年、209頁。
28 松谷、前掲『「人口減少経済」の新しい公式』44-60頁。
29 小峰隆夫『人口負荷社会』日経プレミアシリーズ、2010年、123-128頁。なお、小峰の新刊『日本経済論の罪と罰』(日経プレミアシリーズ、2013年、53-58頁) では、「錯覚」は1つ増えて、「3つの錯覚」となっている。
30 「社会実情データ図録」http://www2.ttcn.ne.jp/honkawa/4400.html
31 詳しくは、日本経済新聞社編、前掲『ニッポンこの20年』等を参照。
32 深尾京二『「失われた20年」と日本経済—構造的原因と再生への原動力の解明—』日本経済新聞出版社、2012年、13頁。
33 ポール・クルーグマン (山形浩生訳)『さっさと不況を終わらせろ』早川書房、2012年、第2章、同 (大野和基訳)『そして日本経済が世界の希望になる』PHP新書、2013年、第1章、等を参照。
34 詳しくは、小峰、前掲『人口負荷社会』第4章、小峰、前掲『日本経済論の罪と罰』第2章、大嶋寧子『不安家族』日本経済新聞出版社、2011年、231-234頁、等を参照。
35 日本経済新聞朝刊、2012年5月28日付、「需要不足 デフレの犯人?」。
36 吉川洋『デフレーション—"日本の慢性病"の全貌を解明する』日本経済新聞出版社、2013年、172頁。
37 黒田祥子・山本勲『デフレ下の賃金変動—名目賃金の下方硬直性と金融政策』東京大学出版会、2006年、240頁。
38 野田知彦・阿部正浩「労働分配率、賃金低下」樋口美雄編集『労働市場と所得分配』慶應義塾大学出版会、2010年、19-24頁。
39 働く意思と能力を持ち、就職を望む者 (労働力人口) が原則として全員雇用されること、つまり労働の需要と供給が一致する状態をいう。わが国では一般に労働人口に対する失業者数の比率が1%前後であれば完全雇用とされている。

40 日本経済新聞夕刊, 2009年8月28日付,「失業率最悪 5.7%」。なお,有効求人倍率とは,公共職業安定所（ハローワーク）で職を探している1人当たりに何件の求人があるかを示すものである。
41 同上, 2014年6月27日付,「雇用22年ぶり高水準―5月, 求人倍率1.09倍」。
42 日本経済新聞朝刊, 2012年7月21日付,「就業者 2030年850万人減」。
43 前掲「報告書」72頁。
44 同上。
45 同上, 12頁。
46 同上, 16頁。
47 この「2%」は,「日本再生戦略」(2012年7月31日閣議決定) における「平成23年度（2011年度）から平成32年度（2020年度）までの平均で,名目3%程度,実質2%程度の成長を目指す。」(15頁) に基づく。
48 前掲「報告書」62-63頁。
49 「報告書」では,脚注25で,「TFP (Total Factor Productivity 全要素生産性) とは,経済成長のうち資本及び労働の投入量増加幅では説明できない部分の残余のことであり,基本的には,技術革新によるものと考えられる。」と記している。詳しくは,吉川洋『マクロ経済学』（岩波書店, 2009年, 257-263頁）等を参照のこと。
50 前掲「報告書」12頁。
51 詳しくは,小笠原泰・渡辺智之『2050 老人大国の現実―超高齢化・人口減少社会での社会システムデザインを考える』東洋経済新報社, 2012年, 70-83頁,等を参照。
52 ここでの労働分配率は,人件費を付加価値額で除したもの。また付加価値は金融保険業を除く粗付加価値ベースである。前掲『2014年版 活用労働統計』。
53 日本経済新聞朝刊, 2011年9月11日付,「内需産業も大航海時代」。
54 同上。
55 2012年7月31日に閣議決定をみた「日本再生戦略」(29頁) では,政府は,医療や介護,健康関連分野で,規制緩和などを通じて,2020年に50兆円市場を創設し,284万人の雇用を創出する,との数値目標を掲げている。日本経済新聞朝刊, 2012年7月10日付,「医療・介護 50兆円新市場」。
56 同上, 2011年1月10日付, 三度目の奇跡「雇用の主役 産業の盛衰映す」。
57 同上, 2013年3月13日付,「成長産業へ転職支援」。
58 同上, 2014年3月15日付,「厚労省30年推計 医療・福祉,最大産業に」。
59 同上, 2013年3月16日付,「産業構造 5年で集中改革」。
60 日本経済新聞夕刊, 2013年4月2日付,「産業再編に政策支援」。
61 佐々木勝は,労働移動支援助成金を「攻めの政策」として評価している。日本経済新聞朝刊, 2013年6月13日付,経済教室「成長戦略を問う―雇用⑪」。
62 労働生産性とは,一般には,産出量を生産に投入された労働量で割った比率を意味するが,ここでは,働く人1人が生み出す付加価値額あるいは生産量とした。生産性は労働者に備わった技術や知識,使う設備の効率性などによって変化する。中長期的にみると賃金はほぼ生産性に比例する。
63 日本経済新聞朝刊, 2010年4月7日付,「医療や介護 雇用支える」。
64 同上, 2011年12月4日付,中外時評「『ピンクカラー』の殻を破れ」。
65 「福祉事務所」を除く。
66 付加価値額は売上高から費用を差し引いたうえで,給与と納税額を足し戻して計算する。
67 日本経済新聞朝刊, 2013年8月28日付,「雇用吸収力 医療が上位」。
68 同上, 2011年2月7日付,「医療や介護 生産性低迷」。

69 同上，2014 年 4 月 29 日付，「介護報酬 引き上げへ」。
70 村川堅太郎『村川堅太郎古代史論集 I』岩波書店，1986 年，181 頁。なお，吉川は，「シュンペーターの人口減少に関する文明論的視点」との関わりで，これを引用している。吉川，前掲『いまこそ，ケインズとシュンペーターに学べ』210-211 頁。
71 原田泰『日本はなぜ貧しい人が多いのか──「意外な事実」の経済学』新潮社，2009 年，106 頁。

第 2 章
製造業の空洞化と雇用の行方
―『ものづくり白書』(2012 年版)の指摘を課題として―

はじめに

　2012 年 6 月 7 日付の日本経済新聞の社説「製造業の空洞化に歯止めをかけるために」は，次のように記している[1]。

　　日本経済を支えてきた製造業が試練に直面している。経済の血液ともいえる電力に供給不安が生じ，一方で円高が大幅に進んだ。政府が 5 日公表した「ものづくり白書」も，国内の製造業基盤の劣化に警鐘を鳴らしている。白書で実施したアンケートによると，今後海外投資を増やす際に，「国内従業員数が増える」と答えた企業が 23％にとどまったのに対し，「減る」と予測した企業は 45％に及んだ。意外かもしれないが，従来はこの増減比率が逆だった。海外に投資し，現地工場を立ち上げると，そこに供給する部品などをつくるために，国内の雇用も結果的に増える事例が多かった。それが空洞化を食い止めてきた。だが，今後は楽観できない。白書は，海外投資が国内の従業員数や投資に負の影響をもたらす恐れが強まっていると指摘した。足元の情勢を見れば，製造業の主軸ともいえる自動車産業でも，昨年度ついに海外投資が国内投資を上回った。企業が伸びる市場に投資し，拠点の最適配置をはかるのは当然だが，政府の不適切な政策で競争環境がゆがみ，雇用や拠点の海外流出が加速してしまう事態は避けなければならない。製造業の特徴の一つは，賃金の相対的な高さだ。製造業就業者の平均年収は 466 万円（2009 年）で，サービス業の 1.5 倍に当たる。製造業の規模縮小は，日本社会が比較的収入の良い雇用機会を失

うことにほかならない。世界に目を転じると，一時は金融などに傾斜した米英でも，製造業を再評価する機運が高まっている。（中略）世界が工場や拠点の誘致を競うなかで，日本政府はその現実に鈍感すぎないか。貿易自由化の遅れを取り戻し，高すぎる法人税や膨らむ社会保障費の企業負担分を軽減することで，ビジネスしやすい環境を整える必要がある。財政が厳しいからといって，雇用を生む企業の声に耳を傾けなければ，日本の拠点を閉めて丸ごと外に出て行く「根こそぎの空洞化」を招きかねない。
（傍点は引用者）

　本章は，上記に示されている『ものづくり白書』（2012年版）の指摘，「海外投資が国内の従業員数や投資に負の影響をもたらす恐れが強まっている」を検証することを主たる課題とする。なお，引用末尾の「企業の声」とは，いわゆる「6重苦」等を指すものと思われる。それは，日本企業が中国や韓国など海外の競争相手と比べ，経営環境で大きなハンディキャップを背負っている実情を指す用語で，具体的には，①円高，②高い法人税，③厳しい労働規制，④温暖化ガス排出抑制，⑤外国との経済連携の遅れ，⑥電力不足，の6つを指す[2]。社説には，これら6つの用語のうち，「電力」，「円高」，「貿易自由化の遅れ」，「高すぎる法人税」の4つが使用されている。
　この「6重苦」は，「自動車業界が海外企業とのハンディキャップの解消を求め，日本政府に繰り返し主張したことで広まった。」と言われている[3]。例えば，日本自動車工業会の豊田章男会長（トヨタ自動車社長）は，日本経済新聞のインタビュー「国内メーカーは6重苦で苦戦が続く。」に答えて，「仮に自動車各社が年100万台の生産を海外に移すと，ざっと計算して22万人の雇用が失われる。今，どの産業が20万人の雇用を用意できるだろうか。日本は資源がない国だから輸出して外貨を稼ぐことも自動車産業の役割の一つ。しかし，超円高をはじめとする『6重苦』のなかではどこまで維持できるか。この状態が長く続くと我慢できなくなる」（傍点は引用者）と述べている。また，「次のリーダーに求めることは。」に対しては，「やはりビジネスのわかる，ビジネス感覚がある政治のリーダー（の登場）が待ったなしだ。6重苦のなかで最初に解決してほしいのは超円高の問題だ。環太平洋経済連携協定（TPP）

はやるべきだと思う。」と述べている[4]。

インタビューに対する冒頭の回答は，確かにそうかもしれない。否定はしない。しかし少々鼻につく言い方ではある。閑話休題。本章では，まず，グローバリゼーションおよび製造業の空洞化の意味を確認する。次いで，製造業の海外展開に伴う国内外の雇用の動向を概観する。その上で，グローバル経済下での製造業の海外展開を前提として，国内に取り残された製造業で働く労働者の将来を展望する。

第１節　グローバリゼーションと製造業の空洞化

１．言葉の意味とその生成の由来

グローバリゼーション（グローバル化）の意味・成り立ちを，新聞記事等で確認しておく。

日本経済新聞は，グローバル化について，表2-1を示して，「日本経済新聞の紙上に『グローバル化』という言葉が初めて掲載されたのは1983年5月。厳密な定義はないが，ヒト，モノ，カネの移動に制約がなくなり，情報の共有化が進む状態をさす。90年代以降，各国の市場経済への移行と，インターネットに代表されるIT（情報技術）の浸透で一気に加速した。95年，関税貿易一般協定（GATT）が解消され，自由貿易を推進する世界貿易機関（WTO）が設立された。北米自由貿易協定(NAFTA)など地域経済協力も進んだ。賛同する論者は『自由な貿易や知識の共有などを通じ先進国，途上国を問わず世界全体の福利厚生を高める』とする。中国，インドなどがいままさに恩恵を受けるプロセスにあり，市場化が資源の効率的な配分をもたらすとの主張だ。一方で反対派は『大国や多国籍企業による低所得国などからの搾取を助長する』『国家，個人間の格差を広げる』などとする。90年代，メキシコや東南アジア，韓国，ロシアなどで起きた金融危機では，急激な資本移動が各国の経済に深刻な影響を及ぼした。99年に米シアトルで開いたWTO閣僚会議では『グローバル化はアメリカ化』などとするデモ隊で騒然となった。IT化や市場化の流れを無理に逆流させることは現実的ではない。弊害をできるだけ抑え，メ

表 2-1　グローバル化を巡る主な出来事

1989 年 12 月	米ソ首脳が冷戦の終結宣言
93 年 1 月	欧州共同体（EC）12 カ国の市場統合
94 年 1 月	北米自由貿易協定（NAFTA）発効
97 年 7 月	タイの通貨が暴落
99 年 1 月	欧州単一通貨ユーロ誕生
12 月	シアトルの世界貿易機関（WTO）閣僚会議
2001 年 12 月	中国が WTO 加盟
05 年 12 月	クアラルンプールで初の東アジアサミット

（出所）　日本経済新聞朝刊，2007 年 1 月 11 日付，成長を考える・キーワード③「グローバル化」。

リットを最大限に引き出す努力が求められている。」（傍点は引用者）と記している[5]。

　グローバル化の意味，それが生成・普及してきた社会的背景，歴史的経緯，それを巡る出来事等が，短い文章の中に凝縮して収められている。その分，一つひとつの用語の関連等がわかりにくくなっている。そこで，ジョセフ・E. スティグリッツ／カール・E. ウォルシュによるグローバル化の定義を用いて，その内容を整理しておく[6]。

　　グローバリゼーション（グローバル化）globalization とは，移動と通信のコストが低下することによって貿易と資本移動が増加し，結果として世界の国々がより緊密に統合されていく状況をさす。そして，3 つの重要な国際経済機関が存在する。WTO（World Trade Organization, 世界貿易機関）は国際的な貿易協定を提供し，貿易紛争を解決する。IMF（International Monetary Fund, 国際通貨基金）は，国際的な金融の安定のための支援と，危機に直面した国への資金提供を行うために創設されたが，しだいにその活動を拡大させ，発展途上国および移行経済国への支援も行っている。世界銀行（World Bank）は，貧困国と中所得国の発展および貧困の軽減を促進する組織である。

新聞の解説には，IMF や World Bank は示されていないが，WTO は明記されている。

グローバル化（グローバリゼーション）の歴史は古い。例えば，ロバート・C・アレンは，「経済活動のグローバル化は最近に始まったことではない。15世紀後半から始まる大航海時代にすでにグローバルな経済活動が見られた。」[7]と述べている。したがって，グローバル化は貿易とともに始まった，と解すこともできる。しかし，今日のそれは，それに尽きるものではない。多義的な概念として展開している。

次に，製造業の空洞化の意味を確認しておく。これは，一般には，産業の空洞化と呼ばれている。一般の国語辞典にも，産業の空洞化で記載されている。例えば，『広辞苑』（第6版）には，産業の空洞化とは，「円高，賃金の高騰，さまざまな規制などのために，国内の製造業が生産の拠点を海外に移す結果，国内の生産能力が衰退すること。」と記されている。つまり，産業イコール製造業として説明がなされている。

では，政府の理解はどうか。『経済財政白書』は，空洞化とは，「海外生産移転によって国内の生産や雇用が減少し，国内産業の技術水準が停滞し，低下する現象」[8]と定義している。やはりここでも，産業＝製造業と解されている。そこで，本章でも，産業の空洞化と製造業の空洞化を区別しない。要するに，産業の空洞化（製造業の空洞化）とは，円高，賃金の高騰，さまざまな規制等のために，国内の製造業が生産拠点を海外に移す結果，国内の生産能力が衰退することを意味する。

この産業空洞化論は，1985年のプラザ合意で急速な円高が進んだ頃から，何度も繰り返されてきた。例えば，藤本隆宏は，空洞化論ブームの「3つの主役」（研究者，政府・政治家，マスコミ）を指摘し，現在の産業空洞化論に懸念を表明している[9]。

> 「産業空洞化」という概念そのものは，別に昨今の新しいものではない。日本に限ってみても，急激な円高に振れた時代に，この言葉が何度も脚光を浴びている。さすがに，円が360円から308円になった1971年の「ニクソン・ショック」当時は「空洞化」という言葉は一般的ではなかったよ

うだが，85年のプラザ合意後の円高では出現している。(中略) 次に「空洞化論」が注目を集めたのは，1ドル80円前後まで行った1990年代半ばの円高期であり，このときは，研究者の著作(たとえば，地域経済への影響を重視した関満博『空洞化を超えて』〔1997〕)のみならず，政府や政治家も空洞化に言及するようになった。(中略) これに対して，世界不況，新興国台頭，円高，震災と波状的なインパクトを受けた今回は，産業空洞化論の主役がマスコミに移った感がある。そのせいか，「産業構造転換への対処」という当初の議論からどんどん外れて，ほとんど「全製造業喪失」を連想させるような扇情的な議論も登場するようになった。それらにつられて，産業人や言論人の中にも，経済理論とも実態観察とも統計分析とも矛盾する極論を時の勢いで展開するようなケースが見られるようになった。少なくとも，当初は冷静な問題意識から始まった産業空洞化論が，今はやや不健全な方向に独り歩きしているように思えてならない。

藤本は，続けて，次のように述べている[10]。

　「産業空洞化」は，もともと「産業構造の転換が急に進みすぎること」といったニュアンスを持つ概念であり，歴史的には急激な円高が進むたびに議論が盛り上がる傾向にあった。とくに，不況と円高が重なり，人々が悲観的に傾く現在のような状況では，本来の語義から離れて，日本の製造業全体が消滅するかのような極端な空洞化論にエスカレートしがちである。これは「空洞化」という言葉が本来持つ「多義性」，つまり，いろいろなことを連想させる言葉であることの帰結でもあろう。そのため，話し手と聞き手が別のイメージや感情を持ち，この言葉が独り歩きを始めるのである。とりわけ「空洞化」が持つ「中心部にある大事なものを失う」というネガティブなニュアンスが，人々の不安な感情を増幅する傾向が否めない。(傍点は引用者)

要するに藤本は，「産業の空洞化」を，「急激な産業構造転換」の別称と理解

するのである[11]。蓋し至言である。しかし，問題は，藤本も指摘[12]しているこ とだが，何をもって「急」と判断するか，その基準である。

2．わが国における円高と貿易収支の推移

まず，わが国の円高の推移からみていく。図2-1は，わが国における円相場 の推移を示したものである。併せて対世界輸出入額及び差引額の推移も示して いる。

円相場の史上最高値は，1995年4月の1ドル＝79円75銭に始まり，東日本 大震災直後の2011年3月17日の76円25銭，8月19日の75円95銭，10月 21日の75円78銭，10月25日の75円73銭，10月27日の75円67銭，10月 31日の75円32銭，と推移してきている。その後やや落ち着いたとはいえ， 円高基調であることに変わりはない。そして，その結果としての31年ぶりの 貿易赤字である。日本経済新聞は，「財務省が25日発表した2011年の貿易統 計（通関ベース）によると，輸出額から輸入額を差し引いた貿易収支は2兆

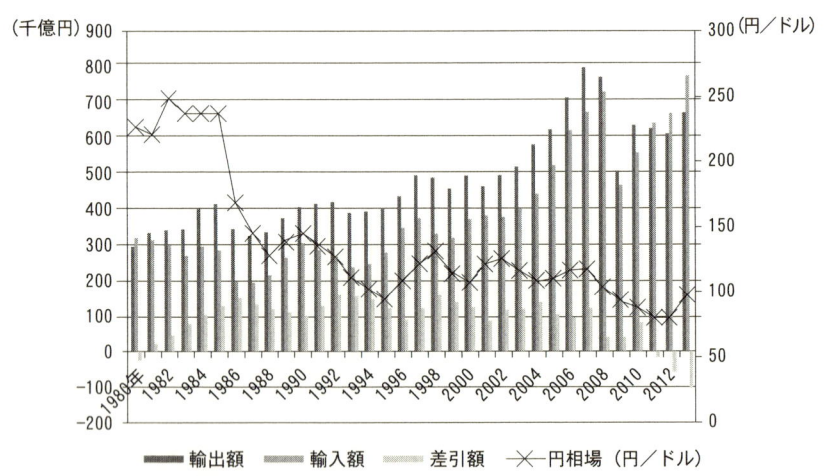

図2-1 対世界輸出入額及び差引額の推移と円相場の推移

(注) 円相場は東京市場インターバンク相場直物中心の期中平均。
(出所) 財務省国際局為替市場課「国際収支状況」（暦年），内閣府「平成26年版 経済財政白書」
より筆者作成。

4927億円の赤字となった。赤字は第2次石油危機による原油価格高騰で輸入額がかさんだ1980年以来、31年ぶり。東日本大震災後の部品不足が輸出の足かせとなったほか、欧州債務危機や円高も輸出を下押しした。一方，輸入は火力発電用の燃料が増加。輸入の高止まりで，貿易赤字が定着する可能性もある。」[13]（傍点は引用者）と記している。

そして，「赤字定着の可能性」[14]という見出しで，「日本の貿易収支が31年ぶりに赤字となった背後には，東日本大震災という突発的な要因に加え，産業の空洞化などの構造問題も潜む。海外経済やエネルギー価格の動き次第では，2012年度以降も貿易赤字が定着するとともに，海外からの配当収入なども含めた経常収支[15]が赤字に転じる可能性も現実味を帯びる。」（傍点は引用者）という解説を付している。

上記予測（傍点部分）は不幸にも的中した。財務省が2013年1月24日に発表した2012年（暦年）の貿易統計によると，貿易収支（通関ベース）は6兆9273億円の赤字で，第2次石油危機時の1980年を上回り過去最大となった。世界経済の減速などで輸出が減り，火力発電所の燃料を中心に輸入が増えたためである[16]。

また，2014年1月27日に発表した2013年（暦年）の貿易統計では，貿易収支（通関ベース）は11兆4745億円の赤字となった。円安傾向と原子力発電所の停止を背景に原油など燃料の輸入額が膨らんだためである[17]。

要するに，日本の貿易収支は2011年から3年連続で赤字となったということである。3年連続の赤字は，79年以降で初めての経験でもある。

また，図2-2は，経常収支等の推移を示したものであるが，2005年度以降は，所得収支の黒字が貿易黒字を上回っている。つまり，貿易収支が経常収支に占める比重はかつてほどではないということである。とはいえ，貿易収支が赤字であってもよいということにはならない[18]。図が示すように，貿易収支の悪化は経常収支の黒字の減少に直結しているからである。財務省が2013年2月8日に発表した2012年の経常収支は約4.7兆円の黒字で，これは，1985年の統計開始以来，最少の水準であった[19]。また，2013年の経常収支は，それをも下回る3.3兆円で，1985年以来の最少記録を更新した[20]。原子力発電所の停止による燃料輸入の増加や円安で貿易赤字が最大になったのが主因，と言われ

図 2-2　経常収支等の推移

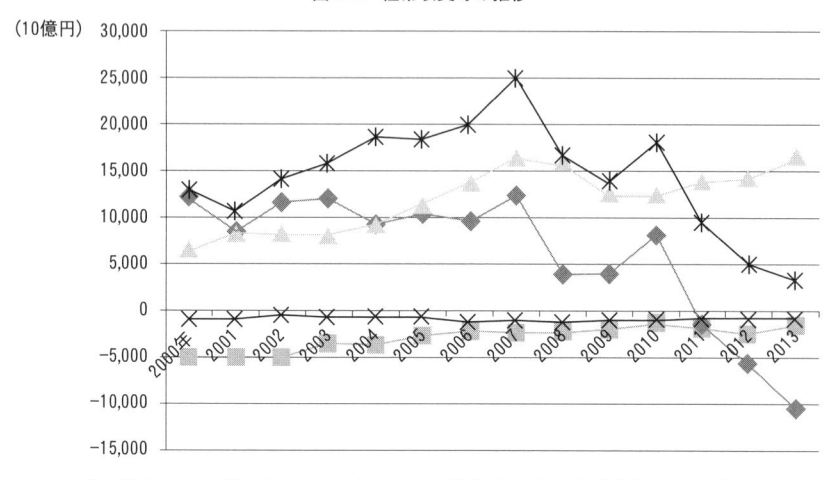

(出所)　財務省「国際収支統計」より筆者作成。(一部補筆)

ている。

3．わが国における戦後の貿易史

わが国が「世界の工場」と呼ばれていた加工貿易 (垂直貿易) の時代から，貿易摩擦によって輸出の自主規制を強いられた時代，そして今日の現地生産 (直接投資) の時代に至るまでの戦後の貿易史を一瞥しておく。

日本の輸出品の構成は，戦後の 1950 年代末まで，戦前と同じく繊維・雑貨という軽工業品が中心であった。しかしその後 70 年代初頭までの高度成長・重化学工業化の時期に，鉄鋼を中心とする金属製品やラジオ・白黒テレビなどの軽電機器の比重が高まった。そして 70 年代前半からは自動車・工作機械などの機械類が増え，その後は同じ機械でも OA 機器・コンピュータ・半導体などが，次いで電子・電気機器類の部品など技術集約的な高付加価値のものが増加し，その比重を高めた。推移の背景には，国内における人件費の高騰，技術の進歩，情報化の進展，相手国での需要増なども然ることながら，とりわけ日本工業の生産性と技術水準の高さがある[21]。こうして，60 年代の日本製品に対する「安かろう，悪かろう」のイメージは払拭され，70〜

80年代には，メード・イン・ジャパンといえば高品質を意味するようになった。

ここで，まず確認しておきたいのは，1960年代から70年代の日本は，原料を輸入して製品を輸出する典型的な加工貿易（垂直貿易）であったということである。

ところが，わが国産業の輸出競争力の増大は，一方では，1960年代末からわが国の国際収支の大幅な黒字を生み出し，円の切り上げへの圧力を高めると同時に，他方では，貿易摩擦を生み出すことになった。

最初の貿易摩擦は，1960年当時の輸出の主力商品であった繊維の分野で，米国との間で起こった。その後，1960年代後半からは鉄鋼，70年代末にはカラーテレビや工作機械，1980年代には自動車，1980年代後半には半導体へと貿易摩擦の商品が拡大した。そしてわが国は，対日貿易赤字に悩む欧米各国の手前，問題が生じるたびに輸出の自主規制を強いられた。しかし結局，現地生産へとシフトしていくことになる。

自動車を例にとると，82年11月にホンダが日本の自動車メーカーとして初めて海外進出し，米国オハイオ州メアリーズヴィルに工場を開き，乗用車の生産を開始した[22]。それからわずか13カ月後の84年にはトヨタ自動車と米ゼネラル・モーターズ（GM）がカリフォルニア州フリーモントに設立した合弁工場（NUMMI）[23]が生産を始めた。当時は，米国で導入された厳しい排出ガス規制や原油高を契機として，燃費効率の良い日本車の人気が高まり，輸出急増で貿易摩擦が深刻化していた。そこで，日本の自動車メーカーは完成車輸出から現地生産に切り替えることで摩擦を減らそうとした[24]。

1985年のプラザ合意を受けて円高が進むと，自動車以外の業種でも「競争力維持」のための現地生産シフトが始まった。電機を中心に生産コストが割安な東南アジアや中国への工場移転が加速した[25]。

1980年代後半には，半導体摩擦が表面化し，1989年にはついに個別品目ではなく，日本の経済構造全体の改革を求める日米構造協議，次いで93年には日米包括経済協議へと発展した。アメリカ側は，単に日本企業の対米輸出枠を制限するだけでは足りず，日本市場の開放を要求するに至った。

このような貿易摩擦の相次ぐ発生，および円高の進行，それに伴う国内生産

コストの上昇に対応して、わが国の産業は、まず、輸出品目を次第に消費財から耐久消費財へ、そして資本財・素形材にシフトさせる（図2-3参照）と同時に、対米、対欧、対東南アジアなどへの直接投資によって、輸出を現地生産に切り替える戦略をとった。さらに、94〜95年の円高を契機に、これまでよりもさらに本格的に製品輸入及び部品・素材の国際調達を拡大し、国内での生産コストを削減する戦略をとった[26]。輸入総額に占める製品輸入の割合は、2012年で50.9％である。製品輸入比率は80年代後半から上昇し続け、98年には60％台に達した。円高が進んだ影響である。部品も含めアジアからの製品輸入も増えた。しかも付加価値の高い品目へと変化した。日本も他の先進諸国と同様、原料輸入—製品輸出という単純な加工貿易から、製品を輸出入し合う水平貿易へと、貿易構造が変わってきた[27]。

以上、要するに、「製品」輸出が他国との経済摩擦を惹起し、問題視される

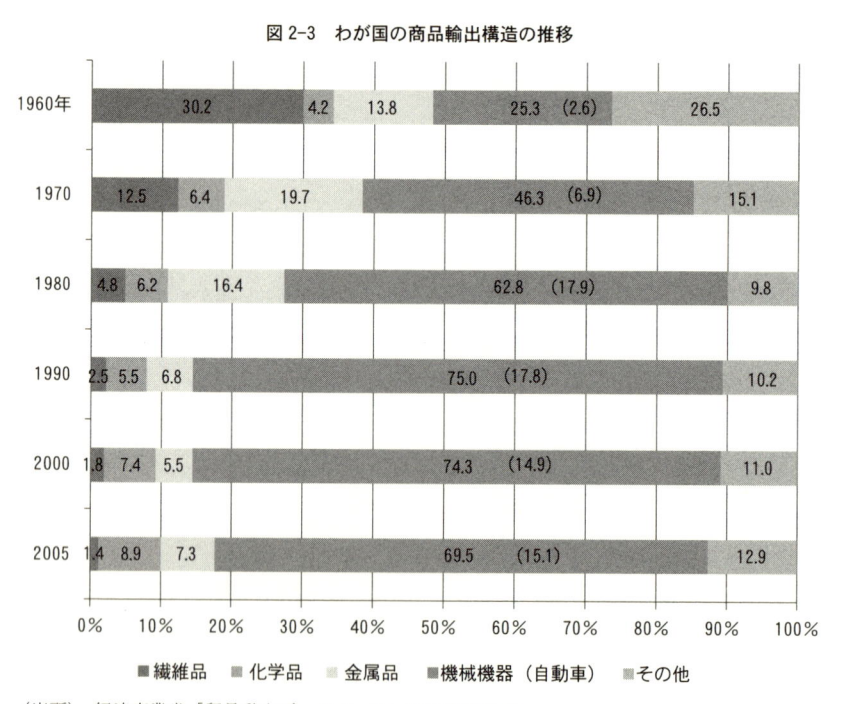

図2-3　わが国の商品輸出構造の推移

年	繊維品	化学品	金属品	機械機器	（自動車）	その他
1960年	30.2	4.2	13.8	25.3	(2.6)	26.5
1970	12.5	6.4	19.7	46.3	(6.9)	15.1
1980	4.8	6.2	16.4	62.8	(17.9)	9.8
1990	2.5	5.5	6.8	75.0	(17.8)	10.2
2000	1.8	7.4	5.5	74.3	(14.9)	11.0
2005	1.4	8.9	7.3	69.5	(15.1)	12.9

（出所）　経済産業省「貿易動向データベース」2006年版より。

のであれば，企業としては現地生産（進出）に踏み出す以外に方法はないということである。

第2節　製造業の海外展開と国内外の製造業就業者数の推移

1．製造業の海外展開と現地法人就業者数の推移

2012年度の現地法人の動向は，以下の通りであった[28]。

(1) 海外現地法人数，製造業海外現地法人数，非製造業海外現地法人数の推移

2012年度末における現地法人数は，2万3351社で，その内訳は製造業が1万425社（全体の44.6％），非製造業は1万2926社（同55.4％）であった。地域別にみると，アジアは1万5234社と全地域の65.2％を占め，以下，北米3216社（同13.8％），欧州2834社（同12.1％），その他2067社（8.9％）と続く。また，アジアの中では，中国が7700社（アジア65.2％中の33.0％）で断

図2-4　海外現地法人数，製造業海外現地法人数，非製造業海外現地法人数の推移

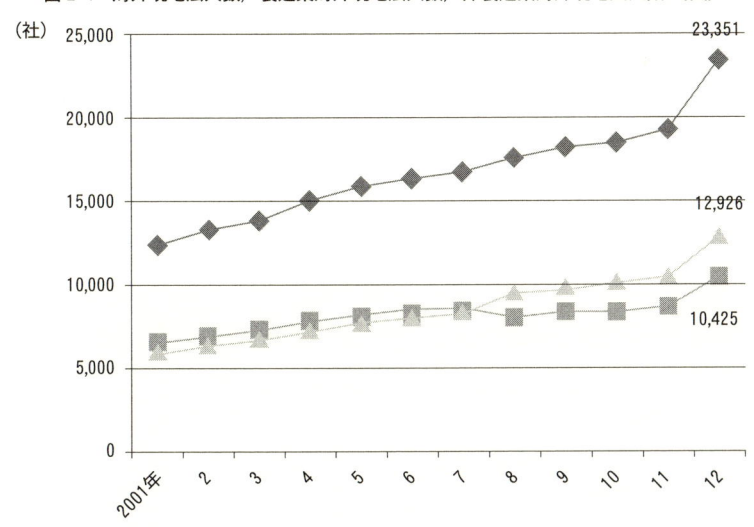

(出所)　経済産業省「海外事業活動基本調査」各年から筆者作成。（一部補筆）

トツ，以下，ASEAN4 が 3776 社（同 16.2%），NIEs3 が 2605 社（同 11.2%），その他アジアが 1153 社（同 4.9%）と続く。図 2-4 は海外現地法人数，製造業海外現地法人数，非製造業海外現地法人数の推移を示したものである。製造業，非製造業いずれも漸増しているが，2007 年を境に，非製造業の数の方が製造業の数を上回って，現在に至っているのが目につく。

(2) 製造業の海外生産比率の推移

製造業の海外生産比率（国内全法人ベース）は，1985 年度には 2.9%に過ぎなかったが，2012 年には 20.3%（前年比 2.3%増）と過去最高水準にまで上昇している（図 2-5 参照）。業種別には，輸送機械（40.2%）が最も高く，以下，情報通信機械（28.3%），はん用機械（26.6%），化学（19.5%），業務用機械（18.4%）と続く。

(3) 海外設備投資率

2012 年の海外設備投資比率は，25.8%（前年度比 4.3%増）と，前年に引き

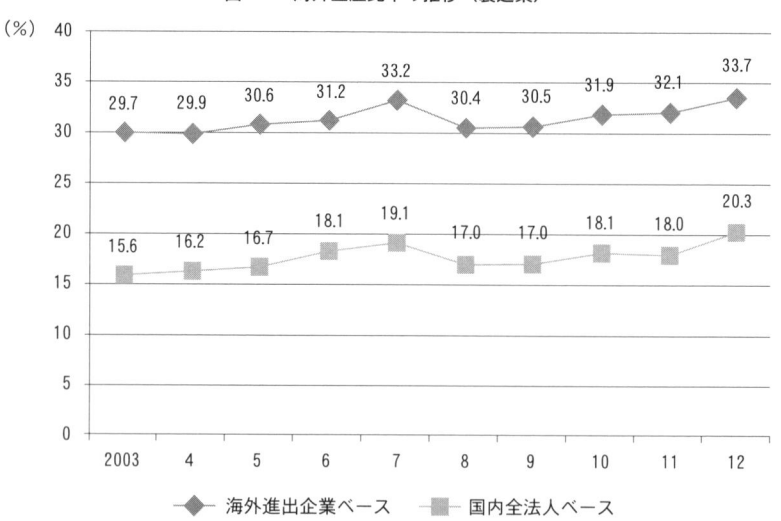

図 2-5 海外生産比率の推移（製造業）

年	海外進出企業ベース	国内全法人ベース
2003	29.7	15.6
4	29.9	16.2
5	30.6	16.7
6	31.2	18.1
7	33.2	19.1
8	30.4	17.0
9	30.5	17.0
10	31.9	18.1
11	32.1	18.0
12	33.7	20.3

（注）国内全法人ベースの海外生産比率＝現地法人（製造業）売上高／（現地法人（製造業）売上高＋国内法人（製造業）売上高）×100.0，海外進出企業ベースの海外生産比率＝現地法人（製造業）売上高／（現地法人（製造業）売上高＋本社企業（製造業）売上高）×100.0。
（出所）経済産業省「第 43 回 海外事業活動基本調査（2013 年 7 月調査）概要」。

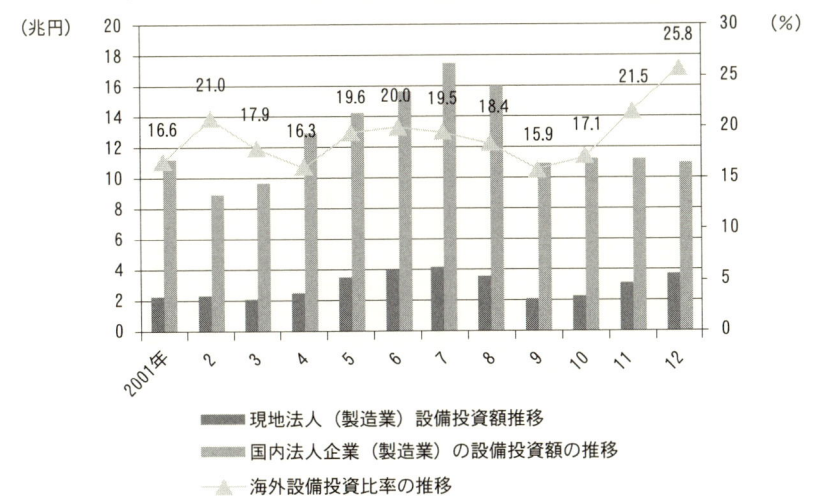

図 2-6　現地法人設備投資額及び海外設備投資比率の推移（製造業）

（注）　海外設備投資比率＝現地法人設備投資額／（現地法人設備投資額＋国内法人設備投資額）×100.0．
（出所）　図 2-5 に同じ．原資料は，国内法人設備投資額については法人企業統計（財務省）．

続き過去最高水準を上回った（図 2-6 参照）。業種別には，輸送機械（前年度比 32.4％増），業務用機械（同 118.5％増），情報通信機械（同 14.1％増）などが増加している。地域別には，北米（前年度比 41.3％増），アジア（同 26.5％増）の増加率が高い。

(4) 現地法人売上高の推移

現地法人の売上高は 199.0 兆円（前年度比 9.2％増）であった（図 2-7 参照）。そのうち製造業は 98.4 兆円（前年度比 11.4％増）で，業種別には，輸送機械が 44.8 兆円（同 14.9％増）でトップ，以下，情報通信機械 12.3 兆円，化学 9.3 兆円，電気機械 4.7 兆円と続く。非製造業は 100.6 兆円（同 7.1％増）で，卸売業が 72.4 兆円（同 6.4％増）であった。

近年，日本を含む先進国の消費が停滞気味の中で，成長力のある新興国市場への企業の進出が本格化している。消費地に近いところで生産する「地産地消」で，コストを下げ需給の変動に素早く対応するのがその狙いである。国際協力銀行の調査では，国内製造業の海外生産比率は，16 年度の中期的計画

50　第2章　製造業の空洞化と雇用の行方

図 2-7　現地法人売上高，製造業現地法人売上高の推移

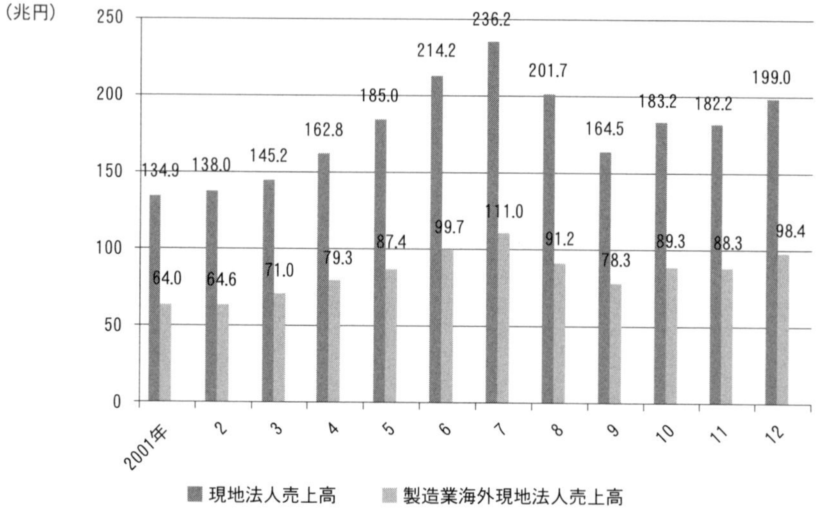

(兆円)

年	現地法人売上高	製造業海外現地法人売上高
2001年	134.9	64.0
2	138.0	64.6
3	145.2	71.0
4	162.8	79.3
5	185.0	87.4
6	214.2	99.7
7	236.2	111.0
8	201.7	91.2
9	164.5	78.3
10	183.2	89.3
11	182.2	88.3
12	199.0	98.4

(出所)　経済産業省「海外事業活動基本調査」各年から筆者作成。

(2016年度)で38.6%にまで拡大する見通しだという[29]。つまり，「外で作り外で稼ぐ」体制が鮮明になってきた。財務省の「国際収支」では，輸出額のピークは，2007年の79兆7253億円(図2-1参照)であるが，リーマン・ショックによる世界景気の低迷で，09年には50兆8572億円と6年前の水準にまで落ち込んだ。2013年は66兆9790億円でいくらか回復してはいるが，2011年から3年連続の貿易赤字である。富の源泉を輸出に頼る形は最早維持できなくなっている[30]。

　企業の海外移転で雇用も国内から海外にシフトしている。後述のように，総務省「労働力調査」によると，2013年現在の国内の製造業就業者数は1039万人で，1992年のピーク時の1569万人から500万人ほど減少している。他方，日本企業の製造業海外現地法人の従業員数は，概ね右肩上がりで増加しており，図2-8が示すように，2012年度現在436万人となっている。これを業種別にみると，輸送機械が最も多く144万人，以下，情報通信機械76万人，電気機械31万人と続く。

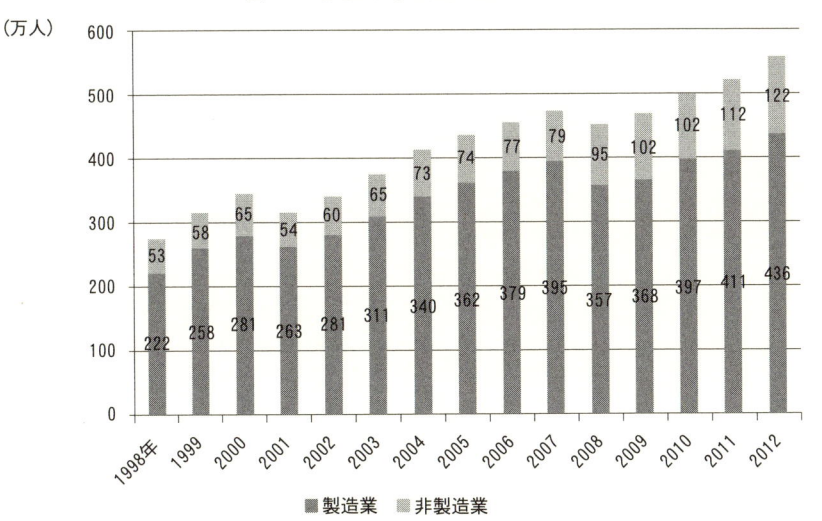

図 2-8　現地法人常時従業者数の推移

年	製造業	非製造業
1998年	222	53
1999	258	58
2000	281	65
2001	263	54
2002	281	60
2003	311	65
2004	340	73
2005	362	74
2006	379	77
2007	395	79
2008	357	95
2009	368	102
2010	397	102
2011	411	112
2012	436	122

（出所）　経済産業省「海外事業活動基本調査」各年から筆者作成。

2．わが国の製造業における就業者数の推移

　わが国の製造業における就業者数[31]のピークは 1992 年 10 月の 1603 万人で，以後ほぼ一貫して減少している（図 2-9 参照）。総務省によれば，2012 年 12 月の製造業の就業者数は前年同月比 35 万人減の 998 万人（原数値）で，51 年ぶりに 1000 万人を下回った[32]。新聞は，その理由を，労働力人口全体の減少と企業が生産拠点の海外移転を進めたことに求めている。就業者全体に占める製造業の比率が最も高かったのは 70 年代前半の 27％超で，これが 2012 年 12 月には 16％まで落ち込んだ。

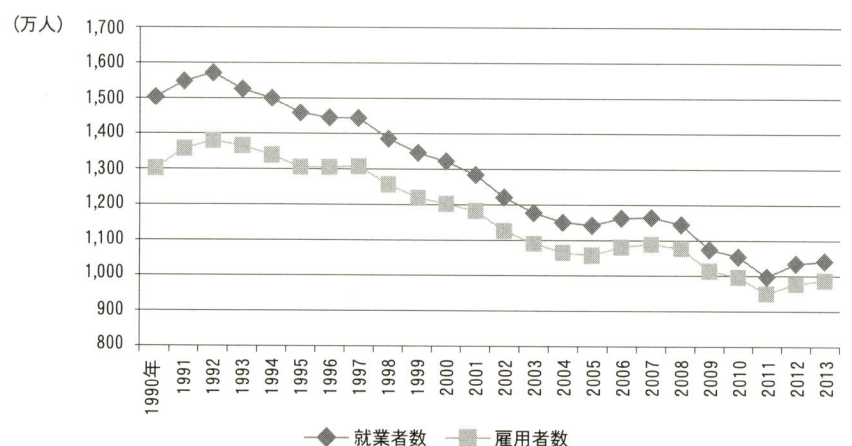

図2-9　製造業の就業者数・雇用者数の推移（原数値）

（注）　1．日本標準産業分類改訂に伴い，2002年以前と2003年以降及び2008年以前と2009年以降は接続しない。接続しない産業は別に列を設けている場合がある。
　　　2．2011年については，東日本大震災の影響により，岩手県，宮城県，及び福島県を除く。
　　　3．2012年の数値より，2010年国勢調査の確定人口に基づく最新の推計人口（新基準）により算出。
（出所）　総務省統計局「労働力調査」から筆者作成。（一部補筆）

第3節　製造業の海外展開に伴う国内就業者数の動向

1．わが国ものづくり産業が重要と考える販売市場および生産拠点

　企業経営者の，販売市場，生産拠点に対する考え方からみていくことにする。『ものづくり白書』は，図2-10の1,2,3,4を示して，大要，次のように記している[33]。

　　新興国市場の拡大は，わが国ものづくり産業[34]にとって，海外展開を推し進める大きな要因となっている。経済産業省が2012年1月に行ったアンケート調査の結果によれば，近年，先進国市場（日本国内，米国，欧州）の重要性は相対的に低下し，新興国市場（中国，ASEAN）の重要性が，過去，現在，今後と，急激に上昇していくであろうとみられている。

この傾向を企業規模別にみると，大企業の「日本国内」の重要性は過去から今後にかけて3割程度減少しているが（図2-10-1），中小企業では1割程度の減少にとどまる（図2-10-2）。これは，資金面や人材面などの経営資源不足もあり，中小企業の視点がまだ十分には海外へ向けられていないためと思われる。また，市場の重要性の変容に合わせるように，重要だと考えている生産拠点も，日本国内，米国，欧州から，中国，ASEANなどにシフトしている（図2-10-3，図2-10-4）。・ただし，中国については，現在から将来にかけ，重要な生産拠点としての伸びが鈍化していく見込みである。また，販売面と同様，中小企業は日本国内を重視する向きが依然として強い[35]。このような成長市場への誘因を含め，様々な要因が企業の最適な国際分業体制構築における検討材料となり得る。例えば，表（省略…引用者）が示すように，現状，わが国の事業環境は，アジア諸国と比べ，人件費，地価，電気料金等の面で高コスト構造になっている。また，東日本大震災を契機とした電力需給の逼迫，そして図2-1で示した昨今の円高の継続が，更なる国内事業環境の悪化を招き，企業の国内設備投資の縮小，海外への進出を一層加速させる可能性がある。（傍点は引用者）

そして，傍点部分の「ただし」以下の理由について，次のように記している[36]。

かつての海外展開は，中国の安価な労働力を求めた，労働集約的な作業の分業であった。しかし，現在，中国における人件費の上昇は著しく，中国における事業拠点は，次第に生産拠点としての位置づけから，市場へのアクセスを得るための拠点という位置づけに変化しつつある。一方，引き続き，安価な労働力の確保を狙って国際分業体制を構築するグローバル企業においては，中国の生産拠点よりも，むしろその他アジア諸国の生産拠点増強を図る動きがみられる。また，ロボットによる自動化・作業の簡易化で影響を最小限に抑えようという動きもみられる。

54　第2章　製造業の空洞化と雇用の行方

図2-10-1　大企業が重要と考えるわが国ものづくり産業の販売市場

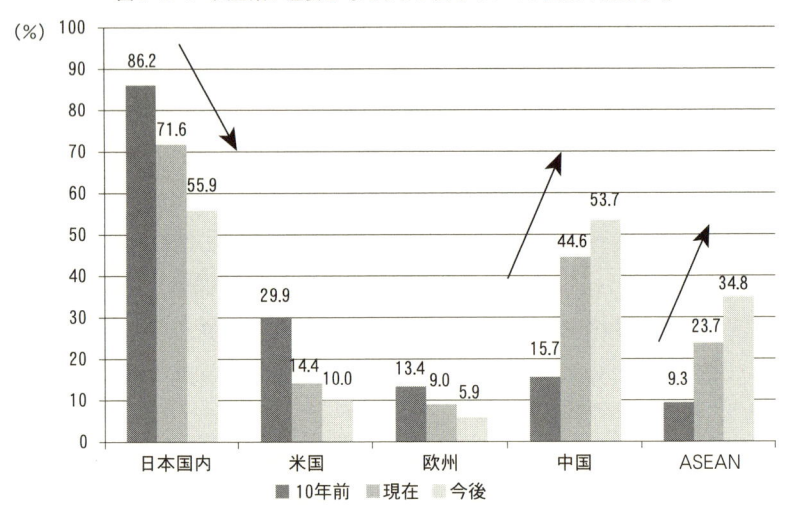

	10年前	現在	今後
日本国内	86.2	71.6	55.9
米国	29.9	14.4	10.0
欧州	13.4	9.0	5.9
中国	15.7	44.6	53.7
ASEAN	9.3	23.7	34.8

（注）　大企業：10年前 n＝268，現在 n＝278，今後 n＝270
（出所）　前掲『ものづくり白書』2012年版，96頁の図より。資料は2012年1月の経済産業省アンケート調査。

図2-10-2　中小企業が重要と考えるわが国ものづくり産業の販売市場

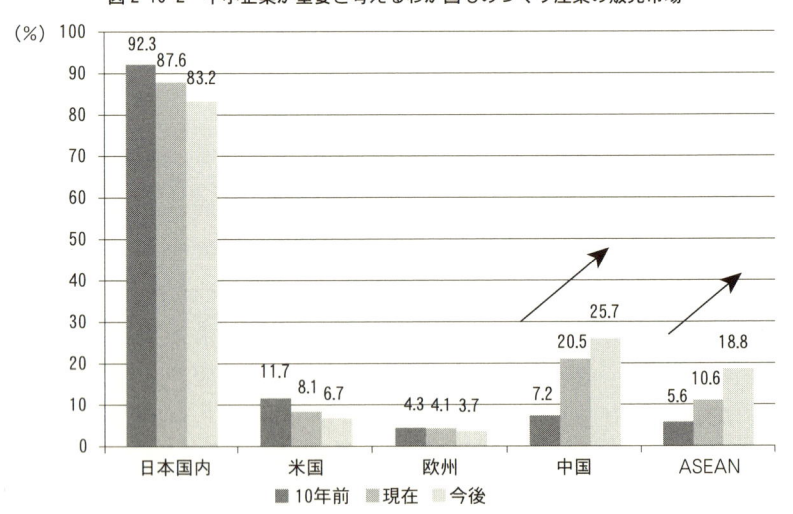

	10年前	現在	今後
日本国内	92.3	87.6	83.2
米国	11.7	8.1	6.7
欧州	4.3	4.1	3.7
中国	7.2	20.5	25.7
ASEAN	5.6	10.6	18.8

（注）　中小企業：10年前　n＝3339，現在　n＝3521，今後　n＝3379
（出所）　図2-10-1に同じ。

第3節　製造業の海外展開に伴う国内就業者数の動向　55

図 2-10-3　大企業が重要と考えるわが国ものづくり産業の生産拠点

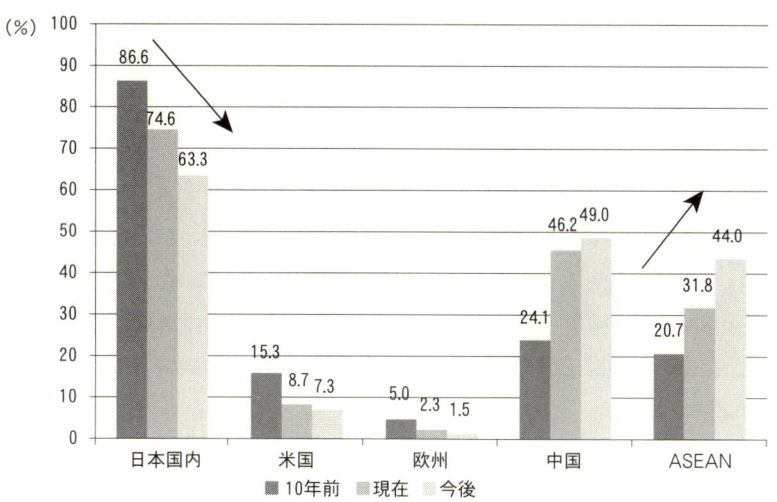

(%)

	日本国内	米国	欧州	中国	ASEAN
10年前	86.6	15.3	5.0	24.1	20.7
現在	74.6	8.7	2.3	46.2	31.8
今後	63.3	7.3	1.5	49.0	44.0

（注）大企業：10年前　n＝261, 現在　n＝264, 今後　n＝259
（出所）図 2-10-1 に同じ。

図 2-10-4　中小企業が重要と考えるわが国ものづくり産業の生産拠点

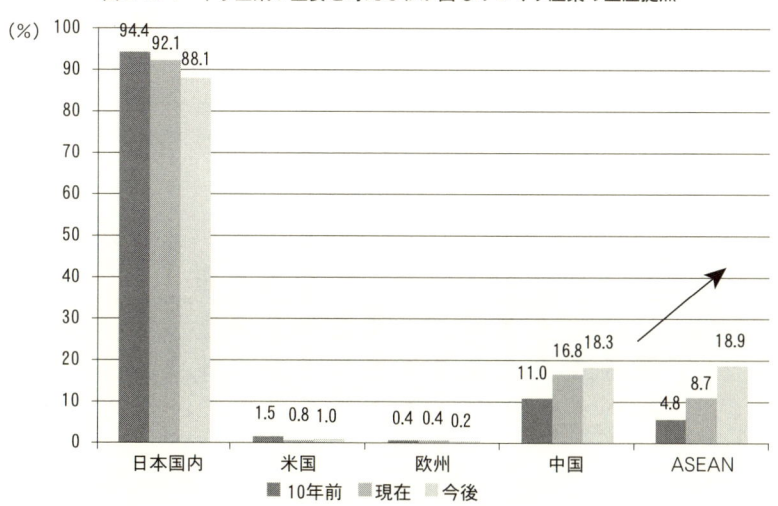

(%)

	日本国内	米国	欧州	中国	ASEAN
10年前	94.4	1.5	0.4	11.0	4.8
現在	92.1	0.8	0.4	16.8	8.7
今後	88.1	1.0	0.2	18.3	18.9

（注）中小企業：10年前　n＝3196, 現在　n＝3234, 今後　n＝3211
（出所）図 2-10-1 に同じ。

2．わが国企業による海外 M&A の推移

海外事業展開の手段としての対外 M&A（mergers & acquisitions）の推移を確認しておく。『通商白書』2012年版は，図2-11，2-12を示して，次のように記している[37]。

> 2011年のわが国企業による対外M&A[38]は，件数でみると1996年以降で最多の457件，金額でみると3番目に多い約6.3兆円であった（図2-11）。その要因としては，買収[39]や資本参加[40]が2年連続で増加したことがあげられる（図2-12）。特に，対外M&Aを形態別にみると，2011年には買収が213件（対前年比約37％増）と初めて200件を突破し1996年以降最多となった。買収が増加した背景には，日本の企業の資金的な余裕，迅速な事業展開へのニーズ，長期的な円高等があると考えられる。

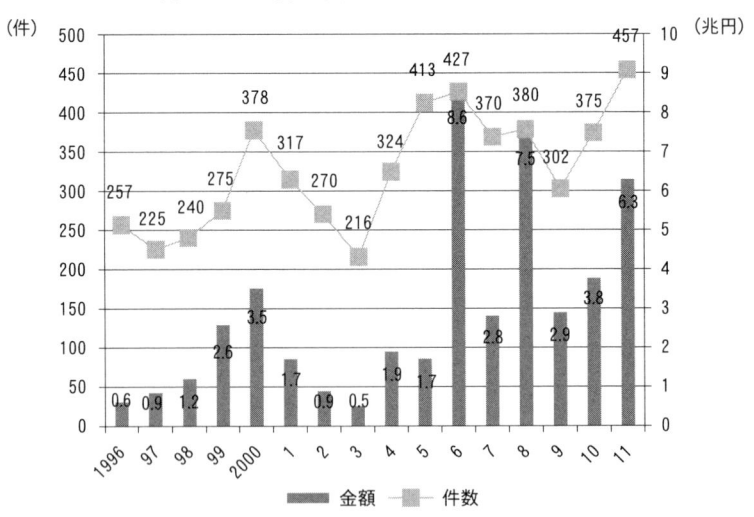

図 2-11　わが国の対外 M&A の件数及び金額の推移

（注）　発表案件，グループ内 M&A を含まない。金額は公表されているものに限る。
（出所）　経済産業省編『通商白書』(2012 年版) 282 頁より。原資料はレコフデータベース (2012 年 2 月)。

第3節　製造業の海外展開に伴う国内就業者数の動向　57

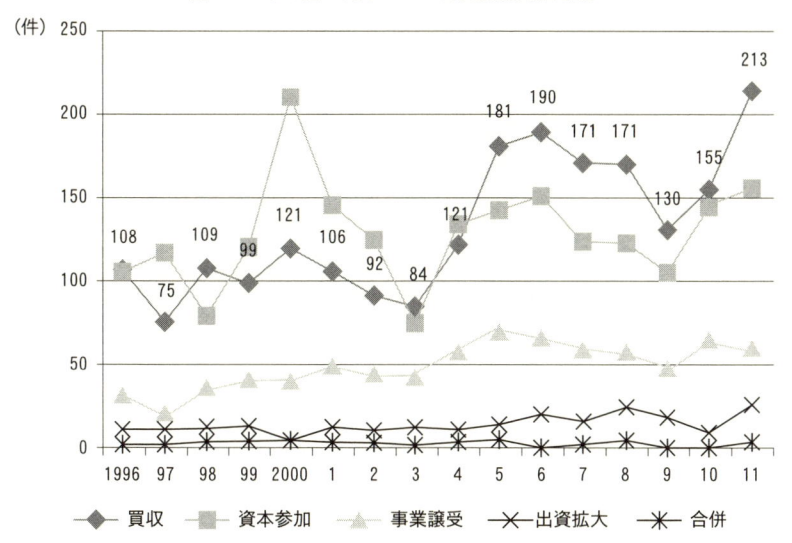

図 2-12　わが国の対外 M&A の形態別件数の推移

(注)　発表案件，グループ内 M&A を含まない。金額は公表されているものに限る。
(出所)　図 2-11 に同じ。

　図 2-13 は，わが国製造業の海外企業への M&A に限定したものである。2009 年以降増加している。『ものづくり白書』は，その理由を，大要，次のように記している[41]。

　　2010 年まで，わが国製造業における M&A 件数は 2005 年をピーク（936 件）として減少傾向にあったが，2011 年は前年より若干の増加に転じた（594→602 件）。また，2005 年時点では国内企業同士（IN-IN）の買収案件が 7 割以上に上っていたが，2011 年には 6 割を下回っており，海外企業との買収案件が占める割合が増大していることがわかる。加えて，「海外企業による我が国製造業への M&A」は減少する一方，「我が国製造業による海外企業への M&A」は増加しており，直近の円高傾向が我が国製造業の海外企業への買収機運を高めている可能性が推察できる。

図 2-13　わが国製造業による海外企業への M&A 件数の推移

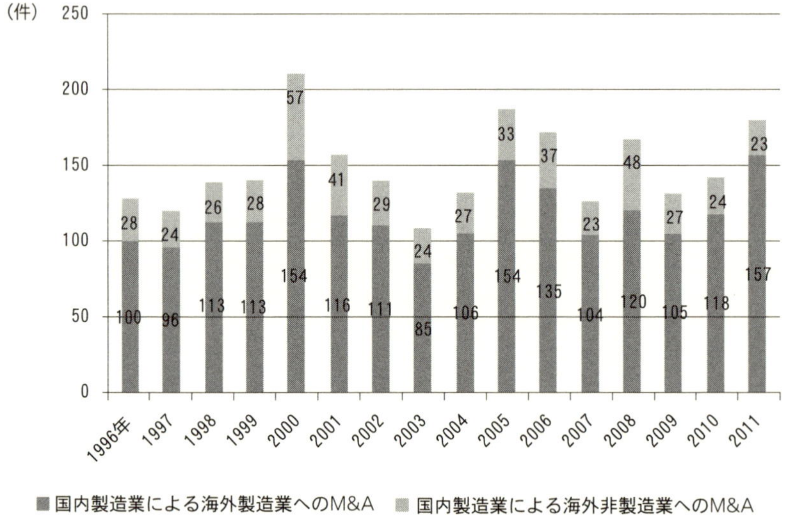

(件)

年	海外製造業	海外非製造業	合計
1996	100	28	128
1997	96	24	120
1998	113	26	139
1999	113	28	141
2000	154	57	211
2001	116	41	157
2002	111	29	140
2003	85	24	109
2004	106	27	133
2005	154	33	187
2006	135	37	172
2007	104	23	127
2008	120	48	168
2009	105	27	132
2010	118	24	142
2011	157	23	180

■ 国内製造業による海外製造業へのM&A　■ 国内製造業による海外非製造業へのM&A

(出所)　前掲『ものづくり白書』2012 年版，18 頁。原資料は（株）レコフデータの資料から経済産業省作成。

3．製造業の海外展開に伴う国内就業者数の動向

　近年，円高等を背景として，対外 M&A がブームになっているようであるが，国内雇用との関連で重要なことは M&A そのものではない。経営者の海外生産に対する考え方である。図 2-14 は，日本経済新聞社による今後の生産方針に関する「社長 100 人アンケート」の結果を示したものである[42]。海外生産については「拡大」が 44.4％（前回 6 月 33.1％）と，「現状維持」の 19.2％（同 26.4％）を大きく上回っている。これに対する国内生産は「拡大」が 7.5％で，国内向け投資意欲も高まってはいるものの，市場の成長力を見据えて，海外で需要地生産を進める動きが鮮明である。また，生産地としては東南アジアへの注目度が高く，設備投資を増やすとの回答は 38.4％と米国（19.9％）や中国（19.8％）を大きく上回る。

第 3 節　製造業の海外展開に伴う国内就業者数の動向　59

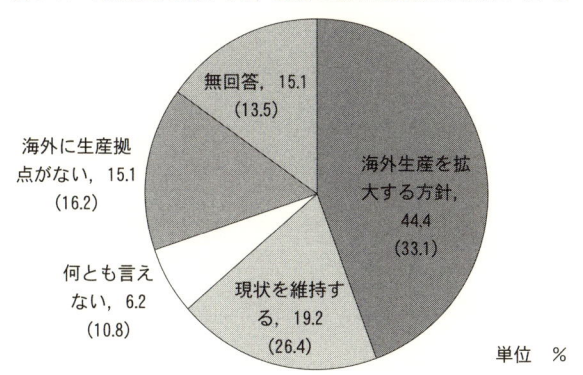

図 2-14　円高修正を受けても，企業の海外生産志向は強まっている

- 無回答，15.1（13.5）
- 海外に生産拠点がない，15.1（16.2）
- 何とも言えない，6.2（10.8）
- 現状を維持する，19.2（26.4）
- 海外生産を拡大する方針，44.4（33.1）

単位　％

（注）　カッコ内の数字は前回 6 月調査の結果である。
（出所）　日本経済新聞朝刊，2013 年 9 月 24 日付，「社長 100 人アンケート」。

　わが国の製造業は，おそらく今後も引き続き海外展開を進めていくであろう。『ものづくり白書』(2013 年版）も，「避けられない製造業の海外展開」という表題で，次のように記している[43]。

　　わが国の製造業は，エレクトロニクス産業や自動車産業など「加工型製造企業」で海外現地生産を行う企業の割合が先行して上昇し，海外展開が進行した（図 2-15)。近年では「素材型製造業」においても海外現地生産を行う企業が増加しており，両者の水準は近づいている[44]。2008 年の「リーマンショック」や 2011 年の震災の影響により，足下では海外現地生産を行う企業の割合の伸びはやや鈍化しているものの，今後は上昇が再び見込まれている。5 年後の 2017 年度の海外現地生産を行う企業の割合は「加工型製造業」で約 8 割に達するとの見込みである。グローバル市場の拡大に伴い海外需要の取り込みは必須であり，海外生産の拡大が不可避である。

　では，わが国製造業のこのような対外直接投資は，国内雇用にどのような影響を及ぼすであろうか。冒頭で引用した『ものづくり白書』(2012 年版）の指摘，「海外投資が国内の従業員数や投資に負の影響をもたらす恐れが強まって

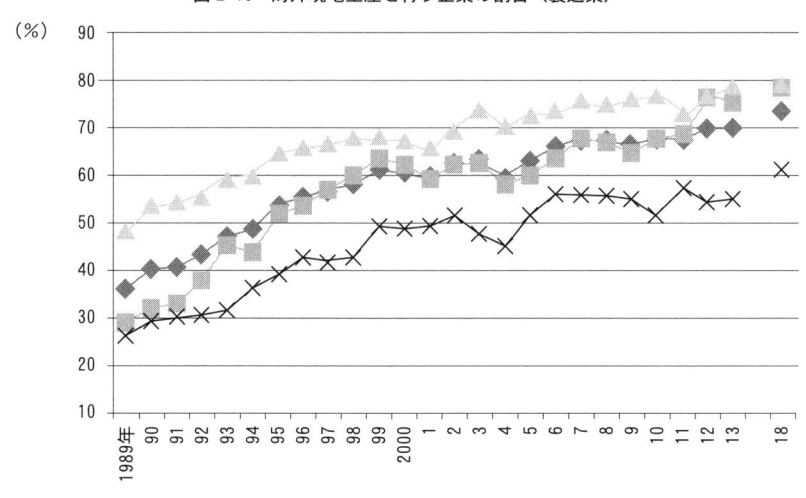

60　第2章　製造業の空洞化と雇用の行方

図2-15　海外現地生産を行う企業の割合（製造業）

◆ 製造業　　■ 素材型製造業　　▲ 加工型製造業　　✕ その他の製造業

(注)　1．アンケート回答企業の内，海外現地生産を行っている企業の割合。
　　　2．2013年度は実績見込み，18年度は見通しを表し，それ以外の年度は，翌年度調査における前年度の実績を表す（例えば，2012年度の値は，2013年度調査において「2012年度実績」を記入した企業の割合）。
(出所)　内閣府「平成25年度企業行動に関するアンケート調査」。

いる」を検証してみよう。

　図2-16は，経済産業省が2012年2月に行ったアンケート調査の結果を示したものである。過去（初めての海外生産拠点設立時）→現在→今後（5年後）の3時点において，海外設備投資の増減が国内従業員数の増減にどのような影響を与えるかをみたものである。左側の球体は過去の実績（海外初進出時～現在），右側の球体は今後の見通し（現在～今後（5年後））を示す。結果は，以下の通りであった。

　過去，海外設備投資が増加したとき，国内従業員数も増加した企業は全体の30.4%だった。これに対して，海外設備投資が増加したとき，国内従業員数が減少した企業は，全体の24.0%だった。したがって，海外設備投資が増加したとき，国内従業員数が増加している企業の方が，減少している企業よりも，多かった。

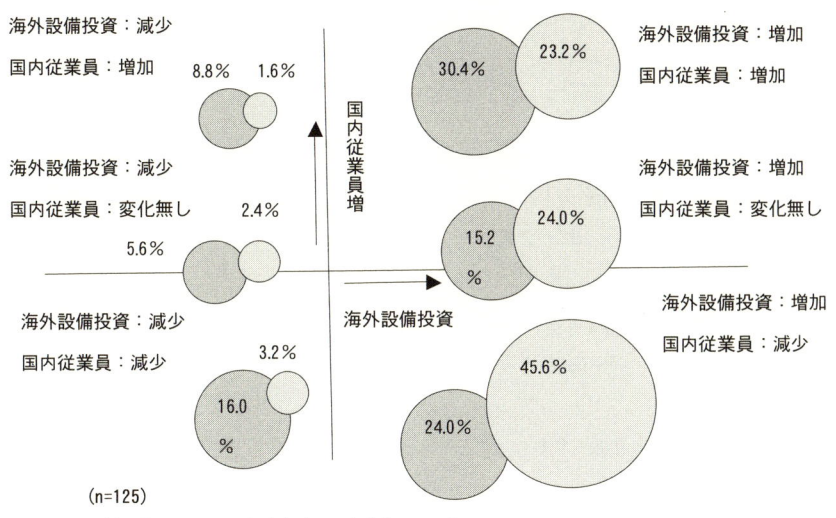

第 3 節　製造業の海外展開に伴う国内就業者数の動向　61

図 2-16　海外設備投資が国内従業員数に与える影響

海外設備投資：減少　　　　　　　　　　　　　　海外設備投資：増加
国内従業員：増加　8.8%　1.6%　　30.4%　23.2%　国内従業員：増加

海外設備投資：減少　　　　　　　　　　　　　　海外設備投資：増加
国内従業員：変化無し　2.4%　　　15.2%　24.0%　国内従業員：変化無し
　　　　　　　　5.6%

海外設備投資：減少　　　海外設備投資　　　　　海外設備投資：増加
国内従業員：減少　　　　　　　　　　45.6%　　国内従業員：減少
　　　　　　　3.2%
　　　16.0%　　　　　　　　24.0%

（n=125）

（出所）　前掲『ものづくり白書』(2012 年版)　105 頁。

　ところが，今後は，海外設備投資が増加するとき，国内従業員数も増加する企業は，30.4→23.2%に減少する。他方，海外設備投資が増加するとき，国内従業員数が減少する企業は，24.0→45.6%と大幅に増加する。したがって，今後は，海外設備投資が増加するとき，国内従業員数が増加する企業より，減少する企業の方が多くなる，と思われる。

　しかし，『ものづくり白書』2012 年版は，上記のアンケート結果について，但し書きを付して，「上記のアンケート結果のうち，今後の見込みについては，あくまで企業の回答者の見込みであることに留意する必要がある。一般に，海外設備投資を行うと，企業は，海外拠点においてコスト競争力の強化や海外市場の獲得を進めながら，国内拠点の事業内容を見直し，高付加価値化を進める。その過程で，次第に企業全体の収益も向上し，最終的に国内雇用の維持・向上につながっていく。しかし，アンケートの回答では，次第に企業全体の収益が向上していく効果は時として反映されにくい。」[45]（傍点は引用者）と記している。

　例えば，松島大輔は，2011 年度『経済財政白書』の「海外生産拡大の意向

が雇用見通しに及ぼす影響」(150頁)等を引用しながら,「『現地化』こそが,国内の雇用を拡大させる有効な手段です。さらにいえば,じつはこの『現地化』こそが,日本が今必要としている雇用を調達することに成功するのです。」[46]と述べている。

また,戸堂康之も,「例えば私自身の研究[47]では,日本企業が海外投資をはじめて行うと,その年の国内雇用は特に変化がないものの,1年後には平均的にはむしろ3％程度雇用が増えるという結果となった。中小企業に限定して行った分析では,海外直接投資や海外生産委託が国内雇用に何ら影響を与えていないことがわかった。その他の研究者によるものでも,海外投資が国内雇用を減少させるという効果は,特に長期的には認められていない。」[48](傍点は引用者)と述べている。

小池和男も,「いまや日本企業はその海外のビジネス活動から他国に優るとも劣らぬ収益をあげており,それが日本の雇用とくらしに大きく貢献している。通念と違い,輸出の貢献はむしろ小さい。従業員数は海外活動のほうが多い企業こそ目立つ。」[49](傍点は引用者)と述べている。

要するに3者ともに,海外に直接投資する企業の方が,結果として,国内雇用増にも貢献している,というのである。

そして,経済産業省編『通商白書』(2012年版)は,コラム「対外直接投資の国内雇用に対する影響」[50]で,Yamashita and Fukao (2010), Hijen et al. (2007), Ando and Kimura (2011), Obashi et al. (2010)の分析結果を踏まえながら,「『空洞化』とは対外直接投資の拡大により国内生産・雇用等が減少する現象である。この関係が成り立つ場合,対外直接投資と国内生産が代替的な関係に立っていると考えられる。しかし,両者が代替的か補完的かは,個別の対外直接投資の性質にもよると考えられる。例えば,直接投資の目的が国際的な生産分業である場合,日本からの中間財の輸出を誘発する可能性があり,両者は補完的でありうる。他方,本来国内で生産し輸出していた製品が現地生産されるようになると,両者は代替的な関係になりうる。また,海外の新たな市場開拓を目的とする場合,国内雇用には影響しないか,又は世界的な販売の拡大により国内雇用の規模も拡大する可能性がある。したがって,対外直接投資が国内の雇用にどのような影響を与えるかは,実証的な問題である。

（中略）対外直接投資による国内雇用への影響については、プラスの効果を指摘する実証研究が多い。ただし、海外への生産移転が急速に進展する場合や、新規産業等への円滑な雇用シフトが実現しない場合、マイナスの効果が上回る可能性は排除できない。」（傍点は引用者）と記している。

では、現状はどうであろうか。『通商白書』（2012年版）は、「我が国では製造業の就業者数が2005〜07年まで増加しているのを除き、すう勢的には減少傾向で推移しており、とりわけ09年にはリーマン・ショックの影響により顕著に減少した。一方、非製造業の就業者数は増加傾向で推移しているものの、足下は製造業での減少を補いきれておらず、その結果全産業での就業者数は09年以降においては減少傾向で推移している（図2-17）。更に大震災の影響等もあり、就業者数は2012年まで減少傾向で推移している（ただし、2012年以降は復興需要等の影響もあり、若干の増加傾向に転じている。）。」[51]と記している。

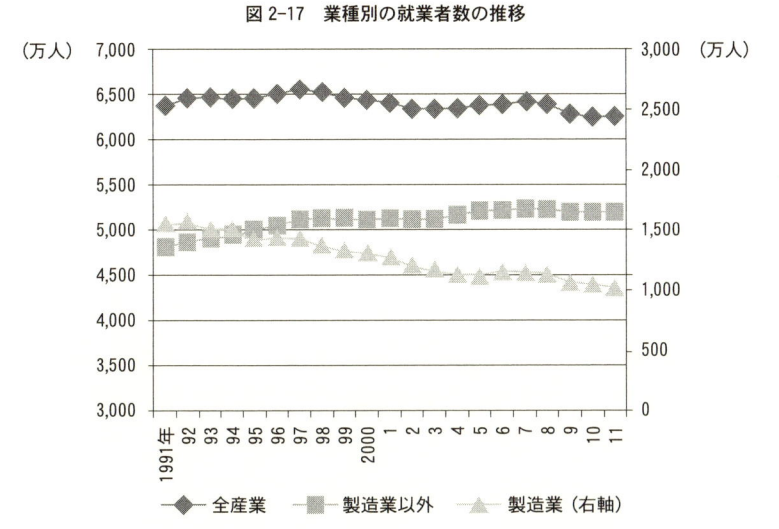

図2-17　業種別の就業者数の推移

(注)　日本標準産業分類の改定により、2002年の前後でデータは非連続である。日本の2011年のデータは、岩手県、宮城県及び福島県の結果について補完的な推計を行い、それを基に参考値として算出したもの。
(出所)　経済産業省編、前掲『通商白書 2012』288頁。原資料は総務省「労働力調査」。（一部補筆）

要するに，製造業就業者数は減少傾向にあり，非製造業就業者数は増加傾向にある。しかし製造業就業者数の減少分を非製造業が補いきれておらず，それが，結果的に，2009年以降の全産業での就業者数の減少となってあらわれている，というのである。

『通商白書』は，続けて，「では，こうしたわが国の就業者数の減少は，対外直接投資の増加によって生じているのだろうか。(中略) そこで，製造業の海外現地法人の従業員数の伸び率（対前年比）と国内製造業の就業者数の伸び率（対前年比）を比較してみる。製造業の海外現地法人従業員数の伸び率がおおむねプラスで推移する一方，国内就業者数の伸び率はマイナスで推移する傾向にはある。しかし，両者が必ずしも毎年トレードオフの関係として推移している訳ではない。なぜなら，国内就業者数は，海外現地法人の影響のみならず，国内における様々な要因によって影響を受けるからである（図2-18）。」[52]（傍点は引用者）と記している。

国内の製造業就業者数と海外現地法人の製造業就業者数の増減は必ずしもト

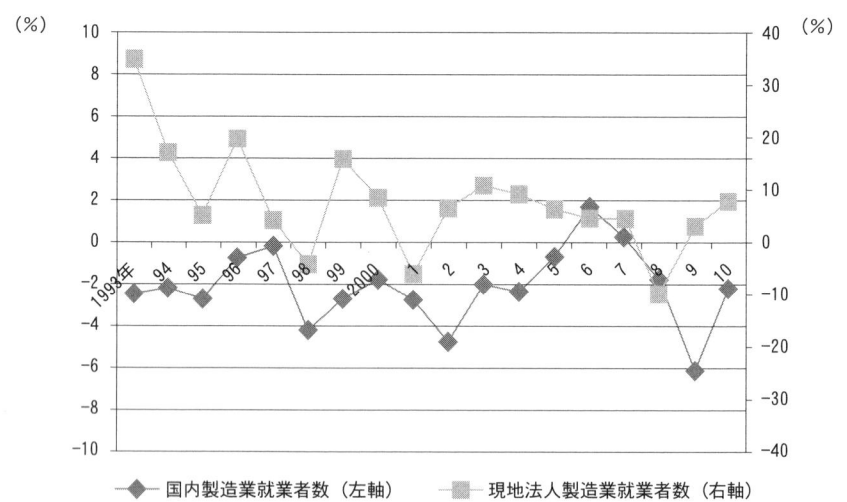

図2-18 わが国製造業の国内就業者数と海外現地法人就業者数の推移

(注) この図は，図2-8 ならびに図2-9 の就業者数の増減の前年比をクロスさせたものである。
(出所) 前掲『通商白書 2012』288頁。原資料は総務省「労働力調査」及び経済産業省「海外事業活動基本調査」。

第3節　製造業の海外展開に伴う国内就業者数の動向　65

レードオフの関係として推移しているのではないかもしれない。しかし，前者の伸び率がマイナスで推移し，後者が概ねプラスで推移しているということは紛れも無い事実である。では，上記引用にある「国内における様々な要因」とは何か。『通商白書』は，4つの要因，すなわち，① 労働力人口の増減，② 国内外の需要変動に応じた国内生産の増減，③ 生産性向上努力，④ 産業構造のシフト（ここでは製造業に代わるサービス業等非製造業の雇用吸収力）を指摘し，それらと国内就業者数との関係について逐一分析し，「我が国の国内就業者数は足下伸び悩んでいるが，これは，基本的には国内要因（労働力人口，内外需要変動に応じた国内生産状況，生産性向上，サービス業等の雇用吸収力等）によって大きく左右されるものと言える。」と纏めている[53]。

要するに，『通商白書』は，現在の国内就業者数の伸び悩みは，国内要因によるものであって，製造業の現地化あるいは対外直接投資によるものではない，というのである。ここでは，「国内就業者」と「国内製造業就業者」とが交錯して使用されているので紛らわしいが，筆者の関心はあくまで「国内製造業就業者」にある。

この国内製造業就業者の減少は，『白書』が指摘する4つの要因のうち，① の労働力人口の減少と ② の国内生産の減少が大きく関与しているものと思われる。① については説明の必要はなかろう。② については，わが国の乗用車産業を見るとわかりやすい。図 2-19 は，2013 年度の乗用車 8 社の国内生産台数，海外生産台数をみたものである。

2013 年度の国内乗用車 8 社合計の海外生産台数は約 1637 万台（前年度比 6.9％増），国内生産台数は約 938 万台（同 3.6％増）であった。海外生産が過去最高となったのは，トヨタ自動車（同 7.2％増），日産（同 9.4％増），ホンダ（同 9.0％増），ダイハツ工業（マレーシア子会社を除く）（同 34.5％増）の 4 社である[54]。

要するに乗用車 3 台のうち 2 台弱は海外で製造しているのである。したがって，乗用車業界では海外生産が主流，といえる。しかも，乗用車産業は国際的に見ても労働生産性の高い業界である。一例を示したに過ぎないが，国内の製造業就業者は，① 労働力人口の減少と，② ものづくり産業の海外進出に伴う国内生産の減少によって，今後も減り続けていくことになろう。

図 2-19　2013 年度の乗用車 8 社の国内，海外生産台数

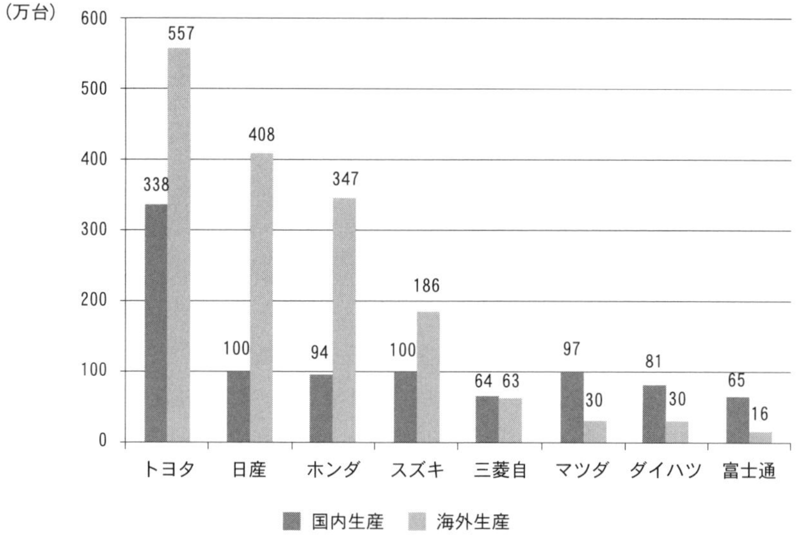

(万台)

メーカー	国内生産	海外生産
トヨタ	338	557
日産	100	408
ホンダ	94	347
スズキ	100	186
三菱自	64	63
マツダ	97	30
ダイハツ	81	30
富士通	65	16

(出所)　日本経済新聞朝刊，2014 年 4 月 24 日付，「昨年度の乗用車海外生産」より筆者作成。

結びに代えて—国内の雇用はどうなる？

　かつて，津田眞澂は，「企業の『無国籍化』で，産業・雇用は空洞化する」という見出しで，「フェードアウト（撤退，休眠，失敗した会社の売却）する日本企業が続出しても，それでも，企業は日本脱出を続けている。そして，それは必ず，産業の空洞化と雇用の空洞化をもたらす。」[55]（傍点は引用者）と述べた。

　津田が，このように述べたのはプラザ合意から 3 年後の 1988 年のことである。それから 4 半世紀が過ぎた。当時は萌芽的であった企業の海外進出も，グローバリゼーションの深化とともに，現在ではごく普通の現象となった。もはや，そのような企業行動を企業の「無国籍化」（あるいは「国籍喪失」化）として責めることはできない。企業とは本来的にそういうものだからである。

　では，そのような中で，国内に取り残された労働者の雇用はどうなるのか？

2012年9月3日付の日本経済新聞は,「雇用の柱　失う　地域」[56]という見出しで,次のように記している。

　電機や半導体など大手製造業の国内工場の撤退や縮小が相次ぐ。法人税や人件費などのコスト高に円高の長期化もあって,閉鎖の流れが止まらない。雇用の柱を失った地域は受け皿探しに必死だが,医療や介護など成長産業とされる分野への人材の移行はなかなか進んでいない。(中略)長引く円高などを背景に,大手製造業による地方工場の合理化の動きは止まらない。企業が工場を閉鎖する場合に「配置転換」による雇用維持を打ち出しても,実際は地元を離れることを敬遠して離職する例が多い。しかし大規模工場の閉鎖後,雇用の受け皿になり得る企業は地方には少ない。(中略)「優良,安泰というイメージのあった大手企業の工場が次々なくなってしまう衝撃は大きい」。山口労働局の担当者は肩を落とす。山口県は地震が少ないことなどから,電子部品関連の工場が集積していた。しかしこの1～2年ほどの間に雪崩を打つように撤退の動きが広がった。(中略)「仕事がなければ家族連れや若い人ほど流出する。どんどん地域の活力が落ち込む」(山口労働局)。雇用の柱を失った地域の嘆きは深い。(傍点は引用者)

そして,記事は,2012年7月に閣議決定をみた「日本再生戦略」[57]に言及して,次のように記している[58]。

　長く地域経済を支えてきた製造業の拠点縮小が続くなかで政府は7月,2020年までの成長戦略を盛り込んだ「日本再生戦略」を公表した。630万人の雇用を創出するとの青写真で,医療・健康(284万人)や環境(140万人)などを有望分野に掲げる。しかし働き方も給与水準も異なる業種への転職を促す具体性には欠け,雇用移転は進んでいない。特に高齢化の進展で需要が急増する介護分野は,人手不足が拡大しているにもかかわらず,希望者が少ない。介護労働安定センターが8月に発表した介護労働実態調査では,介護事業所の半数が人材確保に十分な賃金を払えないと回

答。介護労働者の半数近くが「仕事内容のわりに賃金が低い」と訴えている[59]。実際，転職者の受け皿になりきれていない。「興味をもって訓練を受け，就職しても長続きしない場合が多い。やはり仕事がきついうえに給与水準も低いことが響いている」(山口労働局)という。(中略)離職者を対象とするアンケートでは生産・労務を希望の職種とする人が 50％で最多だった。一方で介護を含むサービス業を希望する人は 5％に満たない。ハローワーク茂原の熱田家喜所長は「離職者の大半は，なじみのある工場ラインの仕事を希望する。黙々と作業をするのが好きな人が，いきなり介護などの分野に移るのは難しい」と指摘する。(傍点は引用者)

当然である。これまで長く製造の仕事に携わってきた人に，さあ，今日からは人を対象とした介護が担当ですよ，といっても，それは無理というもの。これまで従事してきた仕事と新しい仕事の性格があまりに違いすぎる。再度，津田の所論を引用しておく[60]。

　日本企業が海外進出を始めた昭和 61 年以降の企業経営者の意見に耳をすませてみると，「企業が存続するためには，空洞化はしかたがない」という声が徐々に大きくなってきているように思える。それに対して通産省や経済企画庁は『空洞化は心配ない』と言い，大多数のエコノミストの意見も同様である。その根拠は，日本国内の内需の拡大によって雇用機会，とくにサービス業での雇用機会が増え，失業者が増えても，そこに吸収されて大きな問題にはならないというのである。この楽観的な見方は，もっともに聞こえるが，しょせん，これはマクロ経済のつじつま合わせで生身の人間についてのことではない。自動車産業や，家電産業やそれらの下請け産業で仕事をしていた人たちが，そのままでサービス産業に容易に移れるということはありえないし，サービス業には若いアルバイターや NIES からの出稼ぎ労働者が続々と流入してくる。だから，雇用全体のつじつま合わせはできても，生身の失業者は救われない。(中略)産業の空洞化が雇用に深刻な影響を与えないというのは，考えられないことである。

産業構造転換に伴う雇用移転（あるいは産業間労働移動）は，政府当局の用意周到な産業政策，条件整備（例えば，介護であれば，生産性をあげ，待遇改善を図る等），労働力の新産業への誘導，など，緻密な計画を時間をかけて粘り強く行う必要がある。そういう意味では，中高年者の転職先としての中小の製造企業の存在は大きい。しかし，国内の中小企業を取り巻く環境は非常に厳しいものがある。例えば，人口減少に伴う国内需要の減少，経済のグローバル化や急激な円高に伴う取引先大企業の海外移転，新興国（特に中国）企業との価格競争[61]，東日本大震災の被害や電力不足問題，地方の過疎化と経済の疲弊，など数えあげればきりがない。

とはいえ，日本に企業数はおよそ約420万社あり，そのうち99.7％を中小企業が占め，また，従業者数は日本全体で約4300万人で，このうち66％が中小企業で働いている[62]，という。国内，地域の雇用を守るためにも，当分は，政府の政策として，中小企業を強力に支援することが必須不可欠である。

注
1 　日本経済新聞朝刊，2012年6月7日付，社説「製造業の空洞化に歯止めをかけるために」。
2 　野口悠紀雄は，この「6重苦」について，「従来の事業モデルに固執したまま『日本企業低迷の原因は円高や法人税などの6重苦』と言い，エコカー補助やエコポイントに頼って生き延びようとするかぎり，日本の産業に未来はない。」と切り捨てている。野口『製造業が日本を滅ぼす』ダイヤモンド社，2012年，「はじめに」vii-viii頁。
3 　日本経済新聞朝刊，2012年1月1日付，新年に考える「外向く製造業」。
4 　同上，2012年12月11日付，「政治に望む 企業トップに聞く①」。
5 　同上，2007年1月11日付，成長を考える・キーワード③「グローバル化」。
6 　ジョセフ・E・スティグリッツ／カール・E・ウォルシュ（藪下史郎他訳）『スティグリッツ マクロ経済学』第4版，2014年，539頁。なお，新聞記事の「グローバル化」の意味等の説明を補足するには，佐和隆光「グローバリゼーションの意味を問い直す」京都大学経済研究所金融工学（野村証券グループ）寄付研究部門シンポジウム2004（2004年3月12日）が有益である。
7 　ロバート・C・アレン（グローバル経済史研究会訳）『なぜ豊かな国と貧しい国が生まれたのか』NTT出版，2012年，「はじめに」iv頁。
8 　内閣府編『経済財政白書』平成25年版，7頁。
9 　藤本隆宏『ものづくりからの復活―円高・震災に現場は負けない』日本経済新聞社，2012年，24-25頁。
10 　同上，25-26頁。
11 　藤本は，「産業空洞化」を，一国経済の視点，一産業の視点，一企業の視点，一地域の視点，そして現場の視点の5つの視点から考察し，そのうち，「一国経済の視点―急激な産業構造転換」で，「一国経済レベルで語られる『産業空洞化』とは，不況や円高で人々が不安になったときにおける『産業構造転換の別名』ではないかと考える。（中略）その意味で，マクロ的な産業空洞化論は，人々の気持ちのもちようが生み出す主観の産物という色彩が強い。」（同上，29頁）と述べている。

12　藤本は,「どのくらいの速度の産業構造転換が『自然でないペース』なのかを客観的に判定する基準は, 実は存在しない。」(同上, 28 頁) と述べている。
13　日本経済新聞夕刊, 2012 年 1 月 25 日付,「貿易赤字 31 年ぶり」。
14　同上。
15　モノやサービス, 配当, 利子など海外との取引を総合的にまとめた指標。経常収支は輸出入の差額である貿易収支のほか, 旅行などのサービス収支, 海外からの株式の配当などの所得収支, 無償援助協力などの経常移転収支で構成されている。経常収支が黒字の場合は国内に入ってくるお金が, 出ていくお金よりも多いことを示す。(日本経済新聞朝刊, 2014 年 2 月 11 日付, きょうのことば「経常収支」)
16　日本経済新聞夕刊, 2013 年 1 月 24 日付,「貿易赤字最大 6.9 兆円」。なお, 2012 年度では, 貿易収支 (通関ベース) は 8 兆 1698 億円の赤字であった。(同, 2013 年 4 月 18 日付,「貿易赤字最大 8.1 兆円」)
17　同, 2014 年 1 月 27 日付,「貿易赤字最大 11.4 兆円」。なお, 2013 年度では, 貿易収支 (通関ベース) は 13 兆 7488 億円の赤字であった。(同, 2014 年 4 月 21 日付,「貿易赤字最大 13.7 兆円」)
18　藤本は,「『貿易収支から所得収支へ』という議論もあるようだが, 英米がそうだからといって, 日本もそうとは限らない。英米ほどの強い金融業があって初めて,『貿易収支より所得収支で稼ぐ成熟した債権国へ』といった議論が可能になるが, 英米と日本で, その前提条件は同じには見えない。所得収支も重要だが, 以上の事情から, 日本はしばらく『貿易立国』の看板は下ろせないだろう。」と述べている。(藤本, 前掲『ものづくりからの復活』185-186 頁)
19　日本経済新聞夕刊, 2013 年 2 月 8 日付,「経常黒字 最少 4.7 兆円」。
20　同上, 2014 年 2 月 10 日付,「経常黒字最少 3.3 兆円」。
21　宮崎勇・本庄真・田谷禎三『日本経済図説』第 4 版, 岩波書店, 2013 年, 160 頁。
22　ポール・イングラーシア／ジョゼフ・B・ホワイト (喜多迅鷹訳)『勝利なき闘い―日米自動車戦争』角川書店, 1995 年, 19 頁。
23　NUMMI (New United Motor Manufacturing Inc.) はトヨタが GM との技術提携を具現化するための拠点として設立したもので, 従業員数は 4700 人, 現状での保有株式比率は, トヨタ 50％, モーターズ・リクイディション・カンパニー (旧 GM) 50％である。(ダイヤモンド社ビジネス情報サイトより, 2012 年 10 月 19 日)
24　日本経済新聞朝刊, 2013 年 7 月 28 日付, きょうのことば「日本車の海外生産」。
25　同上, 2011 年 1 月 4 日付, 三度目の奇跡「製造業の海外生産 2 割に上昇」。
26　神代和欣『産業と労使』放送大学教育振興会, 2003 年, 282-286 頁。
27　日本経済新聞朝刊, 2009 年 10 月 24 日付, U-29「日本って『世界の工場』だったの？」。
28　経済産業省「第 43 回海外事業活動基本調査 (2013 年 7 月調査) 概要」。
29　国際協力銀行業務企画室調査課「わが国製造企業の海外事業展開に関する調査報告―2013 年度 海外直接投資アンケート結果 (第 25 回) ―」2013 年 11 月。なお, 海外生産比率＝ (海外生産高)／(国内生産高＋海外生産高) を意味する。
30　注 25 に同じ。
31　就業者とは, 従業者と休業者とを合わせたもの。
32　日本経済新聞夕刊, 2013 年 2 月 1 日付,「製造業 1000 万人割れ」。
33　経済産業省・厚生労働省・文部科学省編『ものづくり白書』2012 年版, 96-97 頁。
34　『白書』では,「ものづくり産業」とは,「ものづくり基盤技術を主に利用して行う事業が属する業種であって, 製造業又は機械修理業, ソフトウエア業, デザイン業, 機械設計業その他の工業製品の設計, 製造もしくは修理と密接に関連する事業を行う業種に属するものを指し, ものづくり基

盤技術振興基本法施行令で『ものづくり基盤産業』として定めるものをいう。」(「凡例」) と定義している。
35 とはいえ,図 2-10-4 に示されているように,中国や ASEAN に生産拠点を設ける中小企業は漸増している。その一因として,日本の大手企業が海外進出し,部品や素材の現地調達率を高めているため,中小企業も存続をかけて海外進出に踏み切らざるを得ない,などの事情が指摘されている。例えば,2011 年 9 月 18 日付の日本経済新聞朝刊は,「製造業,中堅も東南アへ」という見出しで,「日本の中堅・中小製造業が東南アジアへの進出を加速する。(中略)円高を背景に海外シフトを進める自動車,電機大手が部品や素材の現地調達率を高めているため,中堅・中小は存続をかけて海外移転に踏み切る。製造業の土台である中堅・中小の国際競争力は高まるが,国内雇用の減少など空洞化も懸念される。」(傍点は引用者) と記している。
36 前掲『ものづくり白書』2012 年版,99 頁。
37 経済産業省編『通商白書』2012 年版,282 頁。
38 対外 M&A とは,企業が外国において買収,資本参加,事業譲受,出資拡大,合併を行う場合を指す。対外直接投資の一形態として「グリーンフィールド」型に対置される。(同上) なお,グリーンフィールド投資とは,新たに投資先国に法人を設立 (工場の設立などを伴う) する投資をいう。
39 ここで買収とは,50%超の株式取得を指す。(同上)
40 ここで資本参加とは,50%以下の株式取得で初回取得のものを指す。(同上)
41 前掲『ものづくり白書』2012 年版,18 頁。
42 日本経済新聞朝刊,2013 年 9 月 24 日付,「社長 100 人アンケート」。
43 経済産業省・厚生労働省・文部科学省編『ものづくり白書』2013 年版,13 頁。なお,『白書』では,図は,内閣府「平成 24 年度企業行動に関するアンケート調査結果」から作成しているが,ここでは「平成 25 年度調査結果」から作成した。
44 2013 年現在,素材型製造業が 75.7%,加工型製造業が 78.2%,その他の製造業が 54.9%,製造業全体では 70.7% となっている。なお,加工型製造業とは,機械,電気機器,輸送用機器,精密機器を指し,素材型製造業は繊維製品,パルプ・紙,化学,鉄鋼,非鉄金属を指す。
45 前掲『ものづくり白書』2012 年版,105 頁。
46 松島大輔『空洞化のウソ―日本企業の「現地化」戦略』講談社現代新書,2012 年,46 頁。
47 Hijzen, A., T. Inui and Y. Todo (2007), "THE Effects of Multinational Production on Domestic Performance: Evidence from Japanese Firms," RIETI Discussion Paper, No. 07-E-006.
48 戸堂康之『日本経済の底力―臥龍が目覚めるとき』中公新書,2011 年,42-43 頁。
49 小池和男『日本産業社会の「神話」―経済自虐史観をただす』日本経済新聞社,2009 年,265-266 頁。
50 経済産業省編,前掲『通商白書』(2012 年版) 294 頁。
51 同上,287 頁。
52 同上,288 頁。
53 同上,289 頁。
54 日本経済新聞朝刊,2014 年 4 月 14 日付,「昨年度の乗用車海外生産」。
55 津田眞澂『企業は人を捨て国を棄てる』ネスコ,1988 年,146 頁。なお,津田がここで用いている「無国籍化」は,三菱総合研究所の牧野昇から借りたものである。(同,32 頁) また,猪木武徳も,「無国籍化」と同類の「国籍喪失」という用語を企業に適用している。猪木『戦後世界経済史』中公新書,2009 年,335 頁。
56 日本経済新聞朝刊,2012 年 9 月 3 日付,「雇用の柱 失う地域」。

57　2012年7月31日閣議決定「日本再生戦略」。
58　注56に同じ。
59　介護労働安定センター「平成25年度 介護労働実態調査結果について」(平成26年8月11日)によれば,「介護サービスを運営する上での問題点を見ると,全体では『良質な人材の確保が難しい』が54.0%(前年度53.0%),『今の介護報酬では人材の確保・定着のために十分な賃金を払えない』が46.9%(同46.4%)であった。」とある。また,労働条件等の不満では,「仕事内容のわりに賃金が低い」43.6%(同43.3%),であった。
60　津田,前掲『企業は人を捨て国を棄てる』150-151頁。
61　2012年11月23日付の日本経済新聞朝刊は,「王子,国内2000人削減」という見出しで,本社と国内の連結子会社86社の全従業員数2万人中,16年3月末までに「団塊世代定年退職者の不補充」等の方法で2000人削減,と記している。その理由の一つに,円高による中国やインドネシアからの輸入紙増加が挙げられている。
62　日本経済新聞夕刊,2012年8月20日,「中小企業経営は大丈夫？」。

第3章

わが国の若年者雇用の現状と課題
―「学歴インフレ」と「新規学卒一括採用」の視点から―

はじめに

　世界各地で若年層の失業が深刻化している。世界景気は緩やかに回復しているが，若年層の失業率はほとんど改善しておらず，ILOは，2018年までは12％台で高止まりする，と予測している。2013年5月18日付の日本経済新聞朝刊は，表3-1を付して，次のように記している[1]。

　　国際労働機関（ILO）のまとめでは，世界の若年層（15～24歳）の失業率は13年見込みで12.6％と，全年齢の6.0％を大幅に上回る。世界で約7300万人が働きたくても仕事がないという状況だ。世界の国内総生産（GDP）成長率は金融危機後の09年にいったんマイナスに陥ったが，その後は緩やかに持ち直している。景気の回復によって企業収益が増えれば雇用環境は好転するはずだが，若年層の失業率は09年に12％台に急上昇してから，ほとんど改善がみられない。むしろ足元ではリーマン・ショック直後の水準に再び上昇している。失業率は今後さらに悪化する見通しで，ILOは18年にかけて12％台後半で高止まりすると予測している。若年層の雇用が改善されないのは，労働市場が抱える問題のしわ寄せを受けているからだ。米国では昨年，ダウ・ケミカルなどの大手企業が相次ぎ人員削減を決めた。米国に限らず，グローバル企業の多くはコスト削減で利益を積み上げている。年末商戦に備えて，米小売り大手のベストバイやコールズなどは数万人単位で職員を雇ったが，いずれも臨時雇用扱いだった。企業の業績に左右されるパートや契約社員の立場は不安定で，失業の

温床となりやすい。とくに社員を解雇する際の規制が厳格な欧州では企業が新規の採用を手控えており，若者が正社員としての職を得にくい。新興・途上国では若年層の教育水準や職能技術が低く，需要のある職業に就けないという課題がある。(傍点は引用者)

表 3-1　2012 年の若年層失業率（%）

日本	米国	EU	東南アジア	中東	北アフリカ	中南米
8.2	16.3	22.6	13.1	28.3	23.7	12.9

(注)　日米欧は第 2 四半期時点，他は ILO 集計。
(出所)　日本経済新聞朝刊，2013 年 5 月 18 日付，「若者雇用 世界で深刻」。

　傍点部分の「労働市場が抱える問題」とは，先行き不透明な景気動向の中で企業が従業員の雇用のテンポラリー化，コンティンジェント化，あるいはパートタイム化を推し進めていること，また，経済構造と働き手の技能がかみ合わずに起きる「構造的な失業」（雇用のミスマッチ）が頻発していること等を指しているものと解される。ただ，引用末尾の傍点部分は，「構造的な失業」が「新興・途上国」に限られるような書き方になっているが，これは先進国でも同じく重要な課題となっている。

　いわゆる「職務主義」の欧米では，採用は欠員補充が原則である。その際，これといった職業経験，知識，技能等を持ち合わせていないような新規学卒者を好き好んで採用する企業など，皆無といってよい。したがって，欧米諸国で雇用対策といえば，中高年対策ではなく，職業経験，知識，技能等を持たない若年者対策ということになる。濱口桂一郎は，これについて，次のように述べている[2]。

　　スキルのない若者が大量に失業する欧米社会では，何よりも重要な政策は彼らが仕事に就けるように，その仕事に必要なスキルを付与することになります。つまり，若年雇用政策の中心は，何よりも公的な職業教育訓練を大々的に行い，できるだけ多くの若者が企業の欠員募集に応募したら採用されるようなスキルを身につけられるようにすること，これがアルファであり，オメガであるということになるのです。日本では，そのような政

策は，もっとも不要とされました。なぜなら，「入社」するためには下手な職業経験など積んでスキルを身につけているよりも，会社に入ってから上司や先輩の指導を受けながら OJT でスキルを身につけていけるような「いい素材」であることの方が遥かに重要だったからです。職業教育訓練というものは企業の外で公的訓練施設や民間施設に通って行うものではなく，会社に入ってから OJT で行うもの，という常識が，日本の多くの人々に共有されていました。ここでもやはり，若者雇用政策の存在する余地などほとんどありませんでした。

　他方，わが国の大卒の採用方式は，一般に，「新規学卒一括採用」と呼ばれている。表 3-1 を見ると，わが国の若年層の失業率は 8.2％ となっている。これは国際的に見て，高いのか，低いのか。新聞では，「日本の若年層の失業率は 12 年で 8.2％。世界平均より低いが，国内の全年齢の 4.3％ を大幅に上回る。」[3] と，いささか持って回った言い方をしているが，直截に言うと，この数字は国際的には低い。では，どうして低いのか。筆者は，その理由として，第 1 に，大学進学者数の増加に伴って中卒，高卒での就職希望者が激減したこと，第 2 に，わが国では評判の悪い[4]新規学卒一括採用が，これといった職業経験，知識，技能等を持たない新卒者の失業率を引き下げる役割を果たしていること，を挙げることができると考えている。

　本章では，まず，わが国の若年層（20〜34 歳）[5]の雇用の現状を概観し，次いで経済がグローバル化する中での若者（大学新卒生に限定）の就職を，大学教育の大衆化に伴う「学歴インフレ」と，わが国特有の雇用慣行の一つである「新規学卒一括採用」の視点から考察するとともに，大学の職業斡旋機関としての役割の重要性について論じる。

第 1 節　若年者失業の推移と現状

1．若年者失業の推移と現状

　若年者失業の推移と現状を見ておく。図 3-1，図 3-2 は，年齢階級別完全失

76　第3章　わが国の若年者雇用の現状と課題

業者数（男女計）ならびに失業率（男女計）の推移を示したものである。

図 3-1 が示すように，各年度とも，20～24 歳，25～29 歳，30～34 歳階級の若年層で失業者数が多い。2000 年前後をピークとして，2013 年時点で，失業者数は，20～24 歳階級で 30 万人，25～29 歳階級で 37 万人，30～34 歳階級で 28 万人となっていて，これら 3 階級（合計 95 万人）で全体（265 万人）の 35.8%を占める。

また図 3-2 をみると，失業率で最も高い数値を示しているのは各年度とも 15～19 歳階級と 20～24 歳階級で，それに次ぐのが 25～29 歳階級である。

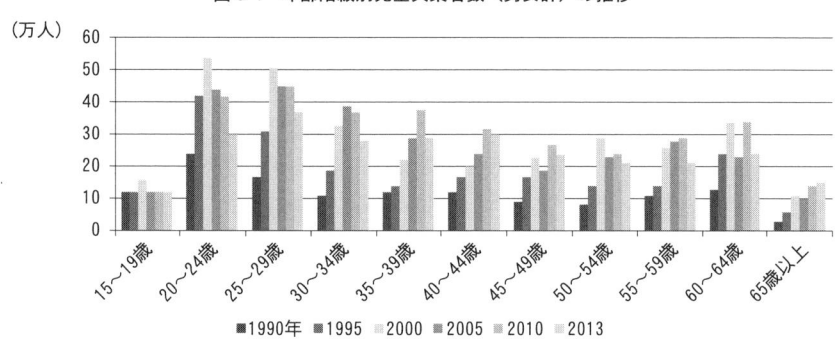

図 3-1　年齢階級別完全失業者数（男女計）の推移

（出所）　厚生労働省大臣官房統計情報部編『労働統計要覧』平成 25 年度版より筆者作成。原資料は，総務省統計局「労働力調査」。

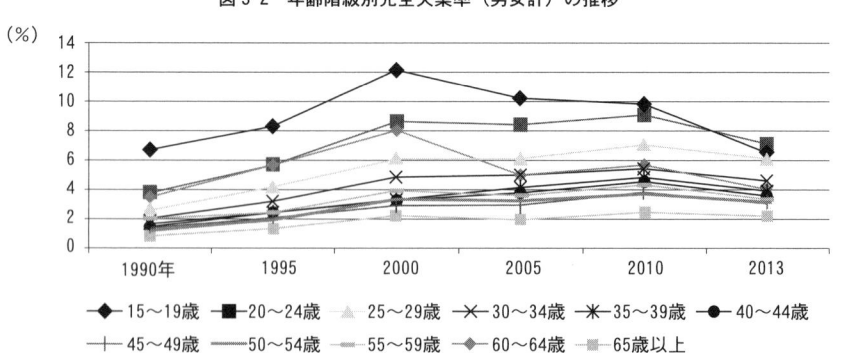

図 3-2　年齢階級別完全失業率（男女計）の推移

（出所）　図 3-1 に同じ。

図 3-3 年齢階級別完全失業者数及び失業率(男女計　2012 年現在)

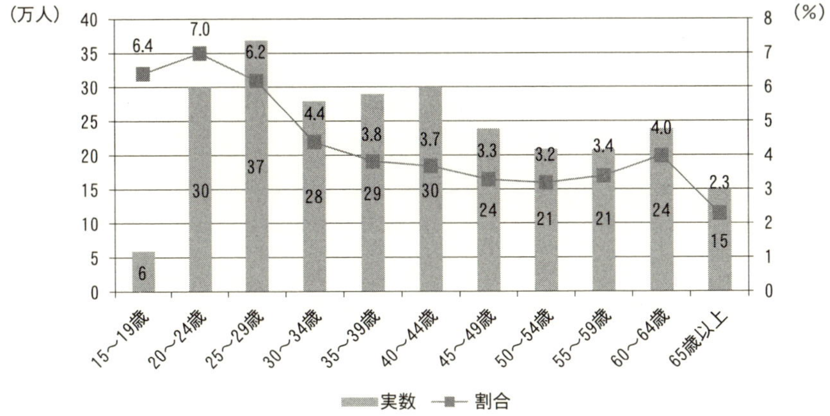

(出所) 図 3-1 に同じ。

2013 年時点で，15～19 歳階級で 6.4%(実数的には約 6 万人。図 3-3 参照)，20～24 歳階級で 7.0%，25～29 歳階級で 6.2%，30～34 歳階級で 4.4% と，いずれも全年齢の平均失業率 4.0% を上回る。図 3-3 は，2013 年時点での年齢階級別完全失業者数及び失業率(男女計)を示したものである。

2．「就職氷河期」とは何か？

　日本経済新聞は，「就職氷河期」について，「1990 年代から 2000 年代にかけ，大卒の新卒採用は大きく振り子が揺れた。リクルートワークス研究所の豊田義博主任研究員によると，景気拡大を支えに企業が大量採用したバブル入社組は 92 年に卒業した人まで。その後，同研究所(調査…引用者)の大卒求人倍率は下降線をたどり，就職氷河期時代が到来する。00 年には大卒求人倍率が 1 倍を切り(0.99 倍…引用者)，就職したい人のすべてが就職できるわけではない状況となった。リストラが一段落した企業が採用意欲を回復し，雪解け状態になったのは 05 年ごろから。08 年春大学卒業の求人倍率は 16 年ぶりに 2 倍を突破し(2.14 倍…引用者)，学生が複数の企業から内定を得ることは珍しくなくなった。この傾向は 09 年春卒業予定者も引き続いている。」[6](傍点は引用者)と記している。

　要するに，就職氷河期とは，93 年以降の新卒者への求人倍率の低下により，

就職を希望する者全員が必ずしも就職できるわけではなくなった状況を指す言葉である。これを，朝日新聞「ロストジェネレーション」取材班は，「94年ごろからの10年間は，企業が新卒採用を一斉に手控え，『就職氷河期』と呼ばれた。25歳から35歳の約2000万人は，台風並みの逆風の中で，社会へと船出することになったのだ。ほんの数年前の90年，大学卒業者の就職率は8割を超えていた。『超売り手市場』と言われ，複数の企業から内定をもらう学生も続出し，仕事の選択肢も豊富だった。就職内定者を海外旅行に招待し，他社に逃げないよう囲い込む企業すらあったほどだ。だが，バブル崩壊で，状況は一変した。就職率は91年に81.3％でピークを迎えた後，何年も低下傾向が続くことになる。2000年には，55.8％と初めて6割を切った。」[7]と記している。

　朝日新聞「ロストジェネレーション」取材班は，93年から2003年までの大卒者を「ロストジェネレーション」（「失われた世代」ではなく「さまよう世代」の意）と呼ぶ[8]。因みに，94年3月に卒業した学生の2010年末の年齢は，30代後半（39歳前後）で，例えば城繁幸は，自らを含めて，この世代を「元祖就職氷河期世代」と呼んでいる[9]。

　次に，大学新卒生に対する求人倍率等の推移を確認しておく（図3-4参照）。上記引用の「バブル入社組」の最後，92年3月卒業生の求人総数は73万8100人，民間企業就職希望者数は30万6200人，求人倍率は2.41倍であった。その後，若干の凸凹はあるが，求人倍率は低下し，2000年3月には希望者数41万2300人が求人総数40万7800人を上回る0.99倍にまで低下している。その後は，徐々に回復し，2008年3月卒業生の求人総数は93万2600人，希望者数は43万6500人で，求人倍率は2.14倍にまで回復している。しかし，2008年9月のリーマン・ショックの影響で，2010年3月卒業生は前年比28.6％減と過去最大の落ち込みを記録（求人倍率は1.62倍）している。

　その後は横ばい状態で推移し，2014年3月の卒業生の求人総数は54万3500人，それに対する希望者数は42万5700人で，求人倍率は1.28倍であった。リクルートワークス研究所の発表によれば，2015年3月卒業予定の大学生・大学院生対象の求人総数は68.3万人（対前年比25.6％増）に対して，学生の民間企業就職希望者数は，前年とほぼ同じ水準の42.3万人で，倍率は1.61倍へと大幅に上昇する見込みだという[10]。

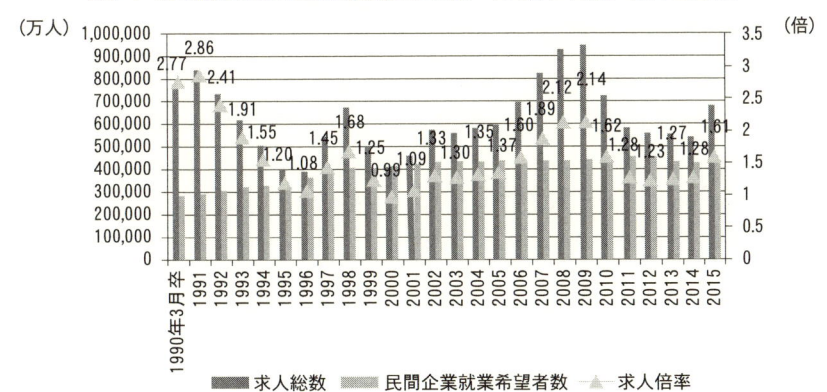

図 3-4 求人総数および民間企業就職希望者数・求人倍率の推移（新卒生対象）

(出所) リクルートワークス研究所「第 31 回ワークス大卒求人倍率調査 (2015 年卒)」2014 年 4 月 24 日より筆者作成。

　大学卒業者のうち就職も進学もしない者の割合をみると，2000 年には，32.4％と過去最高となり，大卒者のおよそ 3 人に 1 人が就職も進学もしていない。2000 年代後半は，就職も進学もしない者の割合は低下したが，2010 年は大きく上昇し，24.2％となった。この数値には，専修学校等の入学者や家事従事者などが含まれるが，その多くは就職活動をしたものの就職先が決まらず一時的な仕事に就いた者や未就職のまま卒業した者だと推測される[11]。また，海外展開を急ぐ大手企業の中には現地人材を増やす半面，国内の採用を減らす動きも広がり始めている[12]。しかも，海外勤務に堪えられる人材を求めるなど採用基準も高くなってきている[13]。既述したように，景気回復による 2015 年 3 月卒業予定の大学生・大学院生対象の求人倍率の大幅上昇という明るい材料もあるが，大学新卒者にとって予断を許さない状況が続いている。
　本田由紀は，現在の大卒就職が置かれている通時的な文脈を，次のように理解している[14]。

　　過去約 20 年の間に，日本の大卒就職は大きな変動を経験してきた。80 年代末から 1990 年頃にかけてのバブル経済下における採用需要の著しい拡大と，それとは打って変わった 1993 年頃から 2004 年頃の就職氷河期・

超氷河期におけるかつてない採用の冷え込み，そして一転して 2005 年頃からの「いざなぎ超え」景気下での採用の再活発化，さらに 2008 年秋に発生した金融危機のあおりを受けた「内定切り」や再びの新卒採用抑制というように，その時々の経済情勢のもとで新規大卒就職は激しい浮沈に見舞われてきたのである[15]。このような経緯のなかで，それ以前には存在した大卒就職の自明性が希薄化すると同時に，上記①－⑤の問題[16]がいっそう顕在化するという混迷のもとに，現在の大卒就職は位置している。（傍点は引用者）

要するに，就職氷河期とは，大学新卒生の就職難を指す用語である。留意しておきたいのは，求人倍率の底，2000 年 3 月の卒業生は，2010 年末で，33 歳前後だということである。本章が 20 歳〜34 歳層を「若年層」とした所以である。

第 2 節　「学歴インフレ」の時代

1．大学・短大への進学率の推移

大学・短大への進学率の推移を確認しておく。図 3-5 はそれを示したものである。

1955 年の大学（学部）進学率は男が 13.1％，女が 2.4％，男女合計で 7.9％であった。また，短期大学（本科）進学率は男が 1.9％，女が 2.6％，男女合計で 2.2％であった。したがって高等教育（大学学部・短大本科）への進学率は，大学・短大合わせて男が 15.6％，女が 5.0％，男女合計で 10.1％に過ぎなかった。

1947 年生まれのいわゆる「団塊の世代」が大学へ進学する直前の 1965 年でも，大学への進学率は男が 20.7％，女が 4.6％，男女合計で 12.8％，また，短期大学進学率は男が 1.7％，女が 6.7％，男女合計で 4.1％であった。したがって大学・短大合わせて男が 22.4％，女が 11.3％，男女合計で 17.0％に過ぎなかった。

ところが，直近の 2013 年現在，大学進学率は男が 54.0%，女が 45.6%，男女合計で 49.9%，また，短期大学進学率は男が 1.1%，女が 9.5%，男女合計で 5.3%である。したがって，大学・短大合わせて男が 55.1%，女が 55.2%，男女合計で 55.1%にまで肥大化している。

大学への進学率は男女ともに 1990 年を境に急激に上昇している[17]。特に女性の大学進学率は 1990 年の 15.2%から 2010 年の 45.2%へと 30 ポイントも上昇している。そしてその後は頭打ちの状態にある。因みに，男性をみてみると，同期間に 33.4%から 56.4%へと 23 ポイント上昇している。しかし，その後は女性同様頭打ちの状態にある。他方，女性の短大進学者は，1994 年の 24.9%をピークに，以後，急速に低下している。

高等教育への進学率は男女ともに 55%前後がほぼ上限であるように筆者には思われる。女性については，大学進学率 45%に短大進学率 10%を上乗せすれば 55%になる。おそらく，今後，これ以上の進学率の伸びはあまり期待できないであろう。

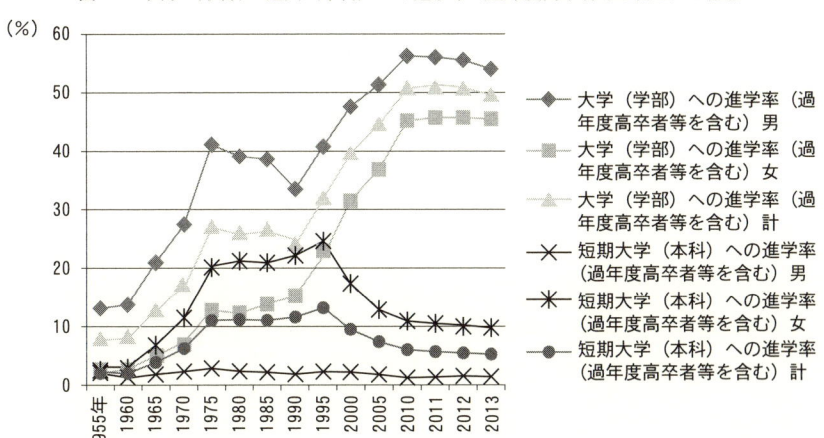

図 3-5　大学（学部）・短大（本科）への進学率（過年度高卒者等を含む）の推移

(注)　大学（学部）・短期大学（本科）への進学率（過年度高卒者等を含む）：大学学部・短期大学本学入学者数（過年度高卒者等を含む）を 3 年前の中学校卒業者及び中等教育学校前期課程修了者数で除した比率。
(出所)　「学校基本調査」各年から筆者作成。

2．「学歴インフレ」の時代

「学歴インフレ」は，ロナルド・ドーア（R. P. Dore）の著書[18]に出てくる用語（仮説）である。苅谷剛彦は，東京大学社会科学研究所が実施した調査データを用いて，表3-2に示すような分析結果を得た[19]。そして，その解説の中で，「学歴インフレ」という用語を用いている。その要旨は以下の通りである。

　調査は，2007年時点で20歳から40歳までの青壮年を対象に行われたもので，表3-2は，それを大学進学率25％以下の年長グループ，25～40％の中間グループ，40％以上の若年グループの3つに分類したものである。そして，グループごとに，ロジスティック回帰分析の手法を用いて，大学卒業後に大企業の正規職に就けたかどうかに，大卒学歴一般と偏差値ランク（選抜度）の高い大学（偏差値55以上）はどのように影響しているかを推定したものである。その結果，最も安定した就職先と見なすことのできる大企業の正規職に就けるチャンスを高めるうえで，一般の大卒学歴を得ることの影響は，進学率が高まっていく若い世代ほど小さくなる傾向が見られた（表では，1.77→1.64→1.05）。他方で，選抜度の高い大学を卒業していることの影響は若年グループで最も強くなった（表では3.23）。非正規職が増え，大学進学率が40％を超えるようになった若年世代にとって，大企業の正社員になるチャンスを高めるうえで，同じ大卒でも選抜度の高い大学を卒業していることが重要になったということである。この結果は，大学ランクという面から見た一種の「学歴インフレ」を意味する。より安定した職に就くチャンスを高めるための敷居が，偏差値ランキングのどこにあるか。その境目が大学進学率の上昇とともに上方にシフトしたのである。

　苅谷は，続けて，「他の先進国で学歴インフレという場合，ある職業に就くために有利となる学歴が，学部卒から大学院修了へと変化するように，より高い段階の学歴へのシフトを意味する。（中略）それに対し，日本で生じている学歴インフレは（理工系を除き），大学入学時の偏差値ランクの上昇による選

表 3-2 大学学歴と大企業の正社員になるチャンスの関係（数値が1より大きいほど有利）

世代グループ （高校卒業時の大学進学率）	大卒学歴一般	選抜度の高い大学卒業の場合
若年グループ（40％以上）	1.05	3.23
中間グループ（25～40％）	1.64	1.89
年長グループ（25％以下）	1.77	2.58

（注）　性別，年齢，両親の学歴，父親の職業などの要因の影響を統計的に統制した後の大卒学歴の効果。
（出所）　日本経済新聞朝刊，2011年4月30日付，「『学歴インフレ』脱却急げ」。

抜基準の上方シフトという，ふるい分け（スクリーニング…引用者）の面での変化であり，教育内容の高度化や教育年数の増加を伴わない。他の先進国の学歴上昇が人的資本の増大につながる変化であるのに対し，日本では依然として学歴が訓練能力[20]（勤勉さや学習能力といった訓練を受ける際の能力…引用者）の高さを識別するシグナルとして働き，就職に際し求められる偏差値ランクが上方にシフトするという，人的資本の増大なき（経済学の用語を使えば「シグナリング効果」[21]だけの）学歴インフレである。」（傍点は引用者）と述べている[22]。

「学歴インフレ」に関連して，日本の大学新卒の現状を見ておく。2011年度版『労働経済白書』は，「大学定員は拡大してきたが，その際の学科構成は社会のニーズに合わせて拡大してきたとは言い難い」として，高学歴化が必ずしも就職に直結しないことを指摘している[23]。その要旨は以下の通りである[24]。

　　大学入学者数が大きく増加した1990年代に，その受け皿になったのは人文科学や社会科学関係学部で，入学者に占める割合は1985年の53.4％から1997年には57.3％へと上昇している。2000年代に入り減少したが，2010年でも49.6％を占めている。他方，理学や工学は90年代まではほぼ横ばい，2000年代は低下している。保健やその他は，2000年代に増加している。卒業後の就職と進学についてみると，人文科学や社会科学では就業者数が最も多く，進学者の割合は小さい。他方，理学や工学では就職者も多いが進学者も多く，1990年代以降，進学者数は大きく増加している。学科別に就職も進学もしない者の割合をみると，芸術系を筆頭に，人文科

学，社会科学などの文系学部で高く，他方，理学，工学，農学，保健などの理系学科では相対的に低い水準である。こうした傾向は1990年代以降それほど大きく変わっていない。今後，大学は，教育課程の内外を通じて社会的・職業的自立に向けて，教育課程の上の工夫や有機的な連携体制の確保等，多様な取組を推進していることが期待される。（傍点は引用者）

日本の大学（学部）への進学率（いわゆる浪人を含む）は，図3-5で示したように，1990年度は24.6%（実数で49万2340人[25]）であったが，少子化が進行しているにもかかわらず，2011年度は51.0%（実数で61万2858人[26]）と，この20年で倍増している。このような急速な大学教育の「大衆化」は，大学が，以前は進学しなかったような学力の持ち主を多数引き受け，そして4年後には，基礎学力も覚束ないまま社会に送り出すことを意味する。新聞紙上等で，「大卒過剰時代」[27]，「大卒の学歴　陳腐化」[28]などと言われるのも故無しとしない。野村正實は，次のように述べている[29]。

> 大卒がほんの一握りのエリートだった時代と現在とでは就職戦線が大きく変わった。大学への進学率はすでに5割近くに達している。大卒というだけで企業がありがたがる時代は過ぎ，企業が大卒に期待していたホワイトカラーの需要はむしろ減っている。高等教育と労働市場の関係が大きく変わる変革期を迎えつつあると言える。（中略）（今後の行方は…引用者），大学間競争が激しくなり，大卒労働力内での差別化が進むであろう。

野村が，このように述べたのは1998年のことである。既述した苅谷の「学歴インフレ」論は，野村が指摘する「大卒労働力内での差別化」を示す好例だといえよう。

3．新卒者の就職状況

図3-6は大学・短大の新卒者の就職率の推移をみたものである。まず，大卒の就職率の推移について確認しておく。

1955年の大卒男性の就職率は75.0%，女性のそれは67.5%，合計で73.9%

となっている。以後,男性は1994年まで70％台を維持し,女性は概ね60％台で推移してきている。女性の就職率は,1980年代後半には70％台と大幅に改善され[30],バブル経済末期の1990年には男女ともに81.0％にまで上昇している。しかし,1995年を境に,男女共に50～60％台に低下し,直近の2013年には,男性62.3％,女性73.4％,男女合計で67.3％となっている。

また,短大卒の就職率については,1955年には男性66.7％,女性42.5％,男女合計で53.5％であった。以後,若干の凹凸はあるが,男性は概ね70～80％で推移し,他方,女性は1990年には88.1％にまで上昇している。ところが図3-5が示すように,短大への進学率が低下し始める1995年を境に,男女ともに悪化し,直近の2013年では,男性54.0％,女性75.7％,男女合計で73.5％となっている。

興味深いのは,図3-6が示すように,近年,大卒も短大卒も女性の就職率が男性のそれを上回っているということである。

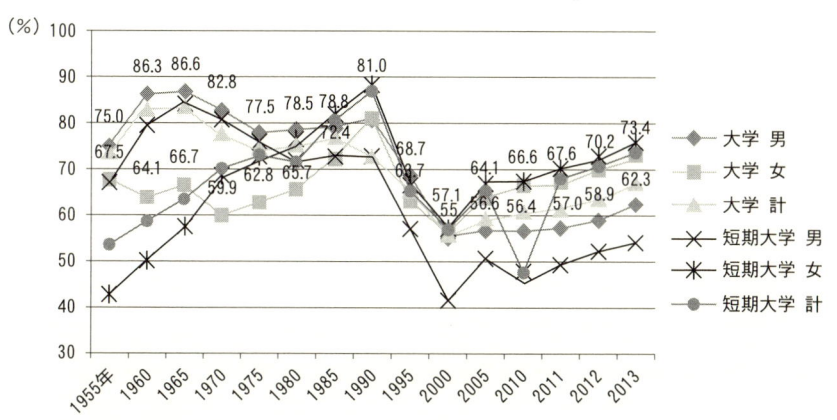

図3-6 大学・短大新卒者の就職率の推移

(注) 各年3月卒業者のうち,就職者（就職進学者を含む。）の占める割合である。
(出所) 図3-5に同じ。

第3節　「新規学卒一括採用」にメリットはないのか？

1.「新規学卒一括採用」とは何か？

　まず,「日本的雇用慣行」について一瞥しておく。1998(平成10)年版の『厚生白書』は,これを,「企業が, 新規学卒者を一括採用し, 長期雇用を前提として,雇用者が若年の時は賃金を上回る貢献をしながら,企業内訓練による人的資本形成を行い,中高年期になって蓄積された人的資本への対価として貢献を上回る賃金を支払うことにより,企業固有の技術を持つ熟練労働者を長期に確保する仕組みである。」(傍点は引用者)と定義し,「日本的雇用慣行は,成長人口,高度成長経済という条件の下,企業・雇用者の双方に利点のあるものとして,戦後の日本の企業に広く普及し定着した。」と記している[31]。

　今日,日本の雇用慣行が確立したといわれる高度成長時代の前提は全て失われたと言ってよい。つまり,経済はグローバル化し,企業間競争は世界的レベルで激しさを増している。出生数は100万人を切るのも時間の問題である[32]。雇用形態の多様化の進展で,非正規従業員の割合は40%に迫る勢いである[33]。また,長期にわたる平成不況の中で賃金上昇は抑制され続けている。つまり,「日本的経営の3種の神器」と言われる定年に至るまでの長期雇用(雇用保障),生活保障給付的な年功賃金(職能給),正規従業員のみを対象とする企業別労働組合の存立基盤は失われた,あるいは失われつつある,といってよい。

　ここで留意しておきたいのは,新規学卒一括採用は,長期雇用を前提とした日本的雇用慣行の構成要素の一つだということである。したがって,新規学卒一括採用の再編は,日本的雇用慣行全体の見直しの中で行われる必要があるということになる。

　新規学卒一括採用ならびに就職協定の軌跡を一瞥しておく。

　田中博秀は,新規学卒一括採用を「新規学卒採用方式」と呼び,これについて,「わが国においては,企業側の事情からいえば,いわゆる年度替わりに当る4月1日に,新しい年度中における企業経営の見通しと,さらにその先の中長期的見通しからみて必要となると予想される従業員数を,その前の年の新規

学卒者の中から予め選抜しておいて一斉に採用するのが一般的である。」[34]と述べている。

また,野村正實は,これを「定期採用」と呼び,「会社が毎年ないしほぼ毎年,高校や大学などの新規学卒者を卒業と同時に採用することである。」[35]と規定している。

この新規学卒一括採用の起源は古く,明治時代,日清戦争の頃だと言われている。竹内洋は,田中博秀や天野郁夫の文献等に依拠して,次のように述べている[36]。

> 新規学卒同時期採用とは当該年度卒業予定者を対象に一斉に採用活動をおこない,同時(4月1日)に入社させるという採用慣行である。その起源は1895年(明治28年)にまで遡れる。当時のビッグビジネスの日本郵船と三井が大学卒を定期的に採用するようになったのがはじまりである。新規学卒者の定期採用が財閥企業を中心に一般化するのは明治30年代後半からである。第一次世界大戦のころには,中規模の企業までもがこうした新規学卒採用方式をとりはじめる。

では,何故,新規学卒者の定期採用が財閥企業を中心に明治30年代後半から一般化したのであろうか。その辺の事情については,若林幸男が詳しい。表3-3を付して,次のように述べている[37]。

> 主要な国内事業を縮小し,海外事業を急膨張させる日清戦争後の物産(三井…引用者)の重役陣が全て海外事業の専門家であったことから,この時期の物産の新入社員のリクルートについては,当然,海外事業従事者候補,つまり,学卒者に対する需要を拡大させた。1887年の段階で10%に過ぎなかった学卒者は,1902(明治35)年には16%(職員総数457人内学卒者76人)にまで一挙に上昇し,(中略)結局,中等教育,甲種商業学校及びこれと同等の学校以上の准学卒者,学卒者(ここでは中等教育出身者を准,高等教育出身者を学卒者と呼称,以下同)の割合は1926(大正15)年時点では実に88%に達するのである。(傍点は引用者)

表 3-3　三井物産会社の各年度本採用者の構造（人）

新規採用の種別	辞令発令形態／年度	1903	1909	1913	1916	1926
ノンキャリアの当該年度新規採用	日給見習から日給職員合格＊	46	7	18	0	0
学卒者の当該年度新規採用	月給見習から月給職員合格＊＊	24	27	97	185	69
	内訳　海外大学卒	1	1	0	2	2
	専門学校卒	5	7	30	35	20
	帝国大学卒	1	1	12	34	12
	高等商業卒	4	8	38	85	18
	商業学校卒	13	10	17	29	17
当該年度新規採用社中ノンキャリアの割合（%）（＊／＊＋＊＊）		66	21	16	0	0

（出所）　若林，前掲書，19頁より一部抜粋。

　要するに，日清戦争後に海外でのビジネスが急拡大すると，外国語の教育を受けた大学卒の優秀な人材が必要になったということである[38]。そして，新規学卒一括採用の雇用慣行（菅山真次はこれを「新規学卒採用制度」と呼ぶ）は，1910年前後に確立した，というのが歴史家の一般的な見方である[39]。

　ここで確認しておきたいのは，新規学卒一括採用の雇用慣行は，戦後の見通しのきかない敗戦経済の中でも存続し続け，今日まで100年以上の歴史をもつということである[40]。したがって，その再編は，一筋縄では行かない，というのが筆者の理解である。

　また，「就職協定」の起源も戦前に求めることができる。1928（昭和3）年に，三井銀行など18社[41]の大企業が発起人となり，「入社試験は卒業後に行う」[42]ことを他の大企業や有力大学に呼びかけたことがその始まりとされている[43]。しかし，「紳士協定」（申し合わせ）にすぎなかったため，フライングが相次ぎ[44]，1935（昭和10）年には，三菱の提案で協定は正式に破棄されることになった[45]。

　戦後も企業の新卒採用意欲は高く，選考の早期化が進み，1953（昭和28）年には就職協定が設けられた。これは，戦前とは異なり，卒業前の学生の採用を内定することを前提に，採用試験を「10月中旬から1カ月くらい」とするというものであった[46]。しかし協定は再度守られず，60年代には「青田買い」，「早苗買い」，「種もみ買い」などの言葉が生まれた[47]。80年代の後半から90年

代初期のバブル期を迎えると,人手不足感が強まり,「人手不足経済」が喧伝され,マスコミでは,切り札は,「高齢者」,「女性労働者」,「外国人労働者」,と騒がれた[48]。だが,バブル崩壊後,企業は新卒採用を一気に減らし,就職氷河期を迎えることになる。そして,その渦中,1997 年に,企業と大学側が,「就職協定」の廃止で合意し,今日に至っている[49]。(表 3-4 参照)

表 3-4 就職活動の理想型はなお見えない

1953 年	旧文部省(現文部科学省),大学,産業界で構成する学生就職懇談会が就職協定を開始
62	旧日経連(現日本経団連)が就職協定を離脱。「青田買い」が流行語に
72	旧労働省(現厚生労働省)が就職協定への関与を開始
81	就職協定破りが横行。旧労働省が関与とりやめ
82	大学と産業界の紳士協定による就職協定がスタート
85	臨時教育審議会(当時)が青田買いに是正勧告
86	主要企業による就職協定遵守懇談会が発足
89	大企業が就職協定に一斉に違反
96	旧日経連が就職協定廃止を宣言(廃止は 97 年)。倫理憲章を制定
2000	倫理憲章で選考開始の時期を大学 4 年 4 月に 不況などで就職活動の早期化・長期化が深刻に
11	日本経団連が会社説明会の開始時期を遅らせる意向を表明

(出所) 日本経済新聞朝刊,2011 年 1 月 13 日付,「長い就活 解消遠く」。

ここで留意しておきたいのは,戦後,卒業前の新規学卒一括採用は,「内定」「内々定」という名称で,既成事実化されているということである[50]。

2.「新規学卒一括採用」にメリットはないのか?

2011 年 11 月 21 日付の日本経済新聞朝刊の社説「『新卒一括』が招いた就職難」[51]は,次のように記している。

> 大学生の就職活動は今年も長期化している。学業に割く時間は減り,「就活」に苦戦し,自信をなくす学生も多い。この状況を改めるには企業の採用改革が必要だ。(中略)なかなか内定がとれず,就職活動を長期間強いられる学生が多いのは,景気が不透明で企業が採用を抑えていること

が背景にある。だが根本的な理由は，学生が4年生になったばかりの4〜5月に企業の選考が集中し，新卒者をまとめて採る「新卒一括」方式が定着しているためだ。春に選考に漏れると，その後面接などを受ける機会は大幅に減ってしまう。経団連は今の大学3年生から採用活動を変え，会社説明会を2カ月遅らせ3年生の12月からにした。（中略）商社の業界団体である日本貿易会は昨年に続き，会社説明会や選考試験の時期を大幅に遅らせるよう経済界に働きかけるという。そうなれば今よりは学生の負担は減るだろうが，より効果があるのは企業が新卒一括方式の採用を柔軟にすることだ。既卒者採用や，4年生の秋や冬にも選考試験をする通年型の採用を広げたい。（中略）学業への悪影響を放置すれば学生の質が低下する。企業は能力の高い人材を確保するためにも採用改革に踏み出す時だ。（傍点は引用者）

　要するに，ここで提案されているのは，第1に，選考時期の集中化の是正であり，第2に，新卒一括採用方式の柔軟化である。
　しかし果たして企業は聞く耳をもっているだろうか？もし，上記提案を企業が受け入れるとすれば，学生は「長期間の就職活動」から解放されるかもしれない。しかし，今度は，企業が「長期間の採用活動」に拘束されることになる。企業にその用意があるとは思えない。例えば，ファーストリテイリングは傘下のユニクロで2012年の採用選考から大学1年生でも内々定を出す制度を始めている。そして，柳井正会長兼社長は，「新卒一括採用を前提とした『倫理憲章』のような仕組みは主要国では存在しない。1年生でも，わが社で将来，どのような社会人になっていくのか目的意識を明確に持つ学生に内々定を出し，卒業後の入社を待つ。昨年は約10人を選んだ。大学1年生でも内々定を出すのは行き過ぎかもしれないが，それくらいでないと大学教育がこのままでいいのかというメッセージが伝わらないと思ったからだ。」[52]と述べている。要するにこの制度は，「大学教育無用」を前提としながらも，「訓練能力のシグナルとしての学歴・学校歴」[53]だけはちゃっかり利用するという制度である。柳井が指摘するように今の大学は旧態依然かもしれない。時代に即応しないかもしれない。しかし，大方の経営者の大学に対する意識も旧態依然のように筆

第3節 「新規学卒一括採用」にメリットはないのか？ 91

者には思われる。

　「社説」に示されている新卒採用の「経団連方針」について一瞥しておく。

　日本経団連は2011年1月12日に，大学新卒者の就職活動の見直しを会員企業に要請すると発表した。見直しとは，2013年4月の入社予定者から対応を改め，会社説明会やインターネット登録を大学3年（大学院は修士1年）の12月1日（現行は10月頃）以降に始めるよう求め，試験や面接の変更は見送り，現在と同じ大学4年（修士2年）の4月1日以降に実施する，というものである[54]。これに準じて，「倫理憲章」[55]も2011年3月に改訂した。

　ところが，その2年後，経済界の舌の根も乾かない2013年4月19日に，安倍晋三首相は，経団連，経済同友会，日本商工会議所に，大学生の就職活動の解禁時期を，「大学3年生の12月」から「大学3年生の3月」に3カ月遅らせるよう要請した。経済界は，これを受け入れ，準備期間を考慮し，2016年卒の学生から新しい日程を適用することを決定した[56]。まさに「朝令暮改」である。「経団連指針」[57]によれば，現在「大学3年生の12月」としている会社説明会などの就活の解禁時期を「3年生の3月」に遅らせる，面接や筆記試験など選考試験の開始時期は「4年生の4月」から「8月」に繰り下げる，正式な内定は「4年生の10月」，エントリーシートの選考は8月以前の実施も認める，というもので，違反企業への罰則などはひとまず設けず，加盟企業への「よびかけ」にとどめている[58]。したがって，その実効性は甚だ疑わしいと言わざるを得ない。

　ともあれ，評判の悪い「新規学卒一括採用」ではある。では，この慣行にメリットはないのであろうか。そこで，新規学卒求人倍率と年齢階級別常用有効求人倍率（新規学卒者除く）の推移を見ておく。図3-7はそれを示したものである。

　グラフは，ひとたび大学を卒業し既卒者となると，新卒者と比較して，就職が非常に難しくなるということを示す。しかも年齢階級別常用有効求人倍率はパートタイム労働者を含む，つまり非正規従業員を含むということに留意すると，この開きは尋常ではない。特に2000年以降はその開きが顕著である。就職先未決定の学生が高い授業料を払ってでも「自主留年」するのはやむを得ない選択なのかもしれない。

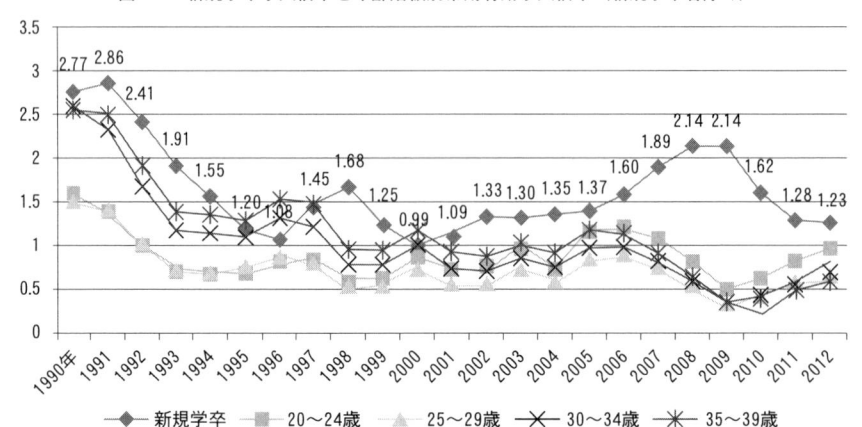

図 3-7　新規学卒求人倍率と年齢階級別常用有効求人倍率（新規学卒者除く）

（注）　1．新規学卒求人倍率は当該年度 3 月卒業者を対象。
　　　 2．求人数均等配分方式による。これは，求人の対象年齢の種類（対象年齢がどの年齢階級（5 歳刻みの 11 階級）にまたがるかにより 66 通りに分類）ごとに，求人数を対象年齢に相当する各年齢階級に均等に配分して，年齢別の月間有効求人数を算出し，これを年齢別の月間有効求職者数で除して年齢別有効求人倍率を算出。これ以外に「就職機会積み上げ方式」があるが，平成 17 年 1 月分までしか遡及集計されていないので，ここでは略した。
　　　 3．有効求人倍率にはパートタイム労働者を含む。
　　　 4．新規学卒の有効求人倍率は，図 3-5 に同じ。
（出所）　前掲『労働統計要覧』各年より筆者作成。原資料は厚生労働省職業「職業安定業務統計」。

　「新規学卒一括採用」のメリット・デメリットの比較考量は難しい。例えば，有賀健は，「筆者は，若年人口比率の低下，退職年齢の上昇といった長期要因も考慮すると，新卒中心の採用制度はその利点以上に弊害が大きくなっていると考えている。ただし，その厳密な検証は不可能に近いと思われる」[59]（傍点は引用者）と述べている。したがって，以下の論述も筆者に何らかの客観的根拠があるわけではない。

　日本経済新聞は，「新規学卒一括採用」の雇用慣行に言及して，「日本の 15～24 歳の失業率は 8.2％。高止まりしているが，欧米に比べると低い水準だ。理由の一つに，日本では新卒を一括採用する雇用慣行があることが挙げられている。欧米はこうした雇用慣行はなく，新卒者がすぐに職に就けない例も多いとされる。ただ，日本の新卒一括採用は新卒の機会を逃すと，就職できな

い可能性が高まる問題もあり，行き過ぎの是正を求める声も出ている。」[60]と記している。

　また，太田聰一は，「新卒一括採用は若者の学校から職場への移行をスムーズにするという意味で，強みを持つシステムといえる。しかし，就職を目指す学生にとっては，そのチャンスを失うと大きな損失となる両刃の剣であり，学業をおざなりにしてでも就職活動にいそしむ原因になっている。新卒段階で就職できなかった人たちに対して第二，第三のチャンスを提供するシステムが必要である。」[61]と述べている。

　そして清家篤は，「新規学卒一括採用」を，「労働市場のパフォーマンスという観点からいうと，若者が失業を経ずに就職に至ることができるということは高く評価すべきことで，実際，新規学卒一括採用はほかの国からも羨ましがられるような制度なのである。日本にいるとなかなか気づかないが，こうした視点から見ると新規学卒一括採用はよくできた制度慣行であり，これは安易に壊してはならない仕組みである。」[62]と高く評価する。要するに，「新規学卒一括採用」は「失業を経ない採用制度」であり，優れた制度慣行だというのである。では，デメリットはないのか。清家は，「新規学卒一括採用の問題点として，就職が一発勝負になりがちで，そこで失敗するとやり直しが利かないことも否定できない。そこで正社員である正規雇用者になる機会を逃すと，結果として非正規雇用の人が増えるということになる。」[63]と述べている。

　筆者もまた，「新規学卒一括採用」は日本の若者の失業率低下に寄与していると考えている。しかし，「既卒者」の就職難という負の副作用も生み出していることも確かである。この点について有賀は，「企業が，例えば『22歳と25歳』という程度の年齢自体にこだわる理由は恐らくない。重要なのは，既卒者は，その理由が何であれ，結果として新卒で就職できなかったか，既就業であれば就職してもうまくいかなかったという事実である。」[64]と述べている。そして有賀は，これを「逆選択」と称している。ひとたび大学を卒業すると就職が非常に厳しくなる理由はおそらくこの辺にあるのであろう。そうだとすれば，企業の採用担当者の意識を変えてもらうしかない。「落っこち組」というレッテルを貼られる学生側からすると，これは謂れなき差別である。

　企業は，「新規学卒一括採用」という雇用慣行を改革する意思もなければ，

おそらくその能力もないと筆者は思う。大学が，大学入試で，学生の「訓練能力」（含「真面目さ」[65]）を「ふるい分け」してくれるのであれば，企業としては，それを利用しない手はない。だとすれば，残された問題は，新規学卒一括採用方式から漏れた学生の就職，つまり既卒者の就職をどうするかということである。後述する。

第4節　学校経由の就職―大学の職業斡旋機関としての役割の重要性

天野は，大学の「職業斡旋機関としての役割」について，次のように述べている[66]。

> 企業は学校に採用申し込みをし，時には候補者の第一次銓衡を学校に依頼する。学校は就職担当の係や課を設けてこうした企業の要請に応え，さらには市場開拓のため積極的に企業に，卒業生の売り込みをはかる。昭和3年に行われた，中・高等教育機関の卒業者の就職に関する調査[67]は，実業学校でも専門学校や大学でも，大多数の卒業者が「学校斡旋」のルートを通って就職していったことを教えている。企業が，とくに職員層の供給源を直接学校に求め，学校はそうした企業の要請に応えて商・経系の学部や理工系の学部を拡充し，卒業者を企業に送り込む・職・業・斡・旋・機・関・と・し・て・の・役・割・を果たす。このヨーロッパ諸国では現在でもみることのできない，企業と学校との強い結びつきと，それに基礎をおいた・教・育・資・格・の・擬・似・職・業・資・格・化―それがわが国の学歴主義を早期に成熟させ，社会の学歴社会化を推し進めた最大の要因だといってよいだろう。（傍点は引用者）

上記引用で留意すべきは，すでに戦前の昭和3（1928）年には「学校斡旋」の就職ルートが存在していたということである[68]。

昭和初期といえば，第一次大戦後の経済不況による労働力需要の減退のため，高等教育卒業者の慢性的供給過剰が問題視されていた頃である[69]。特に，世界大恐慌が勃発した1929（昭和4）年の就職率は，理工系学部の76.0％に対

し，法文系学部・学科卒業者はわずか38.1％に過ぎなかった[70]。

ところで，菅山は，天野の見解を下敷きとして，「これまで，研究史のなかではほとんど触れられることがなかったが，企業と学校のリンケージこそ，『就社』社会・日本の歴史的成り立ちを解明するうえで鍵を握る，決定的に重要な制度なのである。」[71]（傍点は引用者）として，次のように述べている[72]。

> 戦後日本の学校は，教育活動の一環として卒業後の進路の指導を行うことを自明としてきたし，さらに，自ら就職を斡旋する主体として行動することをまったくためらわなかった。また，社会や企業もそれを「当たり前のこと」として受け入れ，指導に励む教師に暖かい視線を注いできたといえる。これが国際的には異例ともいえる慣行・制度であることは，苅谷剛彦らが強調してきた通りである。

引用文中に記されている苅谷は，表3-5を示して，次のように述べている[73]。

> 私たちは，教師が卒業生の就職のめんどうをみたり，学校が進路指導の一環として職業斡旋を行なったりすることを当然のように見なしている。就職協定にしたがって，卒業前年の夏から秋に高校3年生が一斉に採用試験を受け，事実上卒業以前に就職先が内定すること，企業は職業安定所を通じてそれぞれの学校に求人を行ない，学校ではそれぞれの企業に求人枠に収まる範囲で生徒を選抜し推薦すること，そして卒業と同時にほとんどすべての卒業生が4月1日に一斉に就職すること，これらは皆日本では当たり前にすぎる出来事として人びとの注目を集めることさえない。しかし国際比較の観点から見れば，このような就職のプロセスは，けっして当たり前ではない。ほかの先進諸国をみれば，日本の中学・高校レベルに当たる中等学校が就職者の職業への配分に直接かかわることは，必ずしも常識的なことではないことがわかる[74]。

戦後を見てみよう。1953（昭和28）年に就職協定がスタートしたことは既述した。戦後で，着目すべきは，学校経由の中卒・高卒者の職業斡旋である。

表 3-5 最初の職探しで試みたこと（複数回答、%）

	家族,親戚	友人,知人	就職情報誌	広告	公共職業安定所	学校	民間の職業紹介所	その他
日本								
初中等教育	22.4	11.7	4.9	6.6	4.5	62.6	0.9	3.7
高等教育	25.1	15.8	19.5	13.0	4.0	59.6	3.4	11.6
アメリカ								
初中等教育	41.1	35.5	0.0	45.8	15.7	13.8	8.4	30.1
高等教育	38.4	36.1	0.0	56.2	16.4	46.6	14.6	27.4
イギリス								
初中等教育	37.6	29.8	0.0	48.7	15.2	42.3	25.9	12.1
高等教育	18.1	25.0	0.0	68.1	14.7	36.2	21.6	11.2

（出所）苅谷剛彦『学校・職業・選抜の社会学―高卒就職の日本的メカニズム』東京大学出版会, 1991年, 22頁。1989年の雇用職業総合研究所の資料から苅谷が作成。

石田浩は、1950年代前半に着目し、その理由を、次のように述べている[75]。

　　1950年代前半に注目する最も大きな理由は、新規学卒者の職業斡旋に関して、職業安定所と学校の役割が法的に明示されたのが、1947年の職業安定法と1949年の改正によるからである。職業安定法は1947年11月30日に、法律第141号をもって制定され、同年12月1日より施行された。これにより、新規学校卒業者の職業紹介は全面的に職業安定所において行われることになり、また職業安定所は学校の行う職業指導に協力しなければならないことが明記された。さらに、1949年5月20日の改正により、学校は職業安定所の行う業務の一部を分担したり、無料の職業紹介を行うことが法的に認められた[76]。

　また、石田は、文部省が「学校教育法施行規則等の一部を改正する省令」により、1953年10月31日から中学校、高等学校に職業指導主事を設置することを正式に決定したことを重視して、「この改正により、職業指導・斡旋が学校教育体系の中に明確に位置づけられることになり、制度としての基盤が形成されることになった。」[77]と述べている。

　こうして、菅山は、次のように述べている[78]。

国際比較の観点からみた日本社会の特質は，企業と学校のリンケージや新規学卒者という慣行・制度の存在自体にあるのではない。むしろ問われるべきなのは，「制度的」リンケージが大卒エリートの取引関係だけではなく，中卒・高卒の大衆労働者のそれにまであまねく広がっていった——そして，「学校卒業＝就職」という社会の「常識」を生み出した——，そのダイナミックな力学なのである。

　要するに，菅山は，明治期に一部エリート大卒生を対象とした「企業と学校のリンケージ」が，戦後になって，中卒・高卒の大衆労働者にまで広がり，学校から職業への「間断のない移動」が社会の「常識」となった，そのダイナミックな力学，に着目しているのである。これは，苅谷が指摘するように，「学校への社会のあつい信頼」[79]があって初めて可能となるものである。

　このように見てくると，時間的には100年以上の歴史をもち，また空間的には，中卒から大卒までの広がりをもつ「新規学卒一括採用」の雇用慣行の再編が容易でないことは，火を見るより明らかである。

結びに代えて

　「大学教育の大衆化」の中で，毎年，60万人超の大学生が卒業する。就職希望者すべてに正規従業員としての身分を保障することなど，大学の自助努力だけでは如何ともしがたい。そこで，これまで，当事者の大学は当然のことながら，官民ともにいくつかの努力を積み重ねてきている。まず，大学の努力から見てみよう。

　日本で初めて大学キャリアセンターを設立したのは立命館大学で，1999年のことである（表3-6参照）。沢田健太は，大学キャリアセンターは，「失われた10年」が生み出した，と述べている[80]。つまり，景気が悪いのに大学進学率は上がり続け，就職難は厳しくなるばかり。このままでは，「大学は出たけれど」職のない子が増えてしまう，という大学，特に私大の「危機意識」がセンターを生み出した，というわけである。しかし，大学キャリアセンターの歴

表 3-6　キャリアセンター改組（設立）年表

設立年	主な大学	関連する動き
1999年	立命館	
2000年	帝京	この頃からリクルートナビ（現「リクナビ」）が就活市場で巨大なシェアを獲得
2001年	京都	小泉内閣が発足
2002年	立教，早稲田	厚労省が「キャリア・コンサルタント5万人計画」を決定
2003年	中央大学	文科省は教育GPをスタート。内閣府「人間力戦略研究会」がキャリア教育の積極的推進を提言
2004年	駒沢，明治学院，東洋，関西，同志社，一橋	独立ベンチャー運営の「みんなの就職活動日記」を楽天が買収。この頃からニートに関する論争が盛んになる
2005年	亜細亜，法政，専修，東京	就職氷河期と呼ばれた時期がこの頃まで続く
2006年	明治，関西学院，信州	文科省「キャリア教育実践プロジェクト」開始
2007年	神戸，山梨，宇都宮	アメリカでサブプライム住宅ローン危機が勃発
2008年		教育振興基本計画において特に重点的に取り組むべき事項として，「キャリア教育・職業教育の推進と生涯を通じた学び直しの機会の提供の推進」が挙げられる

（出所）　沢田健太『大学キャリアセンターのぶっちゃけ話』ソフトバンク新書，2011年26頁。

史は設立されて10年余である。キャリア教育の体系の確立等，未だ暗中模索の段階にある，といってよい。

　また，厚生労働省は，職業紹介・相談業務にあたる公共機関ハローワークの窓口を全国の大学に設置する方針を固め，2013年度から，専門相談員が500カ所の大学に常駐し，学生の就職を支援する。大企業や有名企業に目を向けがちな学生に，優秀な人材を求める地元の中小企業やベンチャー企業を紹介することで新卒雇用を底上げするのがその狙いだという[81]。豊かな経験と知識をもった雇用のプロ集団「ハローワーク」の役割に期待したい。

　また，近畿の自治体は，既卒者や離職者など若年層の就労支援を強化している。ハローワークとの一体支援やワンストップ窓口の設置，女性やニートなどに的を絞った対策などが柱である[82]。これもまた，中小企業が見えていない就活中の学生にとって，いわゆる雇用のミスマッチ解消のために有効な手段となりうるであろう。

　要するに，筆者がここで言いたいことは，ここまで「大衆化させた大学教

育」の責任は，当事者の大学はもちろんのこと，文部科学省等が負うべきで，学生（含既卒者[83]）の就職を全面的に支援するのは当然のことで，その場合，大学の自助努力だけでは手に負えないのであれば，ハローワークとの提携，地方自治体との連携も視野に入れた対策を講ずべきであるということである。それが，「学校への社会のあつい信頼」にも応えることになる[84]。

大事なことは，若者の雇用のためにどのような対策を講じるかである。万能薬などあろうはずもない。将来を担う若者の雇用はわが国のみならず世界各国にとっても喫緊の課題である。

注
1 日本経済新聞朝刊，2013年5月18日付，「若者雇用 世界で深刻」。
2 濱口桂一郎『若者と労働―「入社」の仕組みから解きほぐす』中公新書ラクレ，2013年，109頁。
3 注1に同じ。
4 例えば，石田潤一郎（敬称略。以下同様）は，新卒採用がこれまで重要な役割を果たしてきたことを認めながらも，国際社会における日本企業の地位低下の一因を日本型人事制度，とりわけ「新卒一括採用」に求め，「革新的なイノベーションを促す最善の方法は，市場を活性化し，多くの人間が起業に挑戦できる環境を作ることである。（中略）フロンティア型経済の持続的成長に不可欠なのは才気あふれる起業家である。新卒採用は，この人材供給の面で大きな足かせとなっている可能性が高い。自分を売り込むタイミングが新卒時にほぼ限られるなら，そこでの選択が安定性志向となるのもやむを得ないであろう。（中略）新卒採用が生み出す規範と硬直的な労働市場は，新しい企業が実績のある大企業に対抗して優秀な人材を獲得することを極めて困難にする。」と述べている。つまり，起業家養成という視点から，新卒一括採用の弊害が大きくなっていることを指摘しているのである。（日本経済新聞朝刊，2014年8月12日付，経済教室「革新阻む新卒一括採用」）
5 ILOは，15～24歳の年齢層を「若年層」としているが，本章では，大学進学者数の増加ならびに高校新卒就業者数の減少，そして「新規学卒一括採用」の負の副作用（既卒者の就職難等）を考慮して，20～34歳層を「若年層」とした。
6 日本経済新聞夕刊，2008年4月23日付，「氷河期社員のユーウツ」。
7 朝日新聞「ロストジェネレーション」取材班『ロストジェネレーション―さまよう2000万人』朝日新聞社，2007年，19-20頁。
8 内田樹は，苅谷剛彦の所論を引用しながら，この文献について，「世の中にさまざまなかたちの制度上の不正や分配上のアンフェアがあるのは事実です。その原因についても，さまざまな説明がありうると思います。でも，大学卒業年次に景気が良かった者と悪かった者との間に社会矛盾が集約的に表現されているというソリューションには驚嘆する他ありません。」と，痛烈に批判している。内田『呪いの時代』新潮社，2011年，31頁。
9 城繁幸『若者を殺すのは誰か？』扶桑社新書，2012年，95頁。城の生年は1973年なので，大学卒業は1995年前後ということになる。
10 日本経済新聞朝刊，2014年4月25日付，「15年大卒の求人倍率1.61倍」。
11 厚生労働省『労働経済白書』平成23年版，130頁。
12 2013年1月29日付の日本経済新聞朝刊は，イオンでは，来年度（2013年度）は，今年度の1.5

倍の過去最高の約1500人の外国人を幹部候補生としてアジアから採用，と記している。
13 同上，2012年10月22日付，「きょうのことば」。
14 苅谷剛彦／本田由紀編『大卒就職の社会学―データからみる変化』東京大学出版会，2010年，29頁。
15 太田聰一は，不況期に学校を卒業した世代が，そうでない世代に比べて労働市場で不利な状況に陥ってしまう現象を「世代効果」と呼んでいる。(太田『若年者就業の経済学』日本経済新聞出版社，2010年，84頁)
16 本田はQOL (Quality of Life) の視点から，現在の大卒就職の特徴として，① 大学在学中の早期から開始し，② 大学での教育成果を尊重しない不明確な評価基準による多段階の選抜がなされ，③ 就職後の職務内容や労働条件に関する情報が少ないことから，④ 就職後のミスマッチのリスクが大きく，かつ ⑤ 内定を得られないまま大学を卒業した場合にその後の就職機会が著しく不利になる，の5つを指摘し，問題視している。(苅谷／本田編，前掲『大卒就職の社会学』29頁)
17 その一因として，1991年に文部省（当時）が大学設置基準を大幅に緩和したことが挙げられる。
18 R. P. ドーア（松居弘道訳）『学歴社会 新しい文明病』岩波書店，2008年。ドーアは，同書で，この用語（仮説）について，「あるレベルの学校の卒業生が供給過剰となるために，伝統的に彼等の領分とみなされてきた職業より一段低いレベルで求職するという現象である。」(40-41頁) と述べている。また，類似の用語として，「学歴要件のエスカレーション―すなわち卒業証書の価値低落」(9頁) も多用している。これらは，一般には，「学歴代替」と呼ばれる。
19 日本経済新聞朝刊，2011年4月20日，「『学歴インフレ』脱却急げ」。
20 レスター・サローが用いたtrainabilityの日本語訳。苅谷／本田編，前掲『大卒就職の社会学』16頁。
21 「シグナリング効果」について詳しくは，苅谷剛彦「大卒就職の何が問題なのか―歴史的・理論的検討」(苅谷・本田編，前掲『大卒就職の社会学』序章) を参照されたい。
22 苅谷は，日本の「学歴インフレ」を，他の先進国の学歴インフレと区別して，日本的な「学歴インフレ」と呼ぶ。詳しくは，苅谷「大学教育機会の拡大によって大卒学歴の価値はどのように変化したのか？―日本型学歴インフレの功罪―」(東京大学社会科学研究所パネル調査プロジェクトディスカッションペーパーシリーズ No.48, 2011年3月) を参照。
23 日本経済新聞夕刊，2011年7月8日付，「高学歴化 就職に直結せず」。
24 前掲『労働経済白書』平成23年版，135-138頁。
25 文部科学省『文部科学統計要覧』各年。
26 文部科学省『学校基本調査報告書』平成23年度版。
27 日本経済新聞夕刊，1998年11月17日付，「就職氷河期再び 大卒過剰時代を映す」。
28 日本経済新聞朝刊，2012年1月29日付，「就活・採用 ここが間違い」。
29 注27に同じ。
30 因みに，男女雇用機会均等法の施行は1986年である。
31 厚生省監修『厚生白書』平成10年版，176頁。
32 日本経済新聞朝刊，2014年6月5日付，「出生数最少102万人」。第1章第1節を参照。また，厚生労働省は，9月11日，13年の人口動態統計の確定数を発表した。それによれば，出生数は前年より7415人少ない102万9816人となり，過去最少を更新した。
33 2013年現在，役員を除く雇用者5201万人中，正規の職員・従業員は3294万人 (63.3%)，非正規の職員・従業員は1906万人 (36.7%) である。(総務省統計局「労働力調査」)
34 田中博秀『現代雇用論』日本労働協会，1980年，372頁。
35 野村正實『日本的雇用慣行―全体像構築の試み―』ミネルヴァ書房，2007年，54頁。
36 竹内洋『日本のメリトクラシー』東京大学出版会，1995年，162-163頁。

37　若林幸男『三井物産人事政策史　1876〜1931 年　―情報交通教育インフラと職員組織―』ミネルヴァ書房，2007 年，119 頁。
38　日本経済新聞朝刊，2007 年 3 月 26 日付，ビジネスレッスン「新卒採用，日清戦争後広がる」。
39　菅山真次『「就社」社会の誕生―ホワイトカラーからブルーカラーへ』名古屋大学出版会，2011 年，94 頁。
40　日本企業の新卒定期採用の嚆矢は，1875（明治 8）年に慶応義塾（当時はまだ正式な「大学」ではない）から三菱に入社した荘田平五郎だと言われている。（ワークス研究所「Works」No.61，2003.12−2004.01，5 頁）そこから数えあげると優に 100 年を超える。
41　18 社の具体名は，野村，前掲『日本的雇用慣行』58-59 頁を参照。
42　前掲「Works」7 頁。
43　野村，前掲『日本的雇用慣行』58-59 頁。なお，協定の対象になったのは 1929 年 3 月の卒業生からである。（同，59 頁）
44　例えば，慶応義塾大学では，協定 2 年目の 30 年 3 月卒業生で，3 月末までに 28 社に採用が決定され，その中に，三井物産，住友合資という協定呼びかけ 18 社に名を連ねた会社が含まれていた。（同，60 頁）
45　同上，62 頁。
46　同上，67 頁。
47　同上，68 頁。
48　日本経済新聞朝刊，1989 年 9 月 6 日付，「人手不足　産業に影」㊦。
49　同上，2009 年 9 月 26 日付，U−29「シューカツに協定があったの？」。
50　野村は，「卒業前の定期採用という慣行は，会社と大学にとってもはや変更不可能なまでに根づいていたことである。敗戦経済という見通しのきかない経済環境のなかで，会社は卒業前の定期採用を続け，大学と学生もそれを当然のことと考えていた。」と述べている。（野村，前掲『日本的雇用慣行』67 頁）
51　日本経済新聞朝刊，2011 年 11 月 21 日付，社説「『新卒一括』が招いた就職難」。同様の趣旨は，2014 年 4 月 7 日付の同紙朝刊の社説「『新卒一括』採用は本当に効率的か」にも見られる。
52　同上，2013 年 1 月 10 日付，「大学変えれば日本は沈む」。
53　苅野／本田編，前掲『大卒就職の社会学』序章．竹内，前掲『日本のメリトクラシー』第 1 章。
54　日本経済新聞朝刊，2011 年 1 月 13 日付，「長い就活　解消遠く」。
55　経団連が定めている企業の採用活動に関するルール。「就職協定」が前身で，同協定が形骸化して廃止されたのを受け，1996 年に導入を決めた。2011 年 3 月の改定で，就職活動の解禁にあたる「広報活動の開始」を大学 3 年生の 12 月以降，面接などの選考を大学 4 年生の 4 月以降，正式な内定日を 10 月 1 日以降と決めた。現段階（2013 年 4 月現在）で憲章に賛同しているのは約 830 社で，憲章に加わっていない企業はルールを守る必要がない。（同上，2013 年 4 月 9 日付，「就活『4 年から』現実味」）
56　日本経済新聞夕刊，2013 年 4 月 19 日付，「就活解禁『大学 3 年の 3 月』　首相，経済 3 団体に要請」。
57　経団連が加盟企業（約 1300 社）向けに示す新卒採用のスケジュールなどのガイドライン。現在の「倫理憲章」は，大学 3 年の 12 月 1 日から会社説明会や学生のエントリーシート（ES）登録ができるよう定めている。経団連は倫理憲章に代えて「採用選考に関する指針」を定め，2016 年卒の学生から適用する。（日本経済新聞朝刊，2013 年 11 月 29 日付，きょうのことば「経団連の新卒採用ルール」）
58　同上，2013 年 9 月 14 日付，「経団連指針を発表，罰則設けず」。
59　同上，2010 年 10 月 7 日付，経済教室「新卒採用の偏重解消へ―『在職権』制度の導入検討を」。

60 同上，2012年7月16日付，「働けない若者の危機」。同様の見解は，平成18年度版『国民生活白書』の「新卒一括採用慣行の功罪」(35-37頁) にも見られる。
61 日本経済新聞朝刊，2011年7月20日付，経済教室「『大学全入時代』の対策急げ」。
62 清家篤『雇用再生』NHK出版，2013年，68頁。
63 同上，79頁。
64 注59に同じ。
65 日本経済新聞朝刊，2014年1月20日付，経済教室「就業支援は『性格力』重視で」。
66 天野郁夫『教育と選抜の社会史』ちくま学芸文庫，2006年，271頁。
67 中央職業紹介事務局『全国大学専門学校卒業生就職状況調査』(1928年) のこと。
68 菅山も，天野が依拠した資料に基づき，中央職業紹介事務局は，「1927年に初めて『学校卒業生採用状況』の調査を行い，当時すでに大企業・銀行を中心として，学校とのリンケージを基盤とする新規学卒者の定期採用制度が普及していたことを明らかにした。」と述べている。(菅山，前掲『「就社」社会の誕生』139頁)
69 詳しくは，加瀬和俊『失業と救済の近代史』吉川弘文館，2011年，32-49頁を参照。
70 麻生誠『日本の学歴エリート』講談社学術文庫，2009年，103頁。
71 菅山，前掲『「就社」社会の誕生』21頁。
72 同上，135頁。
73 苅谷剛彦『学校・職業・選抜の社会学—高卒就職の日本的メカニズム』東京大学出版会，1991年，22頁。
74 苅谷は，山村賢明の所論（「現代日本の家族と教育」『教育社会学研究』第44集，1989年）を引用しながら，学校の職業斡旋への深い関与が日本的であることは，すでに戦前の職業紹介業務の制度化の中で始まっている，と述べている。(苅谷，前掲『学校・職業・選抜の社会学』42-43頁）
75 苅谷剛彦・菅山真次・石田浩編『学校・職安と労働市場—戦後新規学卒市場の制度化過程』東京大学出版会，2000年，114頁。
76 なお，当時（1950年代を通して）の新規学卒就職者の主力は中学校卒業者であったことに注意する必要がある。
77 菅山，前掲『「就社」社会の誕生』116頁。
78 同上，170頁。
79 苅野，前掲『学校・職業・選抜の社会学』57頁。
80 沢田健太『大学キャリアセンターのぶっちゃけ話—知的現場主義の就職活動』ソフトバンク新書，2011年，24-27頁。
81 日本経済新聞朝刊，2012年5月13日付，「大学に『ハローワーク』」。
82 同上，2013年8月14日付，「上向く求人 若者につなげ」。
83 同上，2013年3月4日付，「卒業生の就活も応援」でも，大学における既卒者への総合的な支援を取り上げている。
84 中国の2011年現在の大学数は2409校と10年で倍増，また，2014年の新卒者は昨年より28万人多い過去最高の727万人に達した，さらに海外留学から帰国し，職を探す学生も最高の30万人超。大学数を増やし，学生数を増やしてきた中国当局は，彼ら新卒生の就職に全責任を負うべきであろう。また，メディアも，彼らを「アリ族」などと揶揄している余裕はない。

第4章

女性の管理職比率と「日本的雇用慣行」
―ダイバーシティ・マネジメントの視点から―

はじめに

　日本経済新聞は，中外時評「働く女性 『なでしこ』に続け―均等法25年，道まだ半ば」で，次のように記している[1]。

　　1986年に男女雇用機会均等法が施行されてから，25年がたつ。採用や配置など雇用のあらゆる場面で男女の均等処遇を求める内容に，当時，経営者団体からは「こんな法律ができたら日本は崩壊する」と反対の声もあがった。だが，そんな心配は全く杞憂だった。86年に1534万人だった女性雇用者は2010年には2329万人と，雇用者全体の43％にまで増えた。かつて女性の職場といえば事務や販売などが大半だったが，今では飛行機のパイロットや大型機械のオペレーター，消防士など活躍分野も広がった[2]。大手企業の管理職や役員になる例も目に付く。女性が働くことはもはや当たり前になった。（中略）とはいえ，均等への道はまだ半ばだ。世界の変化に比べて日本の歩みはあまりに遅い。働く女性の割合は先進国でそれほどひけをとらないが，管理職や役員など指導的地位に就く人となると圧倒的に見劣りする。11年版「男女共同参画白書」によれば，民間企業の係長相当職に占める女性の割合は13.7％，課長相当職は7.0％，部長相当職は4.2％と職位が上がるにつれ減っていく。上場企業の役員となると，なんと1.2％だ。国家公務員でも本省の課長相当職以上では，わずか2.2％にすぎない。（中略）いきなり法律で強制するのは無理だが，資生堂やみずほファイナンシャルグループなど，期限を区切り女性管理職比率の

目標値を定めて，格差是正に努める企業もある。女性育成に本気で取り組むなら，有能な女性がキャリアを積めるよう工夫すべきだ。その際に忘れてならないのは，保育所の整備と，男女ともに仕事と生活の調和がとれる働き方の実現だ。（傍点は引用者）

　1986年の男女雇用機会均等法の施行を契機に導入されたコース別人事制度で総合職[3]として採用された「均等法1期生世代」[4]の女性は，2011年現在47歳前後で，わが国の雇用慣行では年齢的には部長になっていても可笑しくはない。ところが，引用に示されているように，2010年現在，部長相当職の割合は4.2%と低水準に留まる。その理由の一つとして，当時，総合職として採用された女性の絶対数そのものが少なかったということを指摘することができる[5]。なお，表の4-1は，男女雇用機会均等法施行前後の「女性活躍推進をめぐる動き」を示したものである。

　引用の傍点部分を確認しておく。図4-1は，「就業者及び管理職に占める女性の割合」を示したものである。2011年のわが国の全就業者に占める女性の比率は42.3%で，アメリカ（47.0%）やイギリス（46.3%）などの欧米先進諸国よりも5ポイントほど低くなっているが[6]，それほど大きな差があるわけで

表4-1　女性活躍推進をめぐる動き

1975年	国際婦人年
85年	国連の「女子差別撤廃条約」を日本が批准
86年	男女雇用機会均等法施行（女性総合職が増加）
92年	育児休業法（現育児・介護休業法）施行
97年	均等法改正（募集・採用・昇進での女性差別を禁止）
99年	午後10時以降の女性の深夜労働解禁。セクハラ防止，企業に義務付け
2003年	少子化社会対策基本法施行
05年	育児支援計画，一定規模の企業に義務付け。「20年までに指導的地位の女性を30%に」と数値目標
13年	経産省と東証が「なでしこ銘柄」を選定。安倍首相が成長戦略で「女性活躍促進」を掲げる

（出所）　日本経済新聞夕刊（2011年9月27日付），らいふプラス「『がむしゃら』が当然だった」，及び，同紙朝刊（2014年2月14日付），Wの未来「均等法施行から28年」を基に筆者作成。

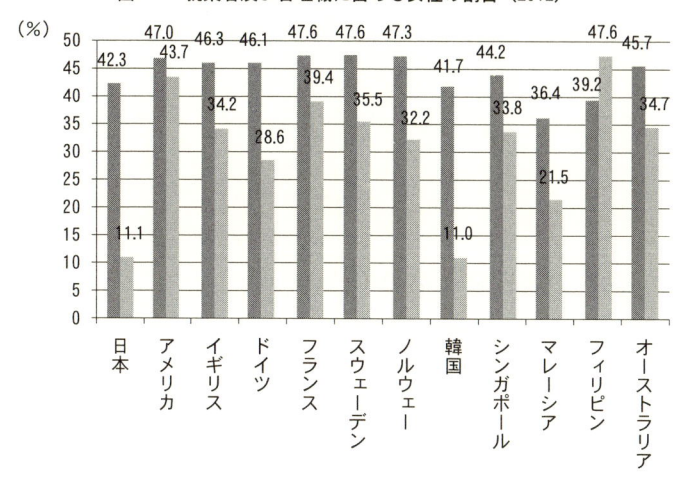

図 4-1 就業者及び管理職に占める女性の割合 (2012)

（出所）労働政策研究・研修機構『データブック国際労働比較』2014年版, 89頁。原資料は以下の通り。
日本：総務省統計局 (2013.2)「労働力調査 (長期時系列)」。
アメリカ；連邦労働統計局 (BLS) *LFS from the Current Population Survey*。
欧州：Eurostat Database (http://epp.eurostat.ec.europa.eu/) 2013年11月現在。
韓国 (2012年)：韓国統計庁データベース(http://kosis.kr/eng/) 2013年11月現在。
シンガポール (2010年以降)：労働省 (2013.1) *Labor Force in Singapore, 2012*。
マレーシア (2012年)：マレーシア統計局 (2013.6)「労働力調査年報 2012」。
オーストラリア (2010年以降)：オーストラリア統計局「労働力調査」。
その他：ILOSTAT Database (http://www.ilo.org/ilostat) 2013年11月現在。

はない。しかし，企業の課長以上や管理的公務員を指す管理的職業従事者[7]に女性が占める比率となると，11.1%で，この数字は，先進諸国の中で最低水準というだけでなく，フィリピン (47.6%) やシンガポール (33.8%) 等にも大きく後れをとっている[8]。

わが国の女性の管理職比率の低さは経済先進国として確かに問題だと思う。女性の能力発揮やキャリア開発を阻む制度があるのであれば，それは女性の働く権利を侵害するものとして速やかに是正，廃止されるべきである。とはいえ，筆者は，政府が政策と称して数値目標を設定しそれを各企業に強制すること，あるいはそれに法的強制力をもたせることについては否定的である。障害

者雇用率制度とは違ってその根拠において疑問が残るからである。

本章では，女性の管理職比率の推移と現状を概観し，管理職比率の改善のためには「日本的雇用慣行」（勤続年数への拘り，遅い選抜，長時間労働等）の見直しが必要であることを，ダイバーシティ・マネジメントの視点から論じる。

第1節　女性の管理職比率の推移と現状

1．労働力人口，就業者数，雇用者数等の男女比較[9]

まず，2013年の労働力人口を見ておく。総数は6577万人で，そのうち男性が3773万人（全体の57.4%），女性が2804万人（同42.6%）であった。また，労働力率は，男性が70.5%，女性が48.9%で，男女計では59.3%であった[10]。

次に，就業者人口を見ると，総数は6311万人（就業率56.8%）で，そのうち男性が3610万人（同67.5%），女性が2701万人（同47.1%）であった。

その内訳は，男女計では，自営業者総数が554万人，家族従業者総数が174万人，雇用者総数が5553万人であった。そのうち男性は，自営業者が415万人，家族従業者が32万人，雇用者が3147万人で，女性は，自営業者が139万人，家族従業者が142万人，雇用者が2406万人であった。雇用者総数に占める女性の割合は42.8%であった。

ここで，まず留意しておきたいのは，2013年時点で，男性の雇用者数の3147万人に対して，女性のそれは2406万人だということ，したがって，女性の管理職が男性のそれよりも少なくなるのは仕方がないと思う。要は，その乖離の程度である。

2．正規の職員・従業員数の減少と非正規の職員・従業員数の増加

表4-2は，2013年の役員を除く雇用者数を雇用形態別に示したものである。女性は，「正規の職員・従業員」が1027万人（前年比14万人減），「非正規の職員・従業員」が1296万人（同49万人増）で，前年に比べ「正規の職員・従業員」は減少，「非正規の職員・従業員」は増加している。構成比（役員を除

く女性雇用者総数に占める割合）は，「正規の職員・従業員」が 44.2％（前年比 1.3 ポイント減），「非正規の職員・従業員」が過去最高の 55.8％（同 1.3 ポイント増）である。

他方，男性は，「正規の職員・従業員」が 2267 万人（前年比 33 万人減），「非正規の職員・従業員」が 610 万人（同 44 万人増）で，女性同様，前年に比べ「正規の職員・従業員」は減少，「非正規の職員・従業員」は増加している。構成比（役員を除く男性雇用者総数に占める割合）は，「正規の職員・従業員」が 78.8％（前年比 1.5 ポイント減），「非正規の職員・従業員」が 21.2％（同 1.5 ポイント増）である。

ここで留意しておきたいのは，女性の「正規の職員・従業員」は，男性の 2267 万人に対して 1027 万人しかいないということである。正規の職員・従業員の総数（3294 万人）に占める女性の割合は 31.2％となる。したがって，単純計算では，女性の管理職が政府目標値である 30％いても可笑しくはない。ところが現実はそうはなっていない。厚生労働省「賃金構造基本統計調査」によれば，平成 25 年現在，企業規模 100 人以上の課長級以上の管理職比率は 7.5％という状況である。

表 4-2　役員を除く雇用形態別雇用者数（2013 年）

（単位：万人）

区分	役員を除く雇用者数	正規の職員・従業員	非正規の職員・従業員	パート・アルバイト	労働者派遣事業所の派遣社員	契約社員・嘱託	その他
男女計	5,201 (100.0)	3,294 (63.3)	1,906 (36.7)	1,320	116	388	82
男性	2,878 (100.0)	2,267 (78.8)	610 (21.2)	301	48	219	42
女性	2,323 (100.0)	1,027 (44.2)	1,296 (55.8)	1,019	68	169	40

（注）　括弧内の数字は構成比。
（出所）　総務省統計局「労働力調査（詳細集計）」。（一部補筆）

3．性別・年齢階級別・雇用形態別雇用者数

　管理職（昇進）の対象となる女性の母集団の大きさを知るために，2013年の男女別・年齢階級別・雇用形態別の雇用者数（役員を除く）を確認しておく。図4-2はそれを示したものである。女性との比較のために男性も示した。

　企業規模によって違いはあろうが，わが国では，係長や課長の管理職昇進年齢は，35～49歳層に，また部長相当職ではそれよりもう少し上の50歳前後に集中しているものと推測される（表4-3参照）。要は，その年齢まで勤続する女性がどの程度いるかである[11]。

　図4-2をみると，35～44歳層の女性の正規の職員・従業員は，男性の691万人に対して，263万人しかいない。なお，この年齢層の女性の非正規率は54.8％である。また，45～54歳層をみると，女性の正規の職員・従業員は，男性の553万人に対して，212万人しかいない。非正規率は59.2％である。要するに，「はじめに」でも触れたように，管理職昇進の対象となる年齢層の女性が，男性と比べて，相対的に少ないということである。

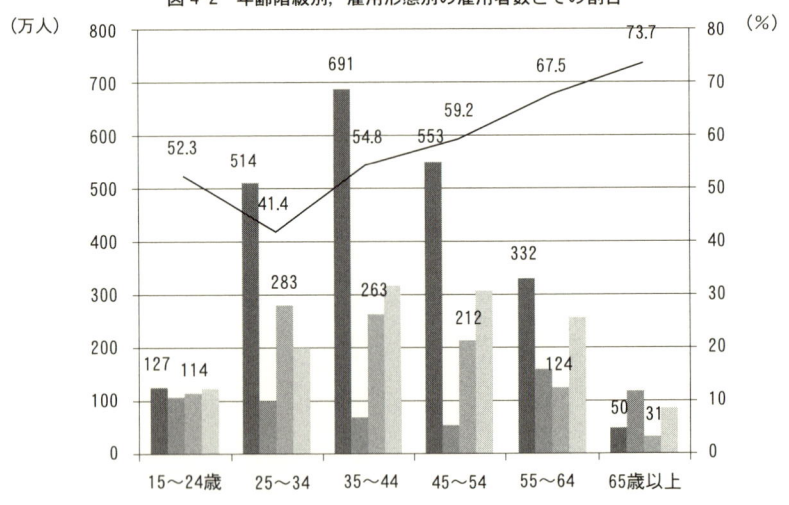

図4-2　年齢階級別，雇用形態別の雇用者数とその割合

（注）　15～24歳には在学中を含む。
（出所）　総務省統計局「労働力調査（詳細集計）」（2013年）。

表 4-3　新卒入社の大学卒社員における役職への昇進年齢（制度上想定される年齢）と実在者の年齢

(単位：歳)

区分	制度上の昇進年齢		実在者の年齢		
	最短	標準	平均	現時点における最年少者（平均）	現時点における最年長者（平均）
係長	(71社) 29.5	(56社) 32.7	(77社) 39.6	(81社) 31.4	(81社) 53.4
課長	(84社) 33.9	(63社) 39.4	(91社) 45.1	(95社) 35.9	(94社) 56.8
部長	(72社) 40.1	(55社) 47.0	(88社) 50.7	(93社) 43.6	(92社) 57.4

(注)　1．企業によって役職呼称が異なるため，実際には「〇〇相当の役職」として尋ねているが，ここでの表記上は「係長」「課長」「部長」と示している。
　　　2．調査時期は2009年10月5日～12月3日，調査対象は全国証券市場の上場企業（新興市場の上場企業も含む）3675社と，上場企業に匹敵する非上場企業（資本金5億円以上かつ従業員500人以上）328社の合計4003社。ただし，持株会社の場合は，主要子会社を対象としたところもある。集計対象は，前記調査対象のうち，回答のあった138社（製造業63社，非製造業75社）。
(出所)　労務行政研究所『労政時報』第3771号（10.4.9），18頁。

4．女性の管理職比率の推移と現状

　平成26年版の『男女共同参画白書』は，「管理職に占める女性割合の推移」について，「総務省『労働力調査（基本集計）』（平成25年平均）によると，管理的職業従事者に占める女性の割合は，平成25年は11.2％であり，諸外国と比べて低い水準となっている。厚生労働省『賃金構造基本統計調査』（平成25年）で，常用労働者100人以上を雇用する企業における役職者を階級別に見ると，係長級における女性割合が最も高く，平成25年は15.4％となっている。上位の役職では女性の割合がこれよりも低く，課長級は8.5％，部長級では5.1％であり，いずれも長期的には上昇傾向にはあるものの低い水準にとどまっている。」[12]（図4-3参照）と記している。

　常用労働者100人以上を雇用する企業の管理職（課長相当職及び部長相当職）の推移については，確かに，上記のように言えよう。しかし，女性が「指導的地位」[13]を占める割合の高い分野がある。その代表例が薬剤師で，平成24年のデータでは66.5％となっている。『白書』には，その他，歯科医師の21.5％，医師の19.6％が示されている[14]。一般に，女性は管理職志向が弱く，「専門職」志向が強い，といわれている。理由は何であれ，女性のこのような志向も大事にされて然るべきだと思う。「管理職」になることだけがキャリアの最

図4-3 役職別管理職に占める女性割合の推移（企業規模100人以上）

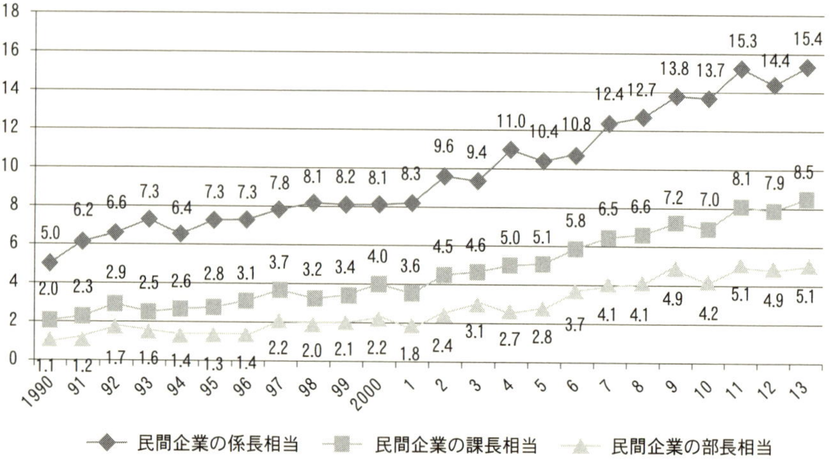

(注) 常用労働者100人以上を雇用する企業に属する労働者のうち、雇用期間の定めがない者における役職者。
(出所) 厚生労働省「賃金構造基本統計調査」。

善の選択ではないのである[15]。

第2節　勤続年数と「遅い選抜」

1. 女性の活躍を推進する上での問題点

労働政策研究・研修機構が2011年に実施した「第29回ビジネス・レーバー・モニター特別調査」[16]では、各管理職層における女性比率を3年前と比較して「ほとんど変わらない」あるいは「減った」と回答した企業に対し、女性比率が伸び悩んでいる原因（複数回答）を尋ねたところ、職層レベルによって違いはあるものの、最も高い割合を示したのは、「その他（従業員に占める女性の絶対数が小さい、任命層に該当する女性数が少ない等）」で、役員クラスで48.8％、部長（相当職）クラスで43.6％、課長（相当職）クラスで17.1％、係長（相当職）クラスで51.7％を占めた。それに次ぐのは、「昇進・昇格要件を満たしにくい女性が多いため」で、役員クラスで32.6％、部長（相当

第 2 節　勤続年数と「遅い選抜」　111

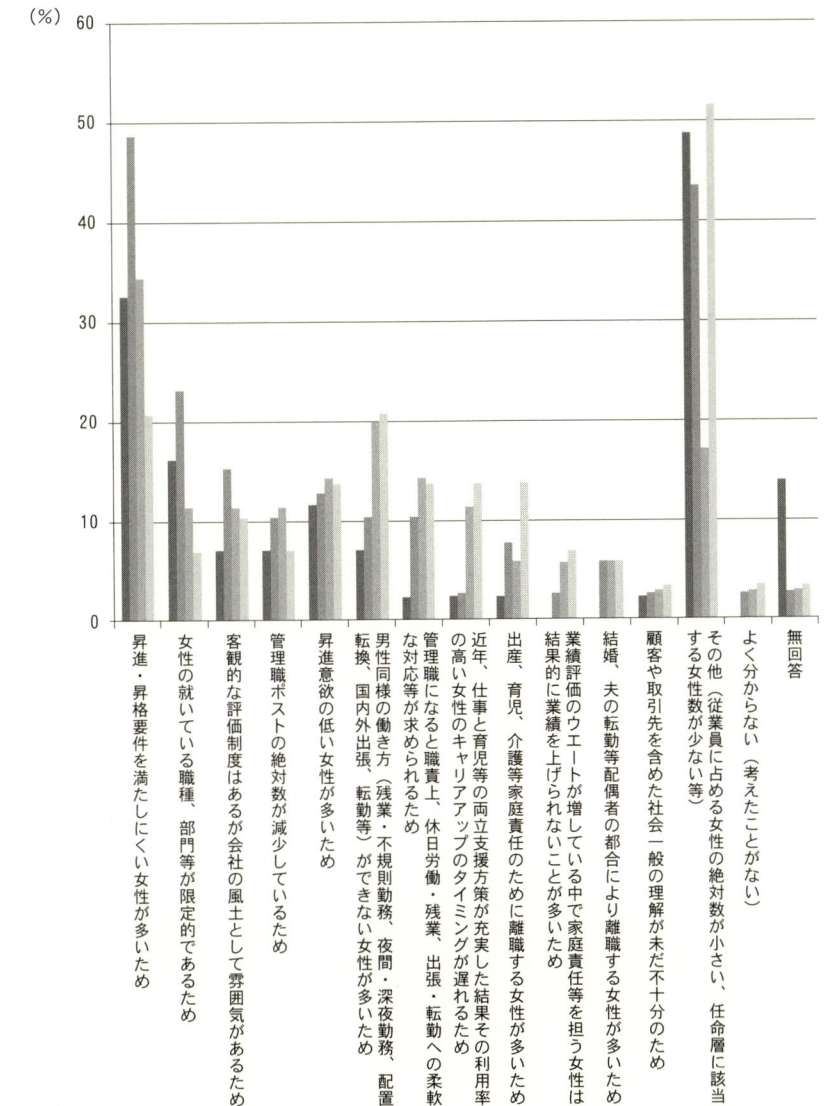

図 4-4　各管理職層において女性比率が伸び悩んでいる原因（複数回答）

項目	役員クラス (n=43)	部長（相当職）クラス (n=39)	課長相当クラス (n=35)	係長（相当職）クラス (n=29)
昇進・昇格要件を満たしにくい女性が多いため	32	48	34	20
女性の就いている職種、部門等が限定的であるため	16	23	11	6
客観的な評価制度はあるが会社の風土として雰囲気があるため	7	15	11	3
管理職ポストの絶対数が減少しているため	7	11	6	7
昇進意欲の低い女性が多いため	12	12	14	14
男性同様の働き方（残業・不規則勤務、夜間・深夜勤務、配置転換、国内外出張、転勤等）ができない女性が多いため	3	3	14	20
管理職になると職責上、休日労働・残業、出張・転勤への柔軟な対応等が求められるため	3	3	12	14
近年、仕事と育児等の両立支援方策が充実した結果その利用率の高い女性のキャリアアップのタイミングが遅れるため	3	8	6	14
出産、育児、介護等家庭責任のために離職する女性が多いため	6	6	6	7
業績評価のウエートが増している中で家庭責任等を担う女性は結果的に業績を上げられないことが多いため	3	3	6	7
結婚、夫の転勤等配偶者の都合により離職する女性が多いため	3	3	4	4
顧客や取引先を含めた社会一般の理解が未だ不十分のため	49	44	17	52
その他（従業員に占める女性の絶対数が小さい、任命層に該当する女性数が少ない等）	3	3	3	4
よく分からない（考えたことがない）	14	0	3	3
無回答	—	—	—	—

（出所）労働政策研究・研修機構『Business Labor Trend』2011 年 12 月, 11 頁.

職) クラスで 48.7%, 課長 (相当職) クラスで 34.3%, 係長 (相当職) クラスで 20.7% であった (図 4-4 参照)。

上記で,「任命層に該当する女性数が少ない」,「昇進・昇格要件を満たしにくい女性が多い」は, そのほとんどが勤続年数に関わってのことだと推測される。そこで, 勤続年数に焦点を当てて, 女性の活躍を推進する上での問題点を, 厚生労働省「雇用均等基本調査」(平成 23 年度) で確認しておく。

企業規模 30 人以上の企業総数を 100.0% とすると,「問題点がある」と答えた企業は 85.0% であった。また, 企業規模 10 人以上では 80.9% であった。その内訳は, 図 4-5 が示すように,「家庭責任を考慮する必要がある」とする企業が 51.4% (企業規模 10 人以上では 47.7%) と最も高く, 以下,「時間外労働, 深夜労働をさせにくい」が 34.0% (同 34.3%),「女性の勤続年数が平均的

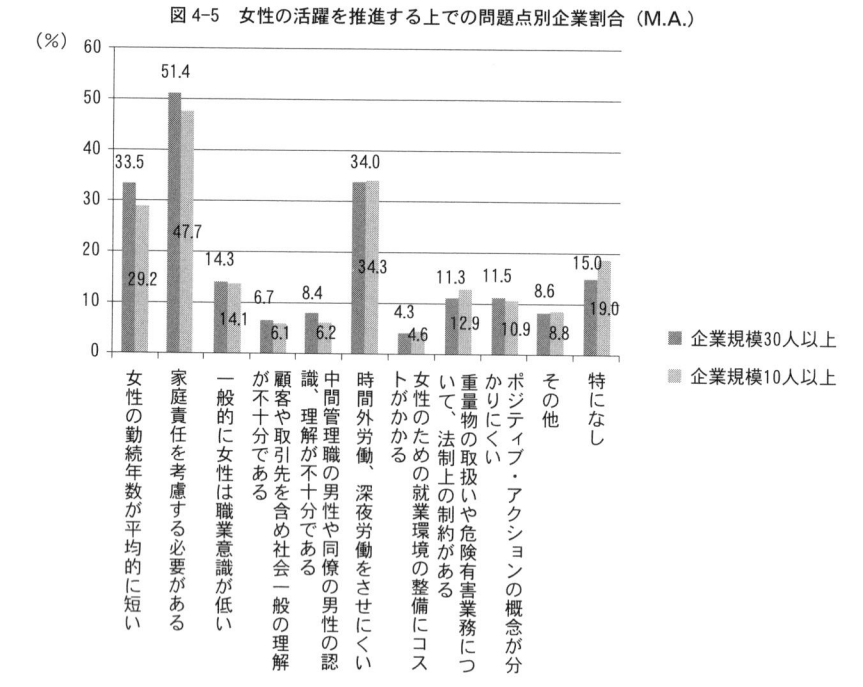

図 4-5 女性の活躍を推進する上での問題点別企業割合 (M.A.)

項目	企業規模30人以上	企業規模10人以上
女性の勤続年数が平均的に短い	33.5	29.2
家庭責任を考慮する必要がある	51.4	47.7
一般的に女性は職業意識が低い	14.3	14.1
顧客や取引先を含め社会一般の理解が不十分である	6.7	6.1
中間管理職の男性や同僚の男性の認識, 理解が不十分である	8.4	6.2
時間外労働, 深夜労働をさせにくい	34.0	34.3
女性のための就業環境の整備にコストがかかる	4.3	4.6
重量物の取扱いや危険有害業務について, 法制上の制約がある	11.3	12.9
ポジティブ・アクションの概念が分かりにくい	11.5	10.9
その他	8.6	8.8
特になし	15.0	19.0

(注) 岩手県, 宮城県及び福島県を除く全国の企業 (企業規模 10 人以上, 30 人以上)。
(出所) 厚生労働省「雇用均等基本調査」(平成 23 年度)。

に短い」が 33.5%（同 29.2%）と続く。

　上記を，全企業を 100.0%として，企業規模別（5000 人以上，1000～4999 人，300～999 人，100～299 人，30～99 人，10～29 人）にみると，「家庭責任を考慮する必要がある」が規模に関わらず最も高く，なかでも，5000 人以上では 54.4%と最も高かった。「時間外労働，深夜労働をさせにくい」は規模が小さくなるほど割合が高くなる傾向がある。これに対して，「顧客や取引先を含め社会一般の理解が不十分である」，「中間管理職の男性や同僚の男性の認識，理解が不十分である」は，規模が大きくなるほど割合が高くなる傾向がある。また，「女性の勤続年数が平均的に短い」は，1000～4999 人で 48.9%と高い割合になっている。

　「家庭責任を考慮する必要がある」の問題点は，基本的には Work-life Balance 等で解決すべき問題で，また，対応が比較的可能な領域でもある。しかし，「時間外労働，深夜労働をさせにくい」と「女性の勤続年数が平均的に短い」は対応が困難な問題である。前者は，「第 29 回ビジネス・レーバー・モニター特別調査」における「女性比率が伸び悩んでいる原因」の「男性同様の働き方（残業・不規則勤務，夜間・深夜勤務，配置転換，国内外出張，転勤等）ができない女性が多いため」[17]と同類で，これが問題として意識されること自体が問題である。それは，これがこれまでの「男性の働き方」を前提とした「考え方」に基づくものだからである。また，後者は，長期雇用を前提とした「日本的雇用慣行」の一つで，筆者は，勤続年数への拘りが女性の管理職登用の隘路（ボトル・ネック）の一つになっていると考えている。

2．女性管理職が少ないあるいは全くいない理由

　2013（平成 25）年度「雇用均等基本調査」で，「女性管理職が少ない（1 割未満）あるいは全くいない役職区分が一つでもある企業」（規模 30 人以上の企業総数を 100.0%とすれば，そのうちの 88.2%，規模 10 人以上では 76.7%）について，その理由（複数回答）をみると，図 4-6 が示すように，「現時点では，必要な知識や経験，判断力等を有する女性がいない」が 58.3%（規模 10 人以上では 47.7%）と最も高く，以下，「女性が希望しない」が 21.0%（同 22.6%），「将来管理職に就く可能性のある女性はいるが，現在，管理職に就くため

114　第4章　女性の管理職比率と「日本的雇用慣行」

図4-6　女性管理職が少ないあるいは全くいない理由別企業割合（複数回答）

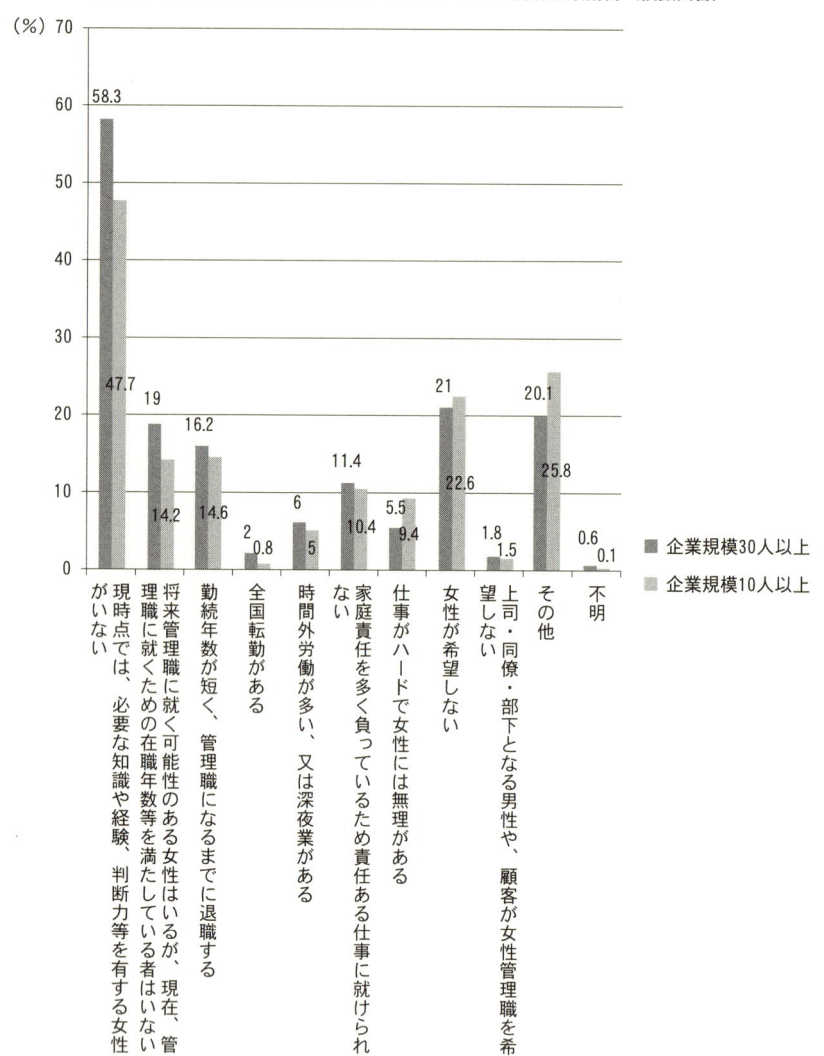

理由	企業規模30人以上	企業規模10人以上
現時点では、必要な知識や経験、判断力等を有する女性がいない	58.3	47.7
将来管理職に就く可能性のある女性はいるが、現在、管理職に就くための在職年数等を満たしている者はいない	19	14.2
勤続年数が短く、管理職になるまでに退職する	16.2	14.6
全国転勤がある	2	0.8
時間外労働が多い、又は深夜業がある	6	5
家庭責任を多く負っているため責任ある仕事に就けられない	11.4	10.4
仕事がハードで女性には無理がある	5.5	9.4
女性が希望しない	21	22.6
上司・同僚・部下となる男性や、顧客が女性管理職を希望しない	1.8	1.5
その他	20.1	25.8
不明	0.6	0.1

（注）　女性管理職が少ない（1割未満）あるいは全くいない役職が一つでもある企業＝100.0％。
（出所）　厚生労働省「雇用均等基本調査」（平成25年度）。

の勤続年数を満たしているものはいない」が 19.0％（同 14.2％），「勤続年数が短く，管理職になるまでに退職する」が 16.2％（同 14.6％），と続く。

「現時点では，必要な知識や経験，判断力等を有する女性がいない」は，その背後に，女性従業員の勤続年数が男性と比べて相対的に短いことがあると思う。「現場」重視のわが国の職場環境では勤続年数の不足は即知識・経験不足となって現れるからである。また，「将来管理職に就く可能性のある女性はいるが，現在，管理職に就くための勤続年数を満たしているものはいない」は，勤続年数が管理職登用の「踏み絵」となっていることを示すものである。ここで気になるのは「女性が希望しない」が最近増加傾向にあることである。政府が女性活用にフィーバーすればするほど，女性の「管理職」への情熱はむしろ冷めているように筆者には思われる。

3．勤続年数と「遅い選抜」

管理職昇進に要する勤続年数は企業規模の大小等によって異なると思われるが[18]，わが国の雇用慣行の一つである「遅い選抜」を前提とすると，既述の「女性の活躍を推進する上での問題点」で「女性の勤続年数が平均的に短い」，また，「女性管理職が少ないあるいは全くいない理由」で「将来管理職に就く可能性のある女性はいるが，現在，管理職に就くための勤続年数を満たしているものはいない」の割合が高くなるのは当然である。

そこで，まず，女性の勤続年数の国際比較をみておく（図 4-7 参照）。これでみると，日本はアメリカを除く他の先進諸国と同様に定着度の高いグループに属するといってよい。他方，アメリカは，男性（4.7年）もそうだが，最も流動的である。したがって，女性の管理職の多寡の原因を直に「勤続年数の長さ」だけに求めることはできない[19]。では，何が原因か。端的に言うと，日本的雇用慣行の一つである「遅い選抜」である。

そこで，次に，「遅い選抜」仮説を検討してみよう。小池和男は，これについて，次のように述べている[20]。

> 管理職の比重は国により大いに異なる。米，英が高く，ドイツ，スウェーデンは低い。その低い方に日本は近く，そのグループとくらべる。

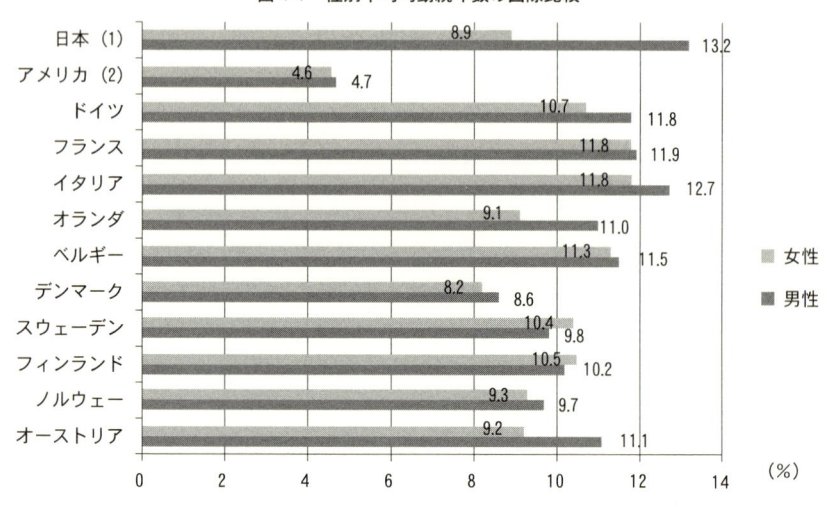

図 4-7　性別平均均勤続年数の国際比較

国	女性	男性
日本 (1)	8.9	13.2
アメリカ (2)	4.6	4.7
ドイツ	10.7	11.8
フランス	11.8	11.9
イタリア	11.8	12.7
オランダ	9.1	11.0
ベルギー	11.3	11.5
デンマーク	8.2	8.6
スウェーデン	10.4	9.8
フィンランド	10.5	10.2
ノルウェー	9.3	9.7
オーストリア	9.2	11.1

(注)　1．2012年6月末現在。
　　　2．2012年1月現在。平均勤続年数は中位数。男性は16〜64歳，女性は16〜59歳を対象。
(出所)　労働政策研究・研修機構『データブック国際労働比較』2014年版。原資料は，
　日本：厚生労働省(2013.2)「平成24年賃金構造基本統計調査」，
　アメリカ：U.S.Department of Labor (2012.9) *Employee Tenure in 2012*,
　その他：OECD Database(http://stats,oecd.org/) "Employment by job tenure intervals"
　　2014年2月現在。

　それでもなお女性管理職の割合はドイツやスウェーデンより格段に低い（図4-1参照…引用者）。女性の管理職への進出の遅れは否定しがたい。おそらくその理由は，日本の管理職への昇進に男女をつうじ勤続の影響がつよいからであろう。すでに第3章でみたように日本は遅い選抜方式が大企業で広がる。勤続を15年ほどつまないと課長に昇進しにくい。この15年ほどの勤続は，子育てをもになう女性にとって男性にくらべさまざまな意味でコストがかかる。他方，他国は早い選抜方式[21]だから，適性の高い人ははるかに短い勤続で管理職につける。管理職につけば高いコストをはらう気構えが生じよう。この差が管理職のいちじるしい男女差をもたらした，と考える。（傍点は引用者）

　「勤続15年」といえば，女性が大学を卒業してすぐに就職したとすれば，37

歳前後となる。有配偶の女性であれば，その間に，出産・育児期を迎える。企業が女性の育成，管理職登用に躊躇もしくは二の足を踏む理由は此の辺にあるのであろう。それはともかく，では，そもそも「遅い選抜」とは何か？小池は，図4-8のモデルを示して，概要，次のように述べている[22]。

　図の縦軸は社内資格を示す。横軸は勤続年数を表す。日本の大企業を念頭に説明すると，入社当初はほぼ同時に昇格するが，数年後2〜3年ほどの遅速が生じる。最も早い時期に昇格した人を第1選抜，次の年の昇格組を第2選抜と呼ぶ。3分の1ほどが第1選抜になると想定しよう。それが現れる時期を「第1選抜出現期」と呼ぶ。だが，この時期での昇格の遅速は決定的ではない。次の「よこばい群出現期」まで遅れた人もほとんど昇格していく。まだ勝ち抜きはない。注目すべきは遅れた人もときに第1選抜に返り咲く。もちろん組織にはいつまでもリターンマッチの機会を残す余裕はない。組織全体の中枢管理者層を育成しなければならない。あまり遅くならないうちに候補者を弁別しなければならない。その候補者も一段階ごとに振り落されていく。勝ち抜き戦の開始である。それは，もはやこれ以上昇格しない人たちとして現れる。その一群が3分の1ほど現れる時期を「よこばい出現期」とする。

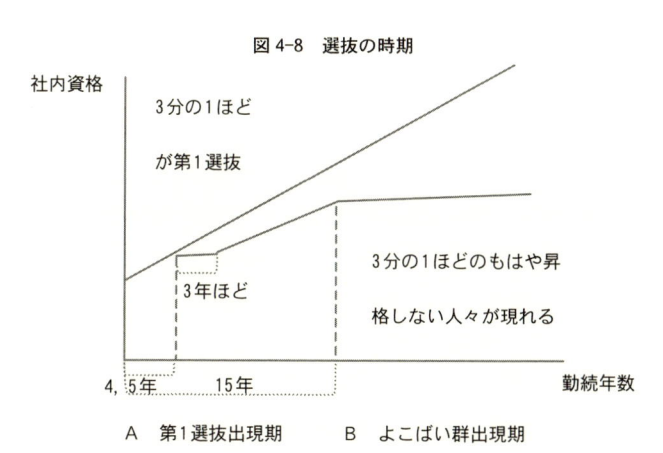

図4-8　選抜の時期

社内資格

3分の1ほど
が第1選抜

3年ほど

3分の1ほどのもはや昇
格しない人々が現れる

4, 5年　　15年　　　　　　　　　　　勤続年数

A　第1選抜出現期　　　B　よこばい群出現期

（出所）　小池，前掲『仕事の経済学』第3版，73頁に一部加筆。

小池は，モデルをこのように説明したうえで，次のように述べている[23]。

　アンケート調査や聞きとり結果をふまえると，おそらく日本大企業にはふたつのタイプがある。ひとつは日本のなかでやや早く，第1選抜出現期は3，4年，横ばい群出現期は15年前後のタイプである。スーパーなど大卒を多く採用する業種にみられる。他方，伝統あるメーカーなどは第1選抜出現期が10年に近く，よこばい群出現期は20年をこえる。日本のなかの早いタイプでも他国より遅い。（中略）課長が集中する年齢層は30〜44歳，部長は一段とあがり45〜54歳である。

筆者が思うに，「遅い選抜」方式は，製造業等の仕事に従事する長期雇用を前提とした「男性の正規の職員・従業員」をモデルとしたものであって，女性のライフ・ステージ等に配慮した方式ではないということである。したがって，女性の管理職昇進には極めて不利に働く。それが結果として女性の管理職の少なさに反映しているものと思われる。

4．労働時間の国際比較

　就業者ならびに雇用者1人当たり平均年間実労働時間の国際比較を確認しておく（図4-9）。日本とアメリカはほぼ同水準（むしろアメリカの方が長い）にあるが，イギリス，ドイツ，フランスの労働時間はわが国のそれよりも大幅に短い。ここで，労働時間の国際比較を示したのは，女性の管理職比率が高い国では労働時間が短いのではないかと考えたからである。労働時間がわが国よりも長いアメリカ（女性管理職比率43.7%）を唯一の例外として，労働時間がわが国よりも短いイギリス（同34.2%），ドイツ（同28.6%），フランス（同39.4%）がわが国のそれを大きく上回る（図4-1参照）。

　労働時間の長短に関連して，「長時間労働者（雇用者）の割合」の国際比較を示しておく[24]。（図4-10参照）

　わが国の長時間労働者（雇用者）の割合は，男性が38.8%，女性が20.4%で，欧米先進諸国のそれと比較して群を抜いて高くなっている。

図 4-9　1 人当たり平均年間総実労働時間の国際比較（2012 年）

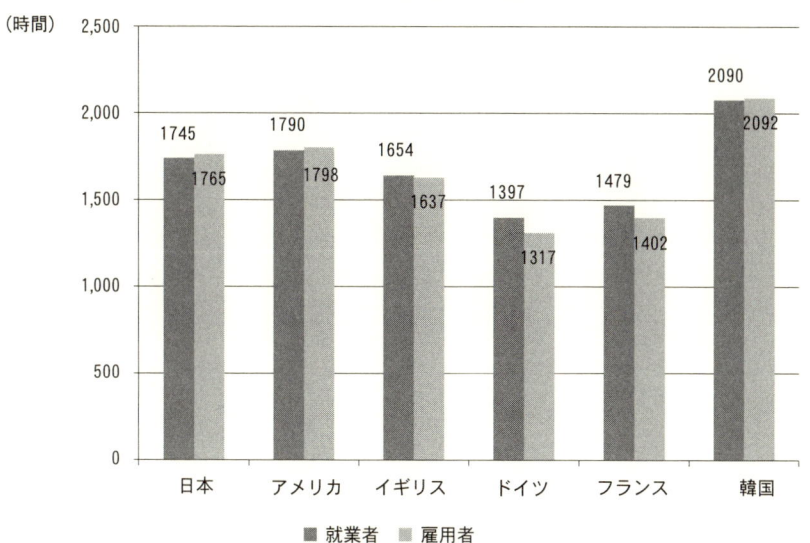

国	就業者	雇用者
日本	1745	1765
アメリカ	1790	1798
イギリス	1654	1637
ドイツ	1397	1317
フランス	1479	1402
韓国	2090	2092

（注）　データは 1 国の時系列比較のために作成されており，データ源の違いから特定年の平均年間労働時間水準の各国間比較には適さない。雇用者は，フルタイム労働者，パートタイム労働者を含む。ただし自営業者を除く。また，韓国の就業者は 2011 年の数字。日本と韓国以外の国については事業所規模の区別はない。日本と韓国の雇用者は，常用労働者 5 人以上の事業所。
（出所）　前掲『データブック国際労働比較』2014 年版,199～200 頁より作成。原資料は，OECD Database（http://stats.oecd.org/）"Average annual hours actually worked per worker" 2013 年 9 月現在。（一部補筆）

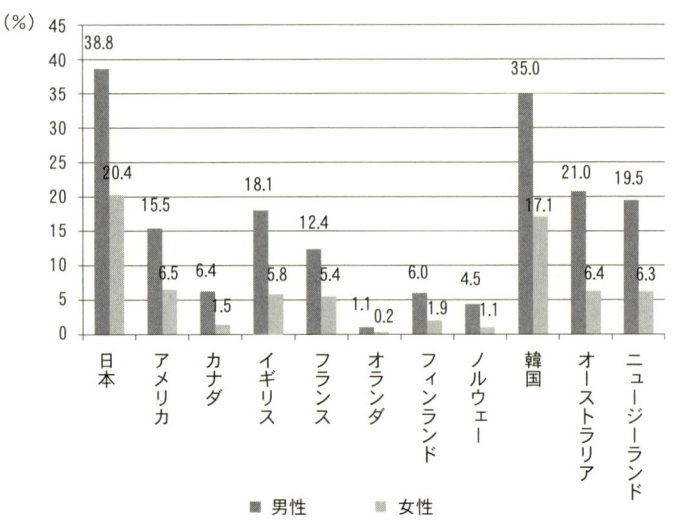

図4-10 性別・長時間労働者（雇用者）の割合

国	男性	女性
日本	38.8	20.4
アメリカ	15.5	6.5
カナダ	6.4	1.5
イギリス	18.1	5.8
フランス	12.4	5.4
オランダ	1.1	0.2
フィンランド	6.0	1.9
ノルウェー	4.5	1.1
韓国	35.0	17.1
オーストラリア	21.0	6.4
ニュージーランド	19.5	6.3

（注）　数値は2011年。ここでいう長時間とは、週50時間以上を指す。なお、日本及び韓国は推計値。
（出所）　前掲『データブック国際労働比較』2014年版，202頁より作成。原資料はOECD Datebase（http://stats.oecd.org/）2013年9月現在。

第3節　隘路としての「日本的雇用慣行」

1．ダイバーシティ・マネジメント

　企業の競争力を強めるには組織の多様性（diversity）を高める必要があるという考え方が欧米を中心に広がっている。それも，これまでのように格差是正を目的として女性や有色人種らマイノリティ（少数派）を義務的に登用するというのではなく，組織の多様性を柔軟な発想や着実な経営につなげ，企業活動の原動力にしようというのである。

　例えば，2009年5月17日付の日本経済新聞朝刊は，女性の社会進出などを支援する非営利組織（NPO）「カタリスト」が主要な520社を対象に07年に行った調査に基づき，「女性役員の比率が高い企業群では収益力を示す自己資

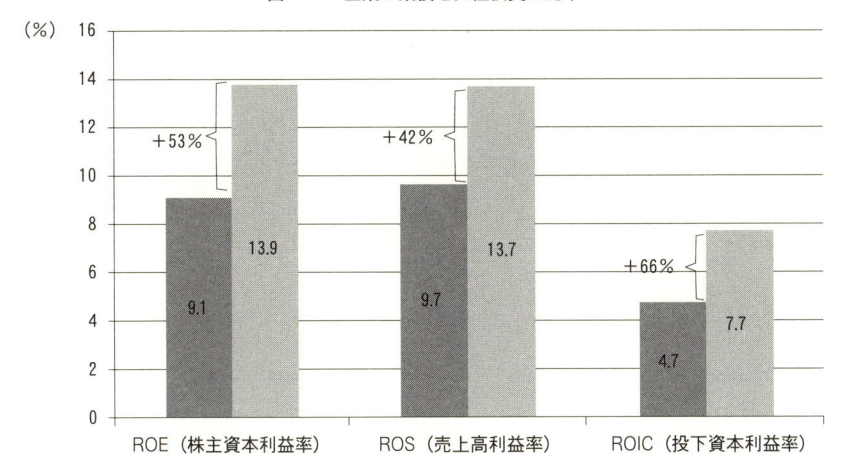

図4-11 企業の業績と女性役員の比率

	ROE（株主資本利益率）	ROS（売上高利益率）	ROIC（投下資本利益率）
第4四分位企業グループ（女性役員比率の低い，下位1/4企業グループ：129社）	9.1	9.7	4.7
第1四分位企業グループ（女性役員比率の高い，上位1/4企業グループ：132社）	13.9	13.7	7.7
差	+53%	+42%	+66%

（注） ROE, ROS, ROIC データは，2001～2004年の平均値。役員数は2001年及び2003年。「フォーチュン500」企業（520社）を対象。
（出所） Catalyst, The Bottom Line: Corporate Performance and Women's Representation on Boards, 2007.

本利益率（ROE）が，役員比率が低い企業群よりも約5割高い。売上高利益率でみても同様に4割ほど上回る」と記している[25]。図4-11は，上記のカタリストの調査結果である[26]。女性役員比率が高い企業の方が，ROE（株主資本利益率），ROS（売上高利益率），ROIC（投下資本利益率）いずれの経営指標においても高くなっている。

　では，そもそもダイバーシティあるいはダイバーシティ・マネジメントとは何か？その定義は，研究者がどのような側面を重視するかによって異なる[27]。

　例えば，大和総研の河口真理子は，ダイバーシティを，「人種，宗教，考え方，価値観，行動，人，性別，年齢，障害の有無，兵役の有無等この世の中に存在する人々とその生き方の違い（と類似性）について，レッテルや固定観念を取り払いお互いに認めあうこと。その中で，いかに調和の取れた社会を維持・継続していくかということ。」[28]と捉えた上で，ダイバーシティには，2つ

のタイプ，すなわち，Ⓐ 属性としての多様性…ジェンダーの多様性（男性 vs 女性），身体状況の多様性（健常者 vs 身体障害者），人種・国籍の多様性，世代の多様性（高齢者 vs 若年者）と，Ⓑ 働く条件の多様性…働き方の多様性（在宅勤務，フレックスタイム，育児休職，介護休業取得など），雇用形態の多様性（正社員，契約社員，派遣社員など），働く場所の多様性（在宅，地域限定社員，転勤前提の正社員）があることを指摘している[29]。

また，堀井紀壬子は，「ダイバーシティ＆インクルージョン」生成の経緯について，概要，次のように述べている[30]。

　　1960年代に公民権運動で，マイノリティの権利が認められるまではアメリカは「人種のるつぼ＝すべての国民がアメリカ的な価値観に同化すること」が一般的であった。しかし，1960年代，公民権法等，アファーマティブアクションの出発点ともなる法律が施行されると，法令順守や，莫大な訴訟費用回避のために，企業にも「ダイバーシティ」の推進が必要不可欠になってきた。また，その後，1980年代には，企業内のマイノリティ従業員を活用して，消費者の嗜好を反映させた製品・サービス戦略の立案実施の重要性が着目されるようになった。1987年に21世紀のアメリカの人口構成の予測をハドソン研究所が「Workforce 2000」に発表すると，企業のダイバーシティへの取り組みはより真剣なものになる。このレポートによれば，1985年から2000年までの新規労働力のうち，米国生まれの白人男性はわずか15％にすぎず，ほとんどの新規労働力は米国生まれの白人女性とマイノリティ人種及び移民である。ここで登場したのが，「ダイバーシティ＆インクルージョン」の推進である。（中略）その職場が，多様な人材を受け入れ，働きやすい環境でなければ，社員の定着度は低く，採用・教育にかける企業の経費も莫大なものになる。また一人一人の能力を活かし，企業の創造力を高めるためにも，社員のモチベーションを高める職場環境が不可欠である。そこで2000年頃から，アメリカでは「ダイバーシティ＆インクルージョン」の考え方が一般的になった。

そして，前掲の日本経済新聞は，「欧米の主要企業で女性が登用されたのは

1960年以降。だが、その狙いは男女平等を実現するための社会的な責務だった。その代表例が米政府や民間企業、大学などに一定割合の女性や黒人を雇用・入学させるよう義務付けた差別是正措置（アファーマティブ・アクション）だ。差別是正措置が社会的な要請を背景とするのに対して、多様性の重視は企業からの自発的な動き。」[31]と記している。

要するに、現在では「多様な人材を活かし企業の活力につなげる」という意味で用いられるダイバーシティ・マネジメントも、最初は、1960年代半ばのアメリカの公民権運動のなかで、機会均等といういわば企業の倫理的側面から出発した。ところが、80年代以降のグローバル化が進展する中で、市場の多様化に伴って労働力や技術も多様化すると、単に多様性の要素である「違い」(differences)や「類似性」(similarities)を認識するに止まらず、それらを包摂する（あるいは互いに認め合う）環境を創造していくことに力点が移っていった、というのである。

なお、日本では、このダイバーシティ・マネジメントは、まず女性の活用から始まり、漸次、その対象を、高齢者、障害者、外国人、そして若者、と広げて現在に至っている。また最近では、ダイバーシティ・マネジメントをCSR（企業の社会的責任）やコーポレートガバナンスの一環として捉える向きもある[32]。

2．時間あたりGDPとジェンダー・エンパワーメント指数

山口一男は、「低い女性の管理職比率」に言及して、図4-12を示して、概要、次のように述べている[33]。

> 女性の活躍の指標には、女性の経済と政治での意思決定参加度を示す国連のジェンダー・エンパワーメント（GEM）[34]がある。この指数では2009年にわが国は109カ国中57位と低い。GEMと1時間あたりの労働生産性は強く関連する。日本企業の多くは生産性を1日あたりで考えてきた。この尺度では長時間労働は生産性を高め、長時間労働が困難な女性の評価を低くする。一方、1時間あたりの生産性の尺度は女性への評価を公平にし、女性への貢献を生み出す。図は、OECD諸国のGEMと国民の時間

あたりの国内総生産（GDP，購買力平価換算）を示しており，両者は正の関係にある。「時間あたり」とは国民総労働時間で割った値を意味する。わが国より時間あたり GDP の大きい 17 カ国はすべてわが国より GEM が高い。GEM の低いわが国は女性の活躍がない分，GDP が伸びないのである。（傍点は引用者）

引用文中の「GEM と 1 時間あたりの労働生産性は強く関連する」を，山口のディスカッション・ペーパー[35]で，補足しておく。大要，次のように述べている。

　図は，2010 年時点での国民の年間労働時間 1 時間当たりの PPP（Purchasing power parity, 購買力平価）調整後の国内総生産（GDP-per-hour, 以下「時間当たりの生産性」と呼ぶ）と国連開発計画（UNDP）が作成・公表している政治および経済分野での男性に比べた女性の相対的活躍度（GEM, gender empowerment measure）の関連について，GEM 指標が得られないルクセンブルクを除く OECD33 カ国について示したものである。年間労働時間 1 時間当たりの GDP はよく知られている国民 1 人当たりの GDP を国民 1 人当たりの平均年間労働時間で割った値である。図は，GEM の高い国ほど時間当たりの生産性が高いという，強い正の相関（0.742, 0.1％有意）を示している。図は，わが国の GEM 値が，33 カ国中 30 位で，下位には韓国，チリ，トルコという時間当たりの生産性のかなり劣る国々のみであることを示している。また，わが国はGEM が低い割には比較的高い時間当たりの生産性を保っている（33 カ国中 18 位）が，わが国より時間当たりの GDP の高い 17 カ国は，すべてわが国より GEM 指数がはるかに大きいという事実に着目すべきである。要するに，男女共同参画の推進は，就業者の年間労働時間 1 時間当たりの国内総生産に正に関連する。現在のように経済が低成長あるいはマイナス成長で労働需要も少なくなった時期に，相変わらず正社員の長時間労働を期待し，多くの女性人材の活用を妨げる，1 日あたりの労働生産性を尺度とすることが経営合理性を持つことは極めて疑わしい。因みに国民 1 人当た

第3節 隘路としての「日本的雇用慣行」　125

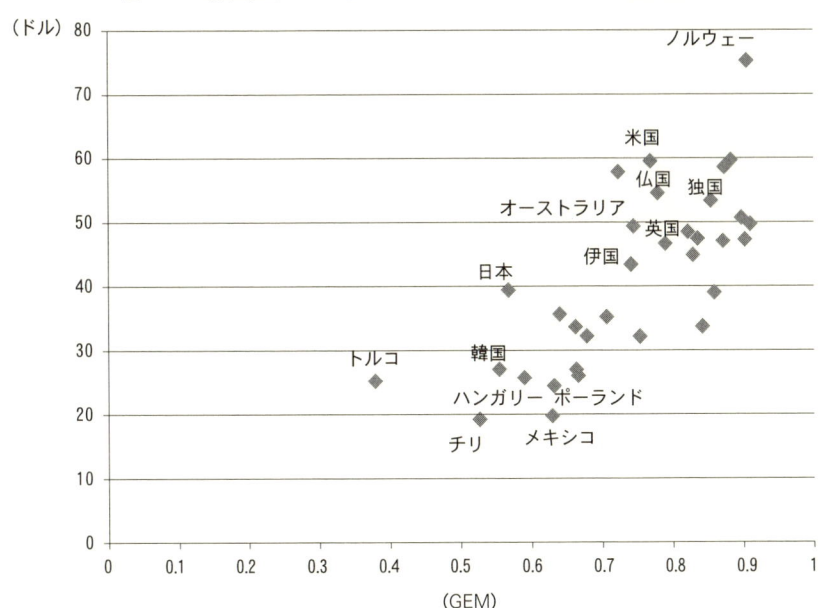

図4-12　時間当たりGDPとジェンダー・エンパワーメント指数の関係

(出所)　山口一男「労働生産性と男女共同参画—なぜ日本企業はダメなのか，女性人材活用を有効にするために企業は何をすべきか，国は何をすべきか—」『RIETI』11-J-069, 32頁より作成。

りのGDPに対し，時間当たりのGDPの高い国は所定内労働時間を35時間としたフランスや同様に労働時間の少ないベルギーやスペインであり，一方反対に低い国は日本，韓国，チェコなどの国である。

こうして，山口は，次のように述べている[36]。

　わが国で女性の活躍が進まない主な理由は何か。厚生労働省の女性雇用管理基本調査によると，企業からみた障害の3大項目は「家庭責任を考慮する必要がある」「勤続年数が短い」「時間外労働・深夜労働をさせにくい」である。企業は女性の問題とみているが，いずれも日本的雇用慣行のダイバーシティ（多様性）管理の欠如の問題である。「家庭責任」の問題は，日本企業が「男性は仕事に，女性は家庭に主に責任がある」という伝

統的な男女の分業を前提とすることから生じる。こうした前提により日本企業は長らく女性の仕事を一律に家計補助的なものとみなし，女性賃金を低く抑えるという制度・慣行をつくってきた。このことは「勤続年数」にも強く関係し，わが国の女性の結婚・育児離職率は6割以上に上る。それは家庭の役割と両立しにくい職場環境に加え，キャリアの行き詰まり感が大きく影響していることが調査で判明している。筆者は，女性の離職について「予言の自己成就」だと考えている。つまり辞めるという前提で，賃金を低く抑えキャリアの進展性のない職務に従事させるから，結果として継続就業意欲を奪い予想通り辞めることになる。「時間外労働」の問題も，正規雇用者について長時間労働を常態とみなし，柔軟な働き方を認めない日本的雇用慣行が背景にある。(傍点は引用者)

要するに山口は，わが国の女性管理職を増加させるためには長時間労働を少なくすることが重要だと考え，そのためには，生産性を1日当たりで考えるのではなく，1時間当たりで考えることを提案しているのである[37]。筆者もまた，わが国の女性管理職がなかなか増えない理由は日本的雇用慣行あるいは人事制度に求めることができる，と考えている。中でも，勤続年数への拘り，遅い選抜，長時間労働，頻繁かつ広域の配置転換，等々，これらはすべて，「男性片働きを念頭に置いた『従来型労働モデル』」[38]を前提としたものである。例えば，川口章は，「日本の企業，なかでも大企業で女性が活躍しにくいのは，いわゆる日本的雇用関係と無関係ではない。日本の大企業は，終身雇用制，年功賃金制，企業内人材育成，内部昇進の制，企業別労働組合などの独特の雇用慣行を持っている。実は，これらの雇用慣行が強い企業ほど女性の活躍が難しいのである。」[39]と述べている。

そして川口は，「管理職に占める女性の割合」(＝女性の活躍を捉える指標)と「男性正規労働者勤続年数」(＝終身雇用の程度を捉える指標)をそれぞれ縦軸，横軸とした「終身雇用制と女性の活躍」に各産業がどのように散布されるかを示す[40]。図4-13は，川口が示す図を変形させたものである。

女性の管理職割合が最も高いのは「医療，福祉業」の41.8%であるが，この業界の男性の勤続年数は8.0年と最も短い。これに対して，男性の勤続年数が

最も長いのは「電気・ガス・熱供給・水道業」の19.1年で，この業界の女性の管理職割合は1.5%にすぎない。このような数字から，川口は，「このように，終身雇用慣行は女性にとって不利な制度であることをデータは物語っている。(中略)『日本的雇用慣行が強いほど女性の活躍が難しい』というのはかなり頑健な法則といえる。」[41]と述べている。

　川口の所論を補足しておく。川口が指摘するように，2012年時点での電気・ガス・熱供給・水道業界の男性の勤続年数は19.1年（因みに女性の勤続年数は15.3年）で，また，女性の管理職割合は1.5%である。しかし，この業界の雇用者総数は平成24年時点で31万人，そのうち女性は4万人（全体に占める割合12.9%）に過ぎない。

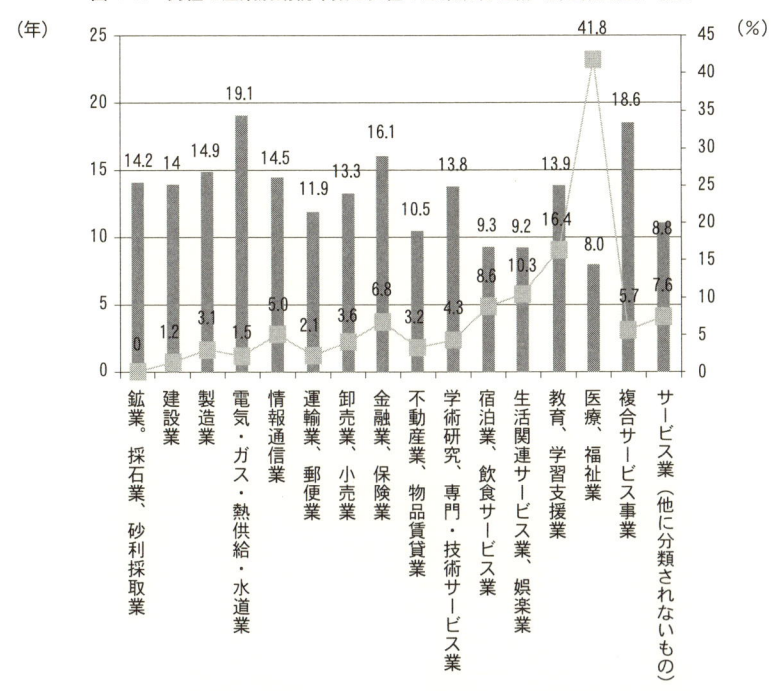

図4-13　男性の産業別勤続年数と女性の産業別管理職（課長級以上）割合

産業	男性勤続年数(年)	管理職に占める女性割合(%)
鉱業，採石業，砂利採取業	14.2	0
建設業	14	1.2
製造業	14.9	3.1
電気・ガス・熱供給・水道業	19.1	1.5
情報通信業	14.5	5.0
運輸業，郵便業	11.9	2.1
卸売業，小売業	13.3	3.6
金融業，保険業	16.1	6.8
不動産業，物品賃貸業	10.5	3.2
学術研究，専門・技術サービス業	13.8	4.3
宿泊業，飲食サービス業	9.3	8.6
生活関連サービス業，娯楽業	9.2	10.3
教育，学習支援業	13.9	16.4
医療，福祉業	8.0	41.8
複合サービス事業	18.6	5.7
サービス業（他に分類されないもの）	8.8	7.6

（注）企業規模100人以上。
（出所）厚生労働省「賃金構造基本統計調査」平成24年より筆者作成。

平成24年時点で，業界規模が最も大きいのは「製造業」（雇用者総数980万人，うち女性282万人）で，以下，「卸売業，小売業」（同938万人，同477万人），「医療，福祉」（同676万人，同521万人）と続く。また，女性の割合が最も高いのは「医療・福祉」の77.1%で，以下，「宿泊業，飲食サービス業」の63.0%，「生活関連サービス業，娯楽業」の58.2%，「教育，学習支援業」の53.6%，「金融業，保険業」の53.5%，「卸売業，小売業」の50.9%と続く。要するにこれらの産業では，女性の方が男性よりも多いのである。問題となるのは，女性が多く職場進出しているにも関わらず管理職比率が低いという業界である。例えば，「金融業，保険業」は，雇用者総数に占める女性の割合は53.5%を占めるが，女性の管理職比率は6.8%と低い。この業界のこれまでの男性本位の体質が窺われる。また，「卸売業，小売業」は，雇用者総数に占める女性の割合は50.9%を占めるが，女性管理職比率は3.6%と低い。これは，おそ

表4-4 管理職に占める女性の比率

保険業	19.4%	ガラス土石	3.1
人材派遣などのサービス	12.8	電気ガス	3.0
ノンバンクなどの金融	11.3	農林・水産	2.5
空輸	10.9	ゴム製品	2.3
銀行	10.1	石油・石炭	2.3
小売り	8.8	陸運	2.2
証券など	8.5	電気機器	2.1
情報通信	7.1	精密機器	2.0
海運	6.4	非鉄金属	1.9
不動産	6.3	紙パルプ	1.4
倉庫・運輸関連	5.4	鉄鋼	1.4
化学	5.2	機械	1.3
医薬品	4.9	建設	1.2
食料品	4.1	鉱業	1.2
印刷などその他製品	4.0	輸送用機械	1.1
繊維	3.4	金属製品	0.9
卸売り	3.3		

（調査の集計方法）　内閣府は「女性の活躍『見える化』サイト」で，上場企業3552社中1150社（32.4%）の女性管理職比率などを公開している。内閣府と東洋経済新報社が集計した。
（出所）　日本経済新聞朝刊，2014年3月1日付，「女性管理職 4.9%に」。

らく，この業界の非正規従業員依存の体質からきているものと思われる。

ただし，「賃金構造基本統計調査」は，企業規模100人以上を対象とした女性管理職比率である。見る角度を変えると様相はがらりと変わる。2014年3月1日付の日本経済新聞朝刊は，「女性管理職 4.9%に」という見出しで，上場企業1150社，33業種の女性管理職比率を示している[42]（表4-4）。

これで見ると，女性管理職比率が最も高いのは保険業の19.4%である。以下，人材派遣などのサービス12.8%，ノンバンクなどの金融11.3%，空輸10.9%，銀行10.1%と続く。留意すべきは，ここに示されている企業はすべて上場企業だということである。いわゆる大企業である。日本経済新聞は，「保険，空輸，金融など一部の非製造業で10%を超すが，欧米先進国と比べ登用は進んでいない。」と記している。しかし，前述の「賃金構造基本統計調査」の企業群よりもその数字は総じて高い。

3．隘路としての「日本的雇用慣行」

2003年6月20日に，男女共同参画推進本部が，「社会のあらゆる分野において，2020年までに，指導的地位に女性が占める割合が，少なくとも30%程度になるよう期待する。」[43]と決定してほぼ10年が経過した。そして，その進捗状況は必ずしも捗々しくない。当然だと思う。わが国の女性の管理職比率が低いのは，男女の意識次元の問題（いわゆる家庭内性別分業）も然ることながら，それを前提とした「日本的雇用慣行」の中に女性が管理職として活躍するのを阻む要因が含まれているからである。勤続年数への拘り，遅い選抜方式，長時間労働，等々である。どれも難題である。しかし，これらの改善・改革なくして女性の管理職比率の向上はない。

さて，筆者の関心は，女性の管理職比率を向上させるにはどうしたらよいかにある。その一つが「遅い選抜」方式の見直し，つまり勤続年数を「踏み絵」あるいはハードルとするような制度の改善である。そして，もう一つが，長時間労働の改善である。

「年間総実労働時間の国際比較」等については既に見た。しかしそこにはパートタイム労働者等が含まれる。ここでは，対象を「正規の職員・従業員」に絞る。まず，「年間就業日数」を確認しておく。

130　第4章　女性の管理職比率と「日本的雇用慣行」

　総数では,「200日未満就業者」は5.5％,「200日以上就業者」は93.7％で,後者のうち,「200～249日」が37.5％,「250日以上」が56.1％となっている[44]。これを男女別にみると,男性では,「200日未満就業者」は4.9％,「200日以上就業者」は94.2％で,後者のうち,「200～249日」が36.8％(実数で約839万4千人),「250日以上」が57.4％(約1309万6千人)となっている。また,女性では,「200日未満就業者」は6.7％,「200日以上就業者」は92.4％で,後者のうち,「200～249日」が39.1％(約402万9千人),「250日以上」が53.3％(約549万人)となっている。(図4-14参照)

　次に,年間就業日数200日以上の「正規の職員・従業員」の週間就業時間階級別の割合を確認しておく。(図4-15参照)

　男性は「43～48時間」が最も多く,以下,「35～42時間」,「49～59時間」と続く。また,女性は「35～42時間」が最も多く,以下,「43～48時間」,「49～59時間」と続く。ここで留意しておきたいのは,「60～64時間」,「65時間以上」で,男女ともに平成19年よりも減少しているものの,依然として,前者が男性で8.5％(19年9.7％),女性で4.4％(同4.7％),後者が男性で8.3％(同9.1％),女性が3.2％(同3.4％)いることである。

　既述したように,わが国で「長時間労働」と言えば,一般に週60時間以上

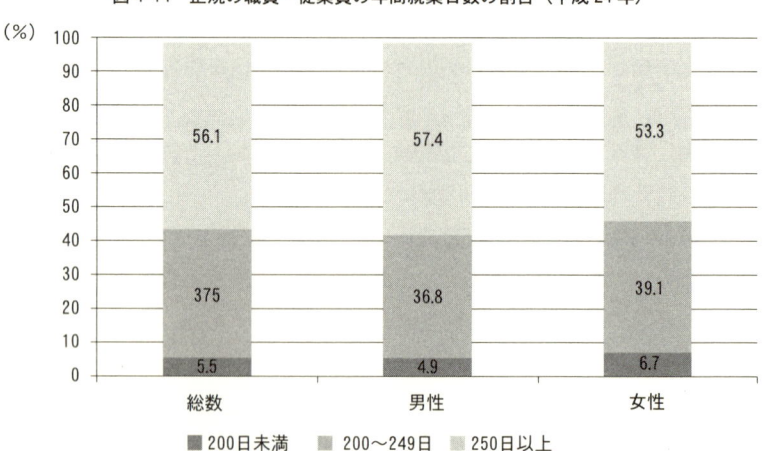

図4-14　正規の職員・従業員の年間就業日数の割合(平成24年)

	総数	男性	女性
250日以上	56.1	57.4	53.3
200～249日	37.5	36.8	39.1
200日未満	5.5	4.9	6.7

(出所)　厚生労働省「平成24年就業構造基本調査　結果の概要」。

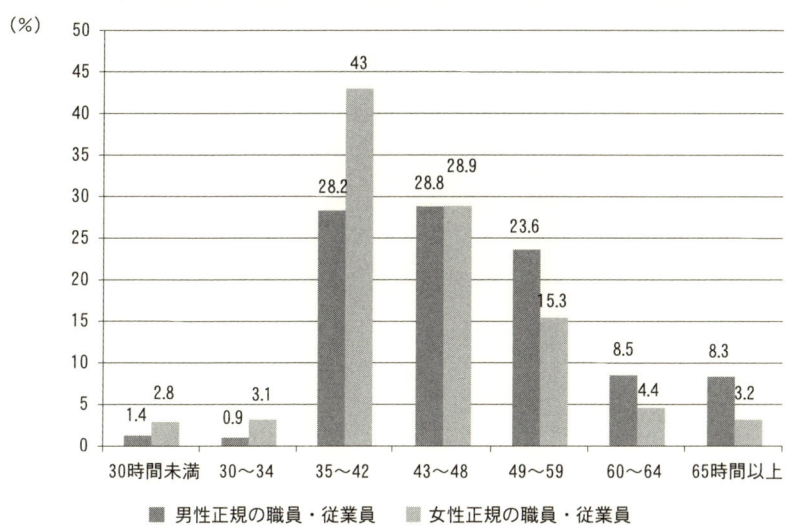

図4-15 男女,週間就業時間階級別「正規の職員・従業員」の割合（年間就業日数200日以上）

週間就業時間	男性正規の職員・従業員	女性正規の職員・従業員
30時間未満	1.4	2.8
30〜34	0.9	3.1
35〜42	28.2	43
43〜48	28.8	28.9
49〜59	23.6	15.3
60〜64	8.5	4.4
65時間以上	8.3	3.2

(出所) 図4-14に同じ。

を指すが,ILOでは週50時間以上を指す。また,最長労働時間の取り決めも国によって異なる。例えば,EU指令では,「7日につき,時間外労働を含め,平均して,48時間を超えないこと（算定期間は最長4カ月）」とされているが,わが国では時間外労働に対する法規制は絶対的な上限を欠く[45]。そのような中で「長時間労働」をどう規定するかは判断に迷うところであるが,ここではわが国の社会的通念に従って「週60時間以上」としておく。そこで,最後に,週間就業時間60時間以上の男性の正規の職員・従業員男性の割合を年齢階級別に確認しておく。（図4-16参照）

「30〜34歳」が20.6%と最も多く,以下,「25〜29歳」が19.6%,「35〜39歳」が19.4%,「40〜44歳」が18.7%と続く。平成19年と対比すると「長時間労働」は,改善されてはいるが,65歳以上ではむしろ増加している。

問題は,その対象が主として男性であるとしても,このような長時間労働を前提とするような「働かせ方」が存在するという事実である。そして,女性がこれをどのように見ているかである。

例えば,永瀬伸子は,図4-17を示して,概要,次のように述べている[46]。

図 4-16 年齢階級別週間就業時間が 60 時間以上の男性の正規の職員・従業員の割合（年間就業日数 200 日以上）

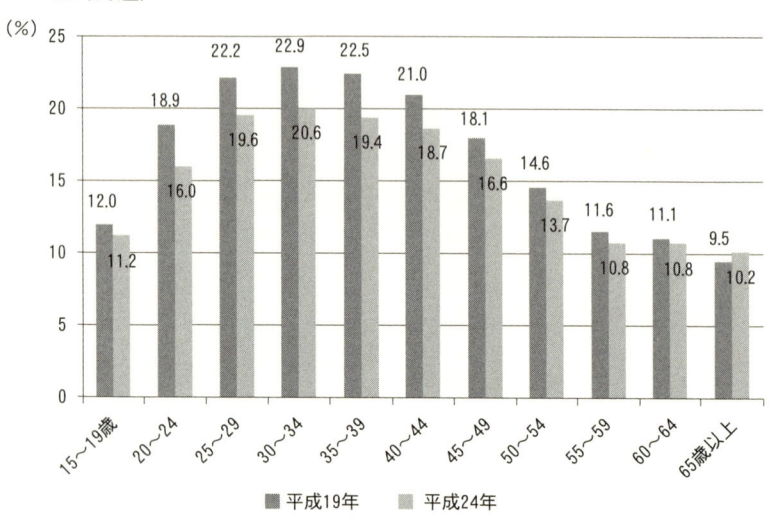

年齢	平成19年	平成24年
15〜19歳	12.0	11.2
20〜24	18.9	16.0
25〜29	22.2	19.6
30〜34	22.9	20.6
35〜39	22.5	19.4
40〜44	21.0	18.7
45〜49	18.1	16.6
50〜54	14.6	13.7
55〜59	11.6	10.8
60〜64	11.1	10.8
65歳以上	9.5	10.2

（出所）　図 4-14 に同じ。

　仕事時間の拘束性は退社時間という客観的な数字となって表れる。日本（WEB 調査：2010 年実施）と当方で調査した米国の退社時間を比較すると図 4-17 のようになる。米国は 17 時までには，男女や配偶関係に関係なく，夫，妻，未婚女性の 6 割が退社する。ところが，日本では，夫の退社時間は 6 割が 19 時以降であり，20 時以降も 3 割存在する。また女性も未婚時であれば（学卒直後の退社時間を尋ねたもの），3 人に 1 人が 19 時以降である。米国なみに 17 時に 6 割が退社するのは日本では「妻」に限定される。通勤時間を考えれば，父親の半数が自宅に戻るのは子どもが幼ければ眠りにつく頃であろう。ワークライフバランス憲章が結ばれ，大企業の多くは，仕事と家庭の両立策についてメニューを拡充している。また育児介護休業法の改正によって，2010 年 6 月から（従業員数 100 人以下は 2012 年 7 月から），3 歳に満たない子どもを養育する従業員について，短時間勤務制度を設けることの義務付けや所定外労働の免除が義務づけられた。しかしながら男性の多くが依然として，平日には子どもとかろうじて

第3節 隘路としての「日本的雇用慣行」　133

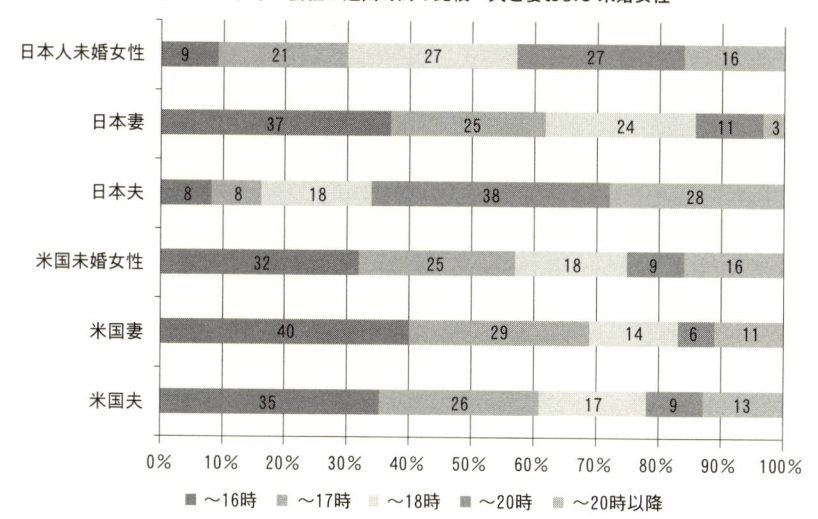

図4-17　日米の会社の退出時間の比較：夫と妻および未婚女性

	～16時	～17時	～18時	～20時	～20時以降
日本人未婚女性	9	21	27	27	16
日本妻	37	25	24	11	3
日本夫	8	8	18	38	28
米国未婚女性	32	25	18	9	16
米国妻	40	29	14	6	11
米国夫	35	26	17	9	13

（出所）お茶の水女子大学「ジェンダー・格差センシティブな働き方と生活の調和」研究プロジェクト，前掲「ジェンダー・格差センシティブなワーク・ライフ・バランスをめざして」86頁。

かかわれる時間にしか帰宅できていない。

　永瀬は，こうして，「強調したいのは，現在の日本的雇用慣行を所与として，総合職採用に女性をやや増やすといった限定的な戦略では，日本の女性の就業の底上げや育児との両立は達成できないということだ。」[47]と述べている。
　長時間労働は育児その他多忙な女性にとって不適切である。既述のように，「1日当たりの労働時間」に代えて「時間当たりGDP」の指標を採用することも，長時間労働を克服するための有効な選択肢となろう。要は，男女ともに，現在の労働時間の「長さ偏重」の「働き方」を，「生産性」重視のシステムに変革することだと思う。

4．「管理職」についての女性の意識

　最後に，女性が，「管理職」についてどのように考えているかをみておく。
　平成25年度の「東京都男女雇用平等参画状況調査」では，図4-18が示すよ

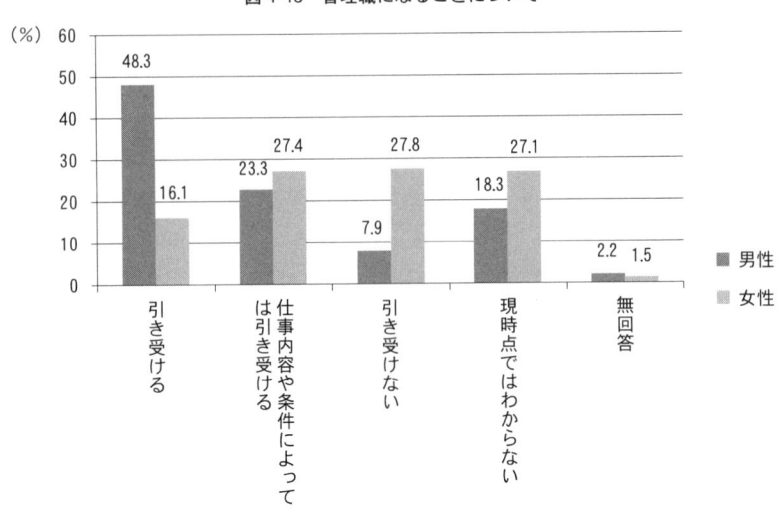

134　第4章　女性の管理職比率と「日本的雇用慣行」

図4-18　管理職になることについて

	男性	女性
引き受ける	48.3	16.1
仕事内容や条件によっては引き受ける	23.3	27.4
引き受けない	7.9	27.8
現時点ではわからない	18.3	27.1
無回答	2.2	1.5

(注)　調査対象は，都内全域（島しょを除く）の従業員規模30人以上の事業所で，日本産業分類に掲げる大分類のうち，「建設業」，「製造業」，「情報通信業」，「運輸業，郵便業」，「卸売業，小売業」，「金融業，保険業」，「不動産業，物品賃貸業」，「学術研究，専門・技術サービス業」，「宿泊業，飲食サービス業」，「生活関連サービス業，娯楽業」，「教育，学習支援業」，「医療，福祉」，「サービス業（他に分類されないもの）」の13業種，合計2500社）に勤務する男女各2500人，合計5000人で，有効回答数は，全体1397（有効回収率27.9％），男性673（同26.9％），女性719（同28.8％）。調査実施期間は平成25年9月2日から平成25年9月30日まで。
(出所)　「平成25年度東京都男女雇用平等参画状況調査結果報告書（調査の概要とポイント）」

うに，管理職を「引き受ける」は，男性では48.3％だが，女性ではわずか16.1％にすぎない。他方，「引き受けない」又は「現時点ではわからない」の合計は，男性が26.2％，女性が54.9％であり，半数以上の女性従業員が管理職になることについて消極的である。

図4-19は，その理由を示したもので，女性では，「現在の自分の能力では自信がない」（56.2％）が最も高く，次いで，「仕事と家庭の両立が困難」（43.0％），「給与・待遇・業務内容などの魅力が感じられないから」（25.6％）と続く[48]。これらの結果から，多くの女性は，管理職になれば，今まで以上に仕事に時間を奪われる，と考えているものと推測される。

図 4-19　管理職を引き受けない又は現時点ではわからない理由（複数回答）

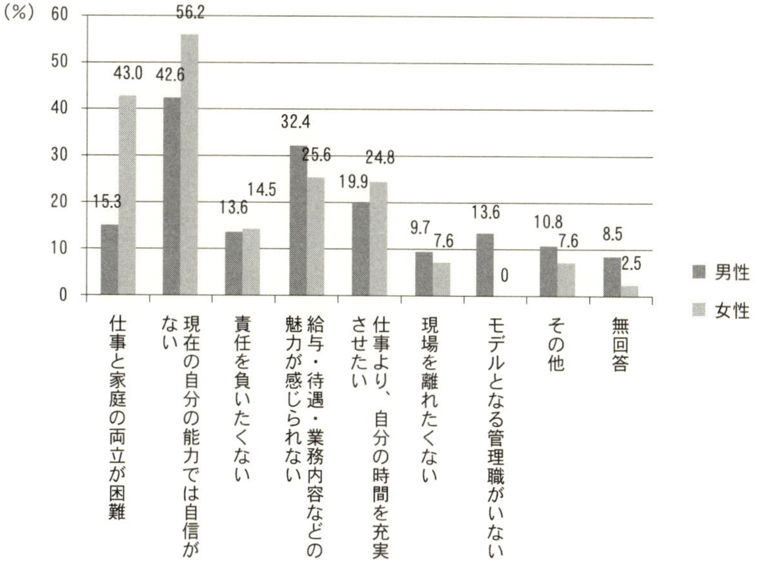

項目	男性	女性
仕事と家庭の両立が困難	15.3	43.0
現在の自分の能力では自信がない	42.6	56.2
責任を負いたくない	13.6	14.5
給与・待遇・業務内容などの魅力が感じられない	32.4	25.6
仕事より、自分の時間を充実させたい	19.9	24.8
現場を離れたくない	9.7	7.6
モデルとなる管理職がいない	13.6	0
その他	10.8	7.6
無回答	8.5	2.5

（注）　男性 n＝215，女性 n＝464。
（出所）　図 4-18 に同じ。

結びに代えて

　日本経済新聞は，社説「女性登用には働き方改革が必要だ」[49]で，次のように記している。

　　女性管理職が少ない理由としてよく「本人が希望しない」という声が聞かれる。しかし女性側の意識の問題だけなのだろうか。背景をよく見ていくと，長時間労働や，仕事と家庭の両立が難しいことが，女性を尻込みさせている例も少なくない。そもそも子どもを持つ段階で仕事か家庭かの二者択一を迫られ，退職する女性は今なお多い。一度職場を離れると好条件での再就職は難しい。これでは管理職候補となる女性の数は限られてしま

う。(中略) カギを握るのは，長時間労働を見直し，職場環境そのものを変えていくことだ。子育てによる時間的制約があっても，仕事の内容や進め方を見直し，効率的に働けるような工夫をすることはできる。フレックスタイムや在宅勤務など柔軟な働き方を広めることや，時間ではなく成果で評価する仕組みをつくることもあわせて必要になる。」

　また，大湾秀雄は，日本の女性の社会進出を阻む制度的要素として，1. 長時間労働の規範，2.「遅い昇進」制度，3. 家庭内分業の社会的規範の3つを指摘し，しかも，この3つの制度的要素が補完性を有し，互いに誘因を強めている。従って，どれか一つだけを是正するのは難しく，女性の活躍を支援するには，この3つを同時に動かす必要がある[50]，と述べている。もっともな指摘だと思う。

　さて，欧州で上場企業と公的機関に一定以上の女性役員登用を義務づける制度（いわゆるクオータ制）の導入が加速している[51]。そのような流れを反映してか，わが国でもクオータ制が話題にされることが多くなった。例えば，平成23年版の『男女共同参画白書』はその冒頭部分で「ポジティブ・アクションの推進─『2020年30％』に向けて─」という特集を組み，クオータ制に言及している。また，『週刊東洋経済』2011年10月15日号でも，「女性はなぜ出世しないのか」という特集を組み，そこでノルウェーのクオータ制を紹介している。そして，日本経済新聞は，「管理職の女性割り当て『賛成』54％」という見出しで，世論調査の結果を紹介している[52]。

　しかし，筆者は，政治家，国家公務員，地方自治体の管理職等にクオータ制を適用することについて異存はないが，一般の民間企業については否定的である。企業には，多くの女性を抱える企業もあればそうでない企業もある。企業に「一律」はなじまない。また，障害者雇用促進等と違って，女性を優遇することの根拠において疑問が残る。

　企業における女性管理職比率の向上は基本的には企業の自助努力を待つべきである。例えば，日本経済新聞は，表4-5を付して，「女性管理職を増やすため，数値目標を導入する企業が相次いでいる。日本企業の多くは女性管理職が1割以下で，欧米に比べ大きく見劣りする。多様な視点での事業運営や海外で

表4-5 女性管理職比率の目標値を掲げている主な企業

	目標値	現在
第一生命保険	20%（16年4月）	18.2%
みずほFG	15%以上（14年度末）	13.6%
日本IBM	15%前後（15年）	12.8%
ソニー	15%（20年度）	5.0%
キリンHD	12%（21年まで）	約4%
NKSJHD	10%（15年度末）	4.5%
セイコーHD	10%（15年度末）	5%程度
日産自動車	10%（16年度末）	6.8%
TOTO	10%（17年度末）	4.6%
KDDI	7%（15年度）	3.5%
NTT	6%（20年度）	2.9%
東芝	5%（15年）	3.7%
リコー	5%（16年度）	2.8%
LIXIL	昇格者の3割（15年度）	3.3%
積水ハウス	全16営業本部で最低1人女性店長	1%程度

（注）管理職は原則課長級以上。キリンHD、みずほFGは係長級も含む。
（出所）日本経済新聞朝刊、2013年12月18日付、「女性管理職登用に目標」。

の人材確保に向け、各社はより女性を生かす経営にかじを切る。数値目標を実現するため育成計画や休暇制度などで知恵を絞り始めた。」と記している[53]。このような試みが企業の「常識」となれば、女性の管理職比率は自ずと上昇するであろう。

注

1　日本経済新聞朝刊、2011年7月31日付、中外時評「働く女性『なでしこ』に続け―均等法25年、道まだ半ば」（岩田三代稿）。
2　例えば、遠藤功『現場女子―輝く働き方を手に入れた7つの物語』（日本経済新聞出版社、2012年）では、整備、飼育、製造、宅配、開発、店長、販売の各業務に従事する女性を紹介している。
3　厚生労働省は、総合職を、「基幹的業務又は企画立案、対外折衝等総合的な判断を要する業務に従事し、原則転居を伴う転勤がある。」、また、一般職を、「主に定型的業務に従事し、原則転居を伴う転勤がない。」と定義している。
4　日本経済新聞夕刊、2011年9月27日付、らいふプラス「『がむしゃら』が当然だった」。
5　例えば、ヘッドハンターの岡島悦子・プロノバ社長は、均等法3期生として三菱商事に入社したが、当時の同期150人のうち、女性はわずか2人にすぎなかった、という。（『週刊東洋経済』第6355号、2011年10月15日、35頁）
6　その一因として、わが国の女性労働者に依然としてM字型カーブが残存していることが指摘されている。労働政策研究・研修機構『データブック国際労働比較』2013年版、89頁等を参照。

138　第4章　女性の管理職比率と「日本的雇用慣行」

7　総務省は，これを，「事業経営方針の決定・経営方針に基づく執行計画の樹立・作業の監督・統制など，経営体の全般又は課（課相当を含む）以上の内部組織の経営・管理に従事するものをいう。国・地方公共団体の各機関の公選された公務員も含まれる。」と定義している。要するに，会社役員，企業の課長相当職以上，管理的公務員等を指す。ただし，管理的職業従事者の定義は国によって異なる。

8　日本経済新聞朝刊，2013年1月7日付，「増えぬ なでしこ管理職―日本女性12％　先進国で最低水準」。

9　本節は，第1章第1節の叙述と重複する点が多い。その違いは，本節が女性に焦点を当てていることである。

10　数字はすべて総務省統計局「労働力調査」。以下，同様。

11　厚生労働省の全国129社を対象とした調査（平成23年「コース別雇用管理制度の実施・指導状況」）では，平成23年の総合職採用者の男女比率は，男性の88.37％に対し女性は11.6％である。しかも，2001年に入社した女性の総合職の10年後を追跡調査すると，そのうちの65.1％が離職（男性は29.2％）している。日本経済新聞朝刊，2013年6月29日付，エコノ探偵団「女性管理職，日本はなぜ少ない？」も参照。なお，非正規の職員・従業員の管理職というのも考えられるが，ここでは考察の対象から除外した。

12　内閣府『男女共同参画白書』平成26年版，62頁。

13　同上（53頁）によれば，「指導的地位」とは，「①議会議員，②法人・団体等における課長相当職以上の者，③専門的・技術的な職業のうち特に専門性が高い職業に従事するものとするのが適当（男女共同参画会議決定（平成19年3月14日））」と定義されている。

14　同上。

15　石原直子は，大久保幸夫との共著『女性が活躍する会社』（日本経済新聞出版社，2014年）で，「女性はスペシャリスト志向が強い？」について，「確かに女性のなかには，より高いポジションを求めるよりは，今の仕事で頑張りたいという意向を持つ人が多いというのは事実です。」と一応は是認しながらも，政策的な観点から，「女性はスペシャリストに向いている」という決めつけについて，「もうやめにしたほうがいいのではないでしょうか」と批判的に述べている。（同，35-41頁）

16　『Business Labor Trend』労働政策・研修機構，2011年12月，10-15頁。本調査は，2011年5月9日～31日にかけて実施され，企業モニターの登録86社中，53社（61.6％）から有効回答を得ている。

17　その割合を示しておくと，役員クラスが7.0％，部長（担当職）クラスが10.3％，課長（担当職）クラスが20.0％，係長（担当職）クラスが20.7％で，下級管理職になるほど高い。

18　例えば表4-3の「制度上の昇進年齢」から推測すると，最短で，係長で7.5年，課長で11.9年，部長で18.1年程度，標準では，係長で10.7年，課長で17.4年，部長で25年程度の勤続年数が必要ということになる。

19　勤続年数で注意すべきはむしろ男性である。図4-7で男性の勤続年数は13.2年と群を抜いて長い。したがって，わが国で女性の勤続年数が「短い」という場合，わが国の男性に比べて「短い」という意味であって，国際的に「短い」という意味ではない。

20　小池和男『仕事の経済学』第3版，東洋経済新報社，2005年，186-187頁。

21　小池は，EC; Structure of Earnings in Industry for the year 1972 を用いて，ドイツ（当時は西ドイツ）の事業所規模10人以上，製造業の部長・課長職は30-44歳の年齢層が50％以上を占めていることを示している。（同上，75頁）

22　同上，73-74頁。

23　同上，75頁。なお，課長，部長が集中する年齢層は，労働省「昭和51年賃金構造基本調査」に

注　139

24　詳しくは，山口一男・樋口美雄『論争 日本のワーク・ライフ・バランス』日本経済新聞出版社，2008 年，48-50 頁を参照。なお，わが国で長時間労働といえば週 60 時間以上を指すが，ILO でいう長時間労働は週 50 時間以上を指す。
25　日本経済新聞朝刊，2009 年 5 月 17 日付，世界を読む「多様性 競争力の源に」。
26　Catalyst, The Bottom Line: Corporate Performance and Women's Representation on Boards, 2007．平成 24 年 5 月 22 日付け女性の活躍による経済活性化を増進する関係閣僚会議　経済産業大臣配布資料より。
27　詳しくは，谷口真美『ダイバシティ・マネジメント―多様性をいかす組織―』白桃書房，2005 年，第 2 章，有賀貞則『ダイバーシティ・マネジメントの研究―在米日系企業と在日米国企業の実態調査を通して―』文眞堂，2007 年，第 2 章，等を参照されたい。
28　政策分析ネットワーク SR 委員会ダイバーシティ分科会「『個』を重視したダイバーシティ経営の推進に向けて」2006 年 4 月，8 頁。
29　Ⓐ属性としての多様性は，ダイバーシティの伝統的な定義である雇用機会均等法委員会(EEOC)の定義，「ダイバーシティとは，ジェンダー，人種，民族，年齢における違いのことをさす」とほぼ一致している。谷口，前掲『ダイバーシティ・マネジメント』41 頁。
30　堀井紀壬子「ダイバーシティ＆インクルージョンとは？」CSR レビューフォーラム（ネット）。
31　注 25 に同じ。
32　例えば，東京証券取引所が，女性社員を積極活用し，かつ経営効率も高い企業を，「なでしこ銘柄」として選定・顕彰する制度も CSR，あるいはコーポレートガバナンスの一環として捉えることができる。第 1 回は経済産業省と共同で，ファーストリテイリング，三井住友フィナンシャルグループ，豊田通商をはじめとする計 17 社を選定した（日本経済新聞朝刊，2013 年 2 月 27 日付，「『なでしこ銘柄』17 社」）。また，第 2 回は，2 年連続の旭硝子，KDDI，住友金属鉱山，東京急行電鉄，東レ，ニコン，日産自動車の 7 社をはじめとする計 26 社を選定した（同紙，2014 年 3 月 14 日付，「なでしこ銘柄 26 社選定」）。
33　日本経済新聞朝刊，2012 年 7 月 16 日付，経済教室「低い女性の管理職比率」。
34　GEM とは，ジェンダー・エンパワーメント指数（Gender Empowerment measure）を指し，女性が政治及び経済活動に参加し，意思決定に参加できるかどうかを測るもの。具体的には，国会議員に占める女性の割合，専門職・技術職に占める女性の割合，管理職に占める女性の割合，男女の推定所得を用いて算出している。（労働政策・研修機構『データブック国際労働比較』2012 年版，275 頁）
35　山口「労働生産性と男女共同参画―なぜ日本企業はダメなのか，女性人材活用を有効にするために企業は何をすべきか，国は何をすべきか」『RIETI ディスカッション・ペーパー』11-J-069。
36　注 33 に同じ。
37　樋口美雄は，「わが国におけるワーク・ライフ・バランスの促進とは仕事と私的生活や生命との調和」の②に「企業は仕事の内容や進め方を見直し，時間当たり生産性の向上を目指すとともに，多様な人材を活用し，企業の競争力を高める」（傍点は引用者）を挙げている。（山口・樋口，前掲『論争　日本のワーク・ライフ・バランス』37 頁）
38　男女共同参画会議基本問題・影響調査専門調査会「報告書」平成 24 年 2 月，13 頁。
39　日本経済新聞朝刊，2013 年 6 月 12 日付，経済教室「成長戦略を問う―女性活用⑦」。
40　川口は，各業界を円で示し，その円の面積を労働者数に比例させている。
41　注 39 に同じ。
42　日本経済新聞朝刊 2014 年 3 月 1 日付，「女性管理職 4.9％に」。
43　内閣府『男女共同参画白書』平成 23 年版，3 頁。なお，この数値は，1990 年の国連ナイロビ将

来戦略勧告における国際合意に沿ったものである。日本経済新聞夕刊，2003年4月10日付，ワーキングウーマン「政府，女性管理職30%目標」。

44 「平成24年就業構造基本調査 結果の概要」。
45 水町勇一郎「新たな労働法のグランド・デザイン—5つの分野の改革の提言」水町勇一郎・連合総研『労働法改革—参加による公正・効率社会の実現』日本経済新聞出版社，2010年，61-63頁。
46 お茶の水女子大学「ジェンダー・格差センシティブな働き方と生活の調和」研究プロジェクト「ジェンダー・格差センシティブなワーク・ライフ・バランスをめざして」(最終報告書) 2013年3月，86頁。
47 日本経済新聞朝刊，2013年2月19日付，経済教室「働き方を変える㊤—『総合・一般職』の選択 柔軟に」。
48 同上，2005年5月23日付，「生活：ワーキングウーマン『育て女性管理職』」。同，2012年5月22日付，「管理職 尻込みしないで」。
49 同上，2014年7月28日付，社説「女性登用には働き方改革が必要だ」。
50 日本経済新聞朝刊，2014年8月13日付，経済教室「人事の経済学」2。
51 日本経済新聞夕刊，2011年8月18日付，「女性役員義務化 欧州で広がる」。同，2011年9月26日，らいふプラス「女性役員 なぜ少ない？」。同，2012年10月27日付，「欧州企業の幹部『4割を女性に』」。
52 日本経済新聞朝刊，2012年11月11日付，サーベイ「管理職の女性割り当て『賛成』54%」。
53 同上，2013年12月18日付，「女性管理職 登用に目標」。

第5章
「65歳まで雇用」と企業
―人件費ならびに若者の就業に及ぼす影響を中心に―

はじめに

わが国の15歳以上の労働力人口は，1998年の6793万人をピークに，2013年時点で6577万人にまで減少している。そういう中で，厚生労働省は，2012年7月20日に，日本経済の低成長（今後の日本経済の実質経済成長率をゼロと低めに仮定した場合）が続いて労働市場の改革も進まなかった場合，2030年の就業者数は2010年（実績値[1] 6298万人）に比べて約850万人少ない5450万人程度に減るが，もし労働供給面で「全員参加型社会」[2]の実現により，女性，若者，高齢者などの労働市場への参加が進み，しかも適切な経済成長（名目3％程度，実質2％程度）が実現すれば，2030年の就業者数は6085万人と，2010年の就業者数と比べて213万人減にとどまるとの「10年比，厚労省推計」をまとめた[3]。人口減少社会の深化[4]（図1-2参照）の中で，日本経済の活性化のためには，元気な高齢者の存在，そしてその活用は不可欠の条件である。

また，「人生80年時代」の到来によって，高齢者の定年退職後の生活が長くなっている。わが国では，戦前から長い間，55歳定年制が慣行として一般的だった[5]。第5回生命表（大正15年～昭和5年）では，当時，日本の男性の55歳定年到達時点における平均余命は15.21年だった。したがって，70歳まで生きることができた人はまさに「古希」の名に値した。しかし，2012年時点では，男性55歳の平均余命は27.23年，60歳定年時点で22.93年，65歳時点で18.89年，70歳時点で15.11年にまで伸びている[6]。これを「余生」と呼ぶにはあまりに長すぎる。しかも，高齢者の働く意欲も世界トップクラスの高さである。例えば，厚生労働省の「第8回中高年者縦断調査（中高年者の生活

に関する継続調査）の概況」[7]によれば，第1回調査時（7年前）に「65歳以降仕事をしたい」と希望していた者（男性＝72.2%，女性＝52.2%）のうち，第8回調査時点（2012年11月）で，実際に「仕事をしている」者は，男が67.5%（上記の72.2%を100.0%[8]として），女が57.5%（52.2%を100.0%として）であった。いずれも半数を超えている。また，「平成25年度 高齢者の地域社会への参加に関する意識調査結果（概要版）」[9]によれば，65歳までに退職したい人は33.2%に過ぎず，残りの約7割弱の人は70歳以降（70歳ぐらいまで23.6%，75歳ぐらいまで10.1%，76歳以上2.7%），ないし「働けるうちはいつまでも」（29.5%）働きたいと考えている[10]。それをグラフで示せば図5-1のようになる。したがって，定年延長，雇用延長（勤務延長，再雇用），あるいは定年退職後の再就職は，政府にとって重要な政策課題となってくる。

それに加えて，年金支給開始年齢が定年延長や雇用延長（勤務延長，再雇用）の外圧となっている。つまり，厚生年金に加入する会社員には，これまで，60～64歳層に特別支給の老齢厚生年金として「定額部分」と「報酬比例部分」とが支給されていた。公的年金制度は，老齢年金をもらう人の原資を若

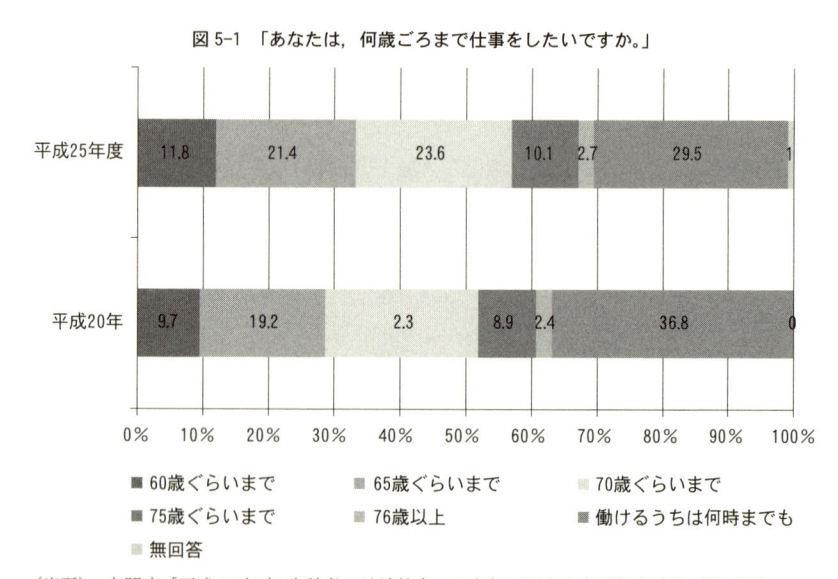

図5-1 「あなたは，何歳ごろまで仕事をしたいですか。」

	60歳ぐらいまで	65歳ぐらいまで	70歳ぐらいまで	75歳ぐらいまで	76歳以上	働けるうちは何時までも	無回答
平成25年度	11.8	21.4	23.6	10.1	2.7	29.5	1
平成20年	9.7	19.2	2.3	8.9	2.4	36.8	0

（出所）内閣府「平成25年度 高齢者の地域社会への参加に関する意識調査結果（概要版）」。

い現役世代の人たちの保険料で賄っていくという仕組み，つまり「世代間扶養」の形態をとっている。したがって，少子高齢化で現役世代が減って退職高齢者が増えてくると年金財政は逼迫する。そこで，すでに定額部分は2001年度から，また，報酬比例部分は2013年度から，いずれも3年に1歳ずつ支給開始年齢が引き上げられている。2025年度には64歳まで年金を受け取れず，65歳になってはじめて，老齢基礎年金と老齢厚生年金とが支給されるようになる。このスケジュールは男性用で，女性の支給開始年齢の引き上げは5年遅れであるから，65歳からの支給は2030年度からということになる。

これと同様のことは，欧米等の先進諸国でも起こっている。例えば，経済協力開発機構（OECD）は，2012年6月11日に，年金に関する報告書を公表し，その中で，「先進国では今後50年間で平均寿命は7年以上延びる。欧州債務危機で世界経済の先行きが見通せないなか，安定した財政運営や労働力を確保するためにも，退職年齢を引き上げ，年金支給を遅らせる改革は不可欠だ。」と記している[11]。

これらの諸事情を斟酌し，2013年4月1日から改正高年齢者雇用安定法[12]が施行された。この改正は，端的に言うと，老齢基礎年金や老齢厚生年金の支給開始年齢が60歳から65歳まで段階的に引上げられることに伴う措置で，その狙いは，年金を受け取ることができるまでの収入の空白期間を埋めることにある[13]。

しかし，他方で，このような安易な高齢者の雇用延長は，企業の人件費の増大を招き，若年者の採用抑制を惹き起こすのではないか，という批判がある[14]。どうだろうか。

本章では，「65歳までの雇用義務」が，企業の人件費や若者の就業に影響を及ぼすのか否か，及ぼすとして，企業はどのような対策を講じようとしているかを考察する。

第1節　2012年の改正高年齢者雇用安定法

1．65歳までの継続雇用へ

　まず，今回の改正法施行に至るまでの法制定の軌跡を確認しておく[15]。

　わが国では，戦前から長い間，慣例的に55歳定年制が一般的であった。定年延長が最初に労使の交渉課題となったのは，昭和30年代の造船業であり，昭和40年代には造船，電機などの大手企業で60歳定年制の導入が始まった[16]。政府は，1971（昭和46）年に「中高年年齢者等の雇用の促進等に関する特別措置法」を定めて，60歳までの定年延長を政策課題として明示した。1984年には60歳またはそれ以上を定年とする企業の割合が初めて52.1％と過半数を占めたのを機に，政府は1986（昭和61）年に同法を抜本的に改正して「高年齢者等の雇用の安定等に関する法律」（高年齢者雇用安定法）を制定し，60歳定年制を使用者の努力義務とした。さらに，1994（平成6）年には，60歳定年制が定年制企業の84％にまで広まるに至り，かつ厚生年金保険法の改正により厚生年金（定額部分）の支給開始年齢が2001（平成13）年4月から61歳，以後3年おきに1歳ずつ上がり，2013（平成25）年4月から65歳へと段階的に引き上げる立法措置がなされることになったので，政府は，同年に高年齢者雇用安定法を改正し，60歳を下回る定年を禁止した。

　他方，政府は，60歳定年後の65歳までの再雇用等の継続雇用措置については，60歳定年制が64％程度に普及した1990（平成2）年に，高年齢者雇用安定法を改正して，65歳までの継続雇用措置を企業の努力義務として規定した。そして，定年後再雇用の慣行[17]が普及した2004（平成16）年には，65歳までの雇用を，①定年の廃止，②定年の延長，③継続雇用措置のいずれか（「高年齢者雇用確保措置」）により確保すべきことを企業の義務として規定し，その施行（強制）を企業規模ごとに段階的に設定した。また，このときには，労使の協定があれば，企業が勤務成績などの「基準」を定めて継続雇用者を選定する制度も適法なものとして規定した。

　また，2000（平成12）年に，厚生年金法の改正により，定額部分だけでな

く，老齢厚生年金（報酬比例部分）の支給開始年齢も，2013（平成25）年4月からは61歳，以後3年おきに1歳ずつ漸進的に引き上げられ，2025（平成37）年4月（女性への適用は5年遅れ）からは65歳からの支給となったため，無年金・無収入となる者が生じる可能性が出てきた。そこで，働く能力と意欲のある人には少なくとも65歳までは働く場を提供できるような経済環境作りが政府にとって必須不可欠の課題となり，2012年の高年齢者雇用安定法の改正となった。これは，後述のように，「基準」を廃止して希望者全員を継続雇用の対象とするというものである。表5-1は，2025年までのプロセスを示したものである。

表 5-1 厚生年金の支給開始年齢は徐々に引き上げ（男性の場合）

年度	～2000	01	04	07	10	13	16	19	22	25
定額部分（1階）	60歳	61	62	63	64	65				
報酬比例部分（2階）	60歳	→	→	→	→	61	62	63	64	65

（出所）　日本経済新聞朝刊，2011年5月10日付，「定年60歳→65歳引き上げ提言」。

2．定年制の実施状況

2013年1月1日現在の「定年制の有無，定年制の定め方別企業割合」を確認しておく（表5-2参照）。定年制を定めている企業割合は93.3％（前年92.2％）となっており，そのうち「一律に定めている」企業割合は98.4％（同98.8％），「職種別に定めている」企業割合は1.2％（同1.0％）となっている。

表 5-2 定年制の有無，定年制の定め方別企業割合（2013年）

（単位：％）

企業規模	全企業	定年制を定めている企業				定年制を定めていない企業
			一律に定めている	職種別に定めている	その他	
企業規模計	100.0	93.3 (100.0)	(98.4)	(1.2)	(0.4)	6.7
1,000人以上	100.0	99.8 (100.0)	(98.2)	(1.4)	(0.5)	0.2
300～999人	100.0	99.4 (100.0)	(98.3)	(1.3)	(0.3)	0.6
100～299人	100.0	97.3 (100.0)	(99.4)	(0.2)	(0.4)	2.7
30～99人	100.0	91.5 (100.0)	(98.1)	(1.5)	(0.4)	8.5

（注）　（ ）内の数値は，「定年制を定めている企業」を100とした割合である。
（出所）　厚生労働省「平成25年就労条件総合調査の概況」。

次に,「一律定年制を定めている企業における定年年齢階級別企業割合」を確認しておく(表5-3参照)。一律定年制を定めている企業について,「65歳以上」を定年年齢とする企業割合は,14.0%(前年14.5%)となっている。これを企業規模別にみると,1000人以上が4.8%(同3.9%),300〜999人が5.6%(同4.9%),100〜299人が8.3%(同8.5%),30〜99人が16.7%(同17.6%)となっている。見られるように企業規模が小さくなるにつれてその割合は増加している。

60歳定年制は完全に定着したといえる。そのプロセスは,60歳を下回る定年が禁止された1994(平成6)年の段階では,60歳が77.1%,61〜64歳が2.0

表5-3 一律定年制を定めている企業における定年年齢階級別企業割合(2013年)

(単位:%)

企業規模 産業	一律定年制を定めている企業		60歳	61〜64歳	65歳	66歳以上	(再掲)65歳以上
企業規模計	[98.4]	100.0	83.0	3.0	12.5	1.5	14.0
1,000人以上	[98.2]	100.0	92.7	2.5	4.8	—	4.8
300〜999人	[98.3]	100.0	91.6	2.8	5.6	0.0	5.6
100〜299人	[99.4]	100.0	88.7	3.0	7.9	0.3	8.3
30〜99人	[98.1]	100.0	80.3	3.0	14.7	2.0	16.7
鉱業,採石業,砂利採取業	[100.0]	100.0	94.5	1.5	4.0	—	4.0
建設業	[98.4]	100.0	83.3	3.3	12.7	0.8	13.5
製造業	[99.2]	100.0	90.0	3.4	6.2	0.4	6.6
電気・ガス・熱供給・水道業	[98.2]	100.0	85.4	6.9	7.7	—	7.7
情報通信業	[98.3]	100.0	89.1	0.6	10.2	—	10.2
運輸業,郵便業	[97.4]	100.0	74.2	5.3	17.9	2.7	20.5
卸売業,小売業	[98.1]	100.0	88.4	0.8	9.8	0.9	10.7
金融業,保険業	[99.1]	100.0	89.6	2.5	7.2	0.7	7.9
不動産業,物品賃貸業	[98.5]	100.0	87.5	2.2	9.1	1.1	10.2
学術研究,専門・技術サービス業	[98.7]	100.0	79.1	8.5	12.5	—	12.5
宿泊業,飲食サービス業	[98.3]	100.0	72.1	1.9	23.4	2.6	26.0
生活関連サービス業,娯楽業	[100.0]	100.0	80.2	1.8	17.0	1.0	18.0
教育,学習支援業	[98.6]	100.0	83.5	2.6	13.9	—	13.9
医療,福祉	[96.6]	100.0	49.0	3.7	41.2	6.0	47.3
サービス業(他に分類されないもの)	[97.3]	100.0	69.5	5.6	19.0	5.9	24.9

(注) 〔 〕内の数値は,定年制を定めている企業のうち,一律定年制を定めている企業割合である。
(出所) 表5-2に同じ。

%，65歳が5.0%，66歳以上が0.0%で，59歳以下がまだ15.9%残っていた[18]。その後，規模の大きな企業を中心に，徐々に，定年年齢60歳が90%超にまで普及していく。他方，規模が小さな企業では，上述のように定年年齢60歳は減少し，65歳以上が徐々に増加している。なお，これを産業別にみると，医療，福祉は「65歳以上」が47.3%（同44.0%）と最も高く，鉱業，採石業，砂利採取業では4.0%（同4.6%）と最も低い。

次に，「一律定年制を定めている企業における勤務延長制度，再雇用制度の有無別企業割合」を確認しておく（表5-4参照）。一律定年制を定めている企業のうち，勤務延長制度若しくは再雇用制度又は両方の制度がある企業割合は92.9%（前年92.1%）となっている。企業規模別にみると，1000人以上が97.2%（同97.7%），300〜999人が98.4%（同97.8%），100〜299人が95.7%（同96.2%），30〜99人が91.5%（同90.2%）となっている。制度別にみると，「勤務延長制度のみ」の企業割合は9.0%（同11.4%），「再雇用制度のみ」の企業割合は73.9%（同71.6%），「両制度併用」の企業割合は10.0%（同9.1%）となっている。企業は，企業規模の大小にかかわらず，期間を限定しないと，事実上定年のない雇用となって，定年が空文化する虞のある勤務延長制度を嫌い，再雇用制度を選好する傾向があることがわかる[19]。

表5-4 一律定年制を定めている企業における勤務延長制度，再雇用制度の有無別企業割合（2013年）

(単位：%)

企業規模	一律定年制を定めている企業	制度がある企業		勤務延長制度のみ	再雇用制度のみ	両制度併用	制度がない企業
計	[98.4] 100.0	92.9		9.0	73.9	10.0	7.1
1,000人以上	[98.2] 100.0	97.2		2.3	88.8	6.1	2.8
300〜999人	[98.3] 100.0	98.4		3.7	89.1	5.6	1.6
100〜299人	[99.4] 100.0	95.7		8.6	80.2	6.9	4.3
30〜99人	[98.1] 100.0	91.5		9.8	70.1	11.5	8.5

(注) 〔〕内の数値は，定年制を定めている企業のうち，一律定年制を定めている企業割合である。
(出所) 表5-2に同じ。

3．2012年の改正高年齢者雇用安定法

既述のように，2006年4月施行の法改正では，定年が65歳未満の企業に対

して，① 65歳までの定年引き上げ，② 定年後も雇用する継続雇用制度の導入，③ 定年制の廃止，のいずれかを選んで実行することが求められた。このうち，②の継続雇用制度については，「継続雇用制度の対象となる高年齢者に係る基準」（以下「基準」）を労使協定によって設けることが認められていた。表5-5は，表5-4と一部重複するが，その「基準」があるかないかによる適用対象者の範囲を示したものである。

　勤務延長制度がある企業は，「基準に適合する者全員」とする企業割合が最も多く，51.7％（前年46.6％）となっている。再雇用制度がある企業も，「基準に適合する者全員」とする企業割合が最も多く，54.6％（同57.5％）となっている。

　ところが，2013年4月1日以降，この「基準」は廃止されることになった[20]。今回の改正で重要なことは，希望者全員が継続雇用制度の対象になるということで，そうでなければ，厚生年金保険法の改正によって無年金・無収入となる者が生じる可能性があるからである。ただ，この「希望者全員」については使用者委員の反対があり，そこで，改正法の明文の要請（9条3項）に基づき，「高年齢者雇用確保措置の実施及び運用（心身の故障のため業務の遂行に堪えられない者等の継続雇用制度における取扱いを含む。）に関する指針」が公告された。それによれば，「心身の故障のため業務に堪えられないと認められる

表5-5　勤務延長制度，再雇用制度の適用対象者の範囲別企業割合（2013年）

(単位：％)

企業規模	勤務延長制度 一律定年制で定年後の制度がある企業	原則として希望者全員	基準に適合する者全員	その他	再雇用制度 一律定年制で定年後の制度がある企業	原則として希望者全員	基準に適合する者全員	その他
企業規模計	[19.0]100.0	46.0	51.7	2.2	[83.9]100.0	44.2	54.6	1.3
1,000人以上	[8.4]100.0	34.8	60.7	4.5	[95.0]100.0	29.6	69.5	0.9
300〜999人	[9.3]100.0	46.5	46.0	7.5	[94.7]100.0	32.4	66.2	1.4
100〜299人	[15.4]100.0	45.2	51.2	3.6	[87.1]100.0	39.9	58.1	2.0
30〜99人	[21.3]100.0	46.3	51.9	1.7	[81.7]100.0	47.3	51.7	1.0

(注)　[　]内の数値は，一律定年制を定めている企業のうち，勤務延長制度又は再雇用制度がある（両制度併用を含む）企業割合である。「勤務延長制度」，「再雇用制度」には，「両制度併用」を含む。

(出所)　表5-2に同じ。

こと，勤務状況が著しく不良で引き続き従業員としての職責を果たし得ないこと等就業規則に定める解雇事由または退職事由（年齢に係るものを除く。）に該当する場合には，継続雇用しないことができる」とされている。

なお，すでに「基準」を定めた企業については，厚生年金の報酬比例部分の受給開始年齢に達した高齢の従業員を対象に「基準」を引き続き利用できる移行期間を設けた（図5-2参照）。これが終わり，希望者全員が65歳まで働けるようになるのは図5-2が示すように2025年4月からということになる。

また，2004年改正法における「継続雇用制度」は，その立法経緯から，60～65歳の高齢者の雇用を確保しようとする趣旨に反しない限り各企業の実情に応じて柔軟に内容を定めうるものと理解されており，当該企業自身による継続雇用のみならず，当該企業と同一企業グループに属する企業による継続雇用も含むと解釈されていた。この点が，2012年改正法では，「特殊関係事業主」（当該事業主の経営を実質的に支配することが可能となる関係にある事業主その他の当該事業主と特殊の関係にある事業主として厚生労働省令で定める事業主）による継続雇用も含まれる，として明記された（9条2項)[21]。

そして，2004年改正法における上記の雇用確保義務については，違反した事業主に対しては，厚生労働大臣は助言・指導を行うことができ，助言・指導に従わない場合には勧告を行うことができるとされていた（第10条）。2012年改正では，雇用確保義務に違反した事業主に対して厚生労働大臣が助言・指導・勧告を行うことができる点は2004年改正法と同じであるが，勧告に従わない事業主については，その旨を公表できるとされている（10条3項）。

図5-2 「65歳まで雇用義務」の移行期間

	60歳	61歳	62歳	63歳	64歳	65歳
2013年4月～16年3月		「基準」適用可				
16年4月～19年3月	希望者全員					
19年4月～22年3月						
22年4月～25年3月						
25年4月以降						

（出所）　日本経済新聞朝刊，2013年5月23日付，「『65歳まで雇用』と企業」①より。

第2節 「高年齢者の雇用状況」

1. 企業の雇用確保措置

厚生労働省が2014年6月1日現在でまとめた平成26年「高年齢者の雇用状況」によると，調査対象企業[22]の大半が2006年4月施行の高年齢者雇用安定法の改正を受け，65歳までの雇用確保措置を実施している。

まず，全体の状況を見ておくと，高年齢者雇用確保措置（以下「雇用確保措置」という。）の実施済企業の割合は98.1%（14万3179社）（対前年差5.8ポイント増加），51人以上規模の企業で98.5%（9万5075社）（同5.7ポイント増加）となっている。

雇用確保措置が未実施である企業の割合は1.9%（2723社）（同5.8ポイント減少），51人以上規模企業で1.5%（1473社）（同5.7ポイント減少）となっている（表5-6参照）。

表5-6 雇用確保措置の実施状況

(社，%)

		①実施済み	②未実施	合計（①+②）
31〜300人		128,164（117,888）	2,648（10,356）	130,812（128,244）
		98.0%（91.9%）	2.0%（8.1%）	100.0%（100.0%）
	31〜50人	48,104（44,308）	1,250（4,237）	49,354（48,545）
		97.5%（91.3%）	2.5%（8.7%）	100.0%（100.0%）
	51〜300人	80,060（73,580）	1,398（6,119）	81,458（79,699）
		98.3%（92.3%）	1.7%（7.7%）	100.0%（100.0%）
301人以上		15,015（14,179）	75（647）	15,090（14,826）
		99.5%（95.6%）	0.5%（4.4%）	100.0%（100.0%）
31人以上総計		143,179（132,067）	2,723（11,003）	145,902（143,070）
		98.1%（92.3%）	1.9%（7.7%）	100.0%（100.0%）
	51人以上総計	95,075（87,759）	1,473（6,766）	96,548（94,525）
		98.5%（92.8%）	1.5%（7.2%）	100.0%（100.0%）

（注）（）内は，平成25年6月1日現在の数値。
（出所）平成26年「高年齢者の雇用状況」集計結果。

雇用確保措置の実施済企業の割合を企業規模別に見ると、大企業では99.5%（1万5015社）（同3.9ポイント増加），中小企業では98.0%（12万8164社）（同6.1ポイント増加）となっている（表5-6参照）。

次に雇用確保措置の内訳をみておく（図5-3参照）。雇用確保措置の実施済企業のうち，①「定年制の廃止」により雇用確保措置を講じている企業は2.7%（3850社）（同0.1ポイント減少），

②「定年の引き上げ」により雇用確保措置を講じている企業は15.6%（2万2317社）（同0.4ポイント減少），

③「継続雇用制度の導入」により雇用確保措置を講じている企業は81.7%（11万7012社）（同0.5ポイント増加），

となっており，定年制度（①，②）により雇用確保措置を講じるよりも，継続雇用制度（③）により雇用確保措置を講じる企業の比率が高い。

次に，継続雇用制度の内訳を見ておく（図5-4参照）。「継続雇用制度の導入」により雇用確保措置を講じている企業（11万7012社）のうち，

① 希望者全員を対象とする65歳以上の継続雇用制度を導入している企業は

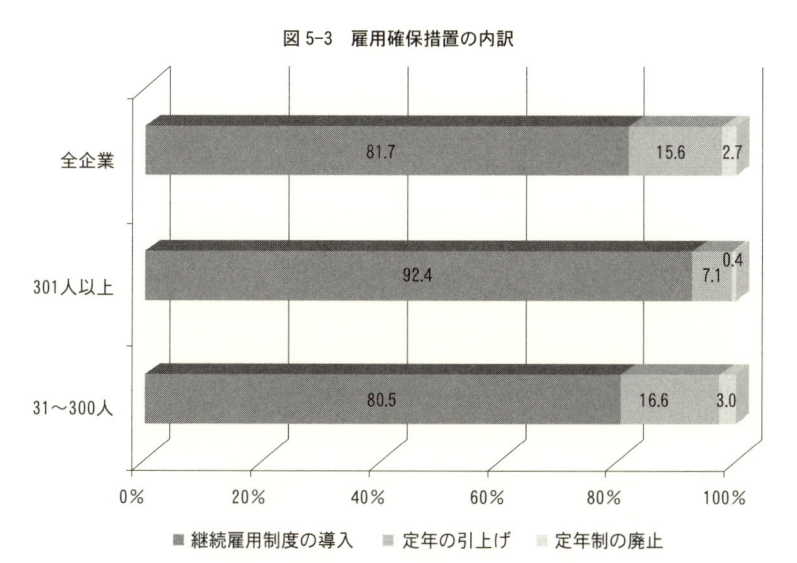

図5-3　雇用確保措置の内訳

	継続雇用制度の導入	定年の引上げ	定年制の廃止
全企業	81.7	15.6	2.7
301人以上	92.4	7.1	0.4
31〜300人	80.5	16.6	3.0

（出所）　平成26年「高年齢者の雇用状況」集計結果より筆者作成。

図 5-4 継続雇用制度の内訳

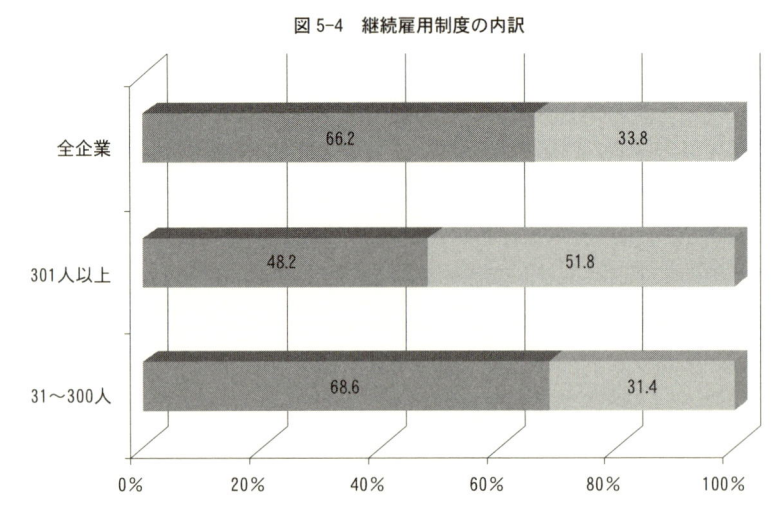

区分	希望者全員65歳以上の継続雇用制度の導入	基準該当者65歳以上の継続雇用制度の導入
全企業	66.2	33.8
301人以上	48.2	51.8
31〜300人	68.6	31.4

(出所) 平成 26 年「高年齢者の雇用状況」集計結果より筆者作成。

66.2%（7 万 7419 社）（同 0.7 ポイント増加），

② 高年齢者雇用安定法一部改正法の経過措置に基づく継続雇用制度の対象者を限定する基準がある継続雇用制度を導入している企業（経過措置適用企業）は 33.8%（3 万 9593 社）（同 0.7 ポイント減少）となっている。

なお，「継続雇用制度の導入」により雇用確保措置を講じている企業（11 万 7012 社）の継続雇用先について，自社のみである企業は 93.1%（10 万 8908 社）（同 0.3 ポイント減少），自社以外の継続雇用先（親会社・子会社，関連会社等）のある企業は 6.9%（8104 社）（同 0.3 ポイント増加）となっている。

2．希望者全員が 65 歳以上まで働ける企業等について

希望者全員が 65 歳以上まで働ける企業は 10 万 3586 社（対前年差 8505 社増加），報告した全ての企業に占める割合は 71.0%（同 4.5 ポイント増加）となっている（図 5-5 参照）。企業規模別に見ると，

① 中小企業では 9 万 5755 社（同 7927 社増加），73.2%（同 4.7 ポイント増加），

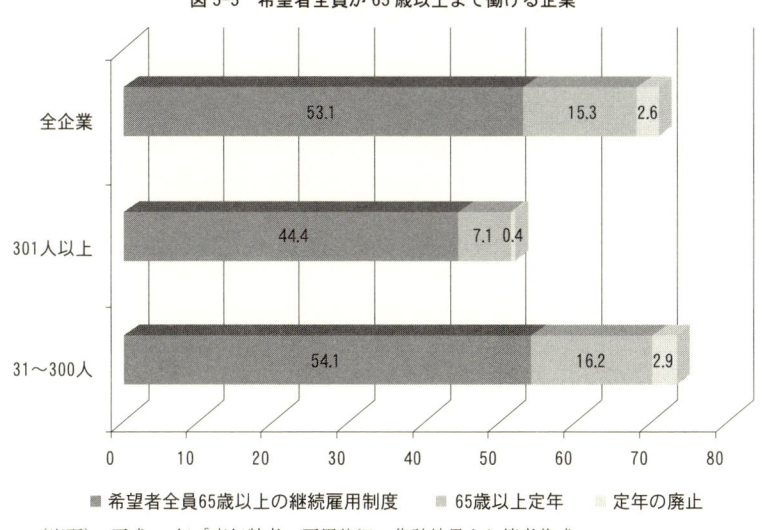

図 5-5　希望者全員が 65 歳以上まで働ける企業

区分	希望者全員65歳以上の継続雇用制度	65歳以上定年	定年の廃止
全企業	53.1	15.3	2.6
301人以上	44.4	7.1	0.4
31〜300人	54.1	16.2	2.9

(出所)　平成 26 年「高年齢者の雇用状況」集計結果より筆者作成。

② 大企業では 7831 社（同 578 社増加），51.9％（同 3.0 ポイント増加），となっている。

最後に，70 歳以上まで働ける企業の状況を見ておく。70 歳以上まで働ける企業は，2 万 7740 社（同 1747 社増加），報告した全ての企業に占める割合は 19.0％（同 0.8 ポイント増加）となっている（表 5-7，図 5-6 参照）。企業規模別に見ると，

① 中小企業では 2 万 5960 社（同 1595 社増加），19.8％（同 0.8 ポイント増加），

② 大企業では 1780 社（同 152 社増加），11.8％（同 0.8 ポイント増加），となっている。

特徴的なのは，規模が小さな企業ほど高齢者の吸収率が高いということである。理由として，大企業に比して人事管理が柔軟であること，また，規模の小さな企業では若い世代の採用が儘ならない，等を指摘できよう。

154　第5章　「65歳まで雇用」と企業

表5-7　70歳以上まで働ける企業の状況

(社, %)

	①定年制の廃止	②70歳以上定年	③70歳以上までの継続雇用制度		④その他の制度で70歳以上まで雇用	合計（①+②+③+④）
			希望者全員	基準該当者		
31～300人	3,783	1,443	5,418	9,440	5,878	25,960
	2.9%	1.1%	4.1%	7.2%	4.5%	19.8%
301人以上	67	17	176	770	750	1,780
	0.4%	0.1%	1.2%	5.1%	5.0%	11.8%
31人以上総計	3,850	1,480	5,592	10,210	6,628	27,740
	2.6%	1.0%	3.8%	7.0%	4.5%	19.0%

(注)　「その他の制度で70歳以上まで雇用」とは，希望者全員や基準該当者を70歳以上まで継続雇用する制度は導入していないが，企業の実情に応じて何らかの仕組みで70歳以上まで働くことができる制度を導入している場合を指す。

(出所)　平成26年「高年齢者の雇用状況」集計結果より筆者作成。

図5-6　70歳以上まで働ける企業

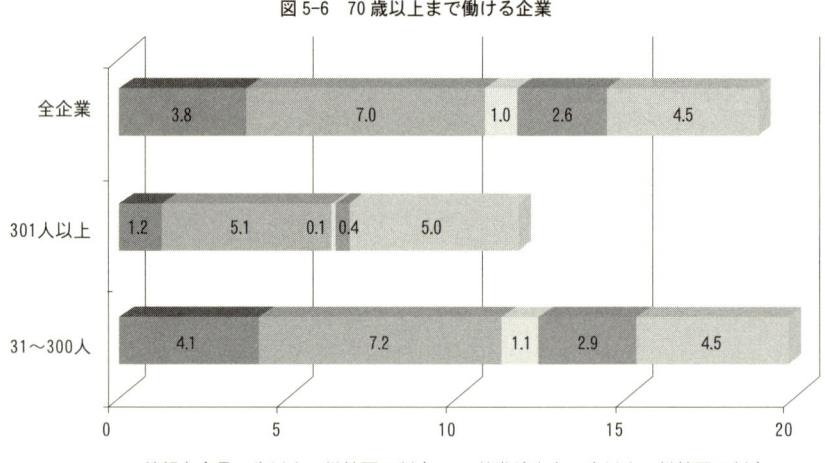

	希望者全員70歳以上の継続雇用制度	基準該当者70歳以上の継続雇用制度	70歳以上定年	定年制の廃止	その他の制度で70歳以上まで雇用
全企業	3.8	7.0	1.0	2.6	4.5
301人以上	1.2	5.1	0.1	0.4	5.0
31～300人	4.1	7.2	1.1	2.9	4.5

(出所)　平成26年「高年齢者の雇用状況」集計結果より筆者作成。

3. 定年到達者等の動向について

過去1年間（平成25年6月1日から平成26年5月31日）の60歳定年企業における定年到達者（34万4500人）のうち，継続雇用された者は28万0424人（81.4%）（うち子会社・関連会社等での継続雇用者は1万5910人），継続雇用を希望しない定年退職者は6万3183人（18.3%），継続雇用を希望したが継続雇用されなかった者は893人（0.3%）となっている（図5-7参照）。

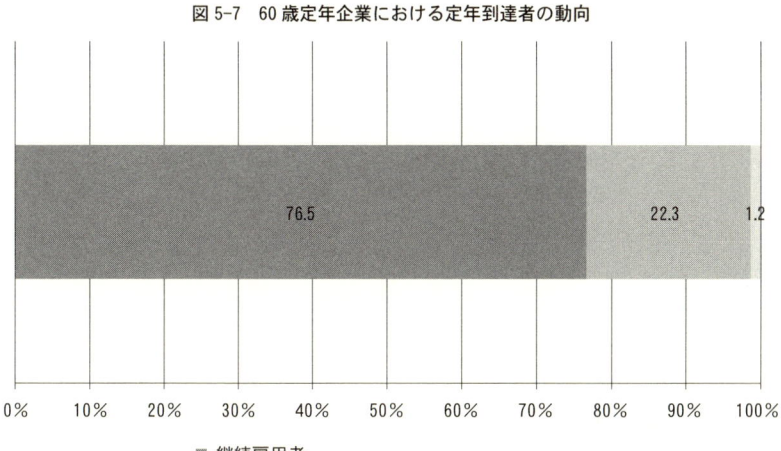

図5-7 60歳定年企業における定年到達者の動向

継続雇用者	継続雇用を希望しない定年退職者	継続雇用を希望したが継続雇用されなかった者
76.5	22.3	1.2

（出所）平成26年「高年齢者の雇用状況」集計結果より筆者作成。

また，平成25年6月1日から平成26年5月31日までの間に，経過措置に基づく対象者を限定する基準がある企業において，基準を適用できる年齢（61歳）に到達した者（8万7190人）のうち，基準に該当し引き続き継続雇用された者は7万8820人（90.4%），継続雇用の更新を希望しなかった者は7068人（8.1%），継続雇用を希望したが基準に該当せずに継続雇用が終了した者は1302人（1.5%）となっている（図5-8参照）。

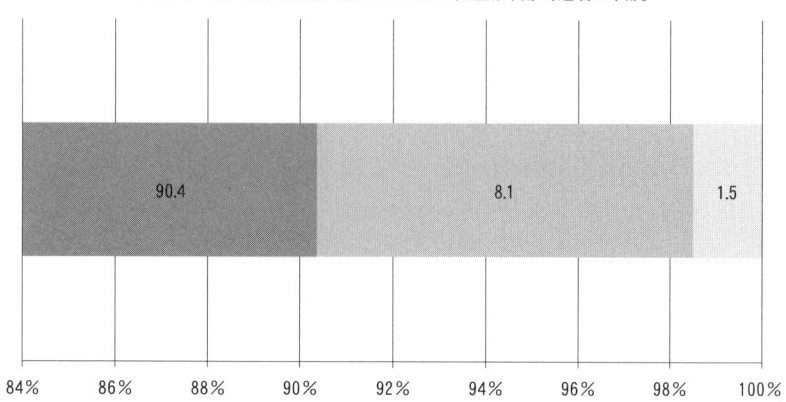

156　第5章 「65歳まで雇用」と企業

図5-8　経過措置適用企業における基準適用年齢到達者の状況

■ 継続雇用者（基準に該当し引き続き継続雇用された者）　90.4
■ 継続雇用を希望しなかった者　8.1
■ 基準に該当しない者　1.5

（出所）　平成26年「高年齢者の雇用状況」集計結果より筆者作成。

第3節　65歳までの継続雇用と企業

1．「継続雇用」義務化への批判

　今回の改正高年齢者雇用安定法における高齢者の「雇用延長」については，否定的な見解が多い。例えば，日本経済新聞は，社説「企業は雇用延長にとどまらぬ処遇改革を」で，次のように記している[23]。

　　改正高年齢者雇用安定法が来年4月に施行され，企業は段階的に，65歳までの希望者全員の雇用を義務づけられる。これを受け，再雇用制度の拡充や定年延長などの準備が企業の間で進んでいる。60歳以降の雇用の義務化は同じ企業に人が漫然ととどまり続ける恐れがあり，成長分野に労働力が移りにくくなる。企業の人件費が増え，若者の採用が抑えられる心配もある。見直しを求めたい。（中略）NTTグループは65歳まで希望者

全員を再雇用するのに伴い，40〜50代を中心に平均賃金カーブの上昇を抑え，個人の成果職務内容を賃金により反映させる。日本企業は年功による昇給がまだ根強い。海外事業を伸ばす外国人を受け入れやすくし，若手の採用を増やす原資を確保するためにも，実力主義の徹底は欠かせない。（中略）65歳以降でも年齢にかかわらず，企業の戦力になる人材は雇用する・メリットがある。だが過度な人件費増は企業の競争力を弱める。若年か・・・・・・・・・・・・・・・・・・・・・・らシニアまでの処遇制度全体を組みなおすときだ。（傍点は引用者）

要するに，今回の改正高年齢者雇用安定法における「雇用延長」は，「労働の流動化」を阻害し，「人件費」増を招き，「若者の雇用」を抑制するもので，結果としてわが国企業の「競争力」を低下させるものだから，見直すべきだ，というのである。

柳川範之も，同様の視点から，今回の「希望者全員」を，次のように批判している[24]。

65歳まで全員が継続雇用されると，企業の支払う賃金総額は2025年には1.9兆円増え，総人件費を約1パーセント押し上げる，というみずほ総・・・・・・・・・・・・・・・・・・・・・・・・・・・・合研究所の試算がある。経団連の試算では，今後5年間で支払う賃金総額は2パーセント増となる。つまり，高齢者の雇用が増える結果，企業側は・・・・・・・・・自衛手段として若者の雇用を抑える可能性が高いのだ。事実，経団連の調・・・・・・・・・・・・・・・・・・・・査では，雇用延長が義務化された場合，4割[25]の企業が若年層の採用を抑えると回答している。実際には，正社員として採用する若者を減らして，派遣や契約社員で取るということだ。結果として，65歳定年制にすると非正規雇用を増やさざるを得なくなる。（中略）経済の活力という観点からすると，単純な定年年齢の引き上げは問題が大きい。企業の新陳代謝を阻害して，環境の変化に対する柔軟な対応を妨げるおそれがあるからだ。その結果，企業の競争力を低下させ，全体としてみるとかえって雇用の減少を招きかねない。（傍点は引用者）

みずほ総合研究所の堀江奈保子は，再雇用希望者の拡大で，企業の人件費負

担がどれだけ増えるかを，2つのケース（ケース1：再雇用の基準撤廃により，「これまで基準を満たさず退職していた人」，「これまで再雇用を希望してこなかった人」全員が再雇用される場合，ケース2：再雇用の基準撤廃と年金支給開始引き上げにより，「基準を満たさず退職していた人」，「再雇用を希望してこなかった人」の一定程度が再雇用される場合）に分けて試算し，ケース1では，2025年に1.9兆円の賃金押上げ，ケース2では，2025年に0.6兆円の賃金押上げという結論を得ている[26]。

なお，堀江が，「財務省の『法人企業統計』によれば，企業の人件費（役員・従業員の税・社会保険料控除前の賃金・賞与）は，01〜10年平均で年195兆円程度だ。この人件費195兆円に対する，再雇用の希望者増加による賃金総額の押し上げ額の割合を計算するとケース1の場合，13年度に0.22％，20年度に0.57％，25年度には0.99％となる。これと比較して，ケース2では，人件費への影響は，13年度に0.06％，20年度に0.16％，25年度に0.28％である。01〜10年における企業の人件費総額の平均伸び率が0.1％と，ほぼ横這いであることを考えると，法改正による高齢者雇用に関する企業の人件費負担増は決して小さくない。もし企業が今後も人件費を横ばいで維持しようとすれば，高齢者雇用に伴う人件費が増大する限り，ほかの労働者の賃金水準や新規採用の抑制に影響する可能性は否定できない。」[27]（傍点は引用者）と述べていることに注意を要する。その理由については後述する。

小島明の批判はさらに手厳しい。彼は，次のように述べている[28]。

　　経済界は企業の活力がさらに失われると反発していますが，若者の雇用環境が一段と厳しくなることは確実です。政府の65歳まで雇用義務化政策は雇用政策，労働市場政策とは言えません。高齢化の進行によってパンクしそうな年金制度を維持するための年金制度維持，それも現行の年金制度の延命化政策だと言えそうです。なぜなら，この65歳まで雇用義務化は1993年4月から始まった厚生年金のいわゆる2階部分（報酬比例部分）の支給開始年齢の引き上げに対応し，機械的に全企業に一律に義務づけるものだからです。企業の活性化，新規雇用の創出，正規・非正規雇用の格差の是正，弾力的な労働市場の創設，あるいは前述の女性のM字型就業曲

線の是正などといった発想は全くなく，単純に年金支給開始年齢の引き上げに対する調整でしかありません。（傍点は引用者）

　同感である。日本の年金制度は，昭和22〜24年に生まれた「団塊の世代」が年金受給者になることによって，年金原資が枯渇し，やがて破綻することになろう。ここで年金そのものについて論じる余裕はないが，年金行政にとって大事なことは，「他人の褌」（企業への丸投げ）で，現行の年金制度の延命策を図るのではなく，国民皆年金を維持していくために人口動態を与件として新たな制度を政府自らの頭で構築していくことである。
　以下では，今回の改正高年齢者雇用安定法が，企業の「人件費」及び「若者の就業」にどのような影響を及ぼすかを見ていくことにする。

2．人件費は増大するのか？
(1)　日本経済団体連合会（以下，経団連）の試算
　経団連は，継続雇用の比率が今の74％から90％までに高まった場合，企業が支払う賃金総額は5年間で2％増えると試算している[29]。図5-8は，それを示したものである。

(2)　みずほ総合研究所の試算
　みずほ総合研究所（以下，みずほ総研）は，厚生労働省の平成24年「高年齢者の雇用状況」集計結果等を前提に，2013年以降に60歳に到達し，「基準」廃止の影響を受ける世代[30]の60〜64歳の雇用者数が増加することによる企業の人件費負担の増加額を試算している。みずほ総研の堀江は，概要，次のように述べている[31]。

　　「基準」廃止の経過措置の終了後，2025年4月以降は，60〜64歳の希望者全員の雇用が企業に義務付けられることになるが，これにより2025年度の60〜64歳の人件費は現行比1.4兆円増加する見通しである（図5-9）。ただし，この人件費負担の増加は，2013年4月の高年齢者雇用安定法の改正の影響よりは，年金の支給開始年齢引き上げによる影響が大きい。法

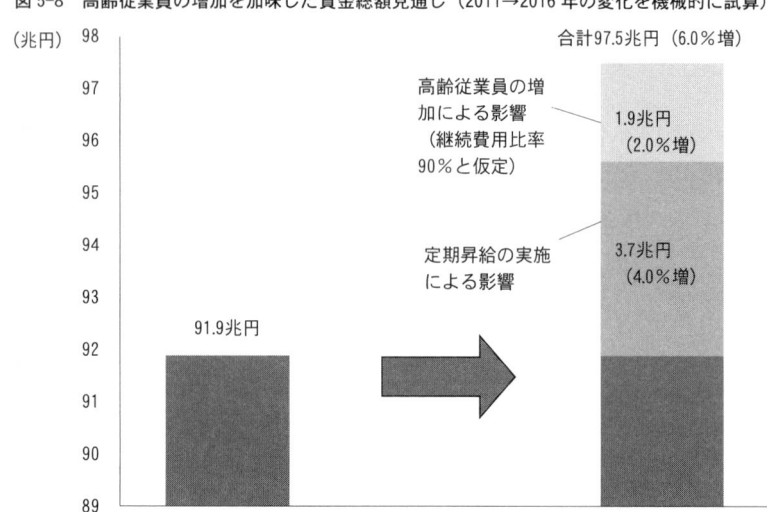

160　第5章　「65歳まで雇用」と企業

図5-8　高齢従業員の増加を加味した賃金総額見通し（2011→2016年の変化を機械的に試算）

(注1)　従業員10人以上の民営事業所における，一般労働者の現金給与総額を対象に試算。
(注2)　高齢従業員（60～64歳）の継続雇用比率が90％に上昇することを想定（その他の年齢階級については，2011年に30～34歳の従業員数と，2016年に35～39歳の従業員数は同じと仮定。他の年齢階層についても同様。ただし，29歳未満および60歳以上の従業員数は今後5年間にわたって不変と仮定している）。
(出所)　日本経済団体連合会，前掲「経営労働政策委員会報告」2013年版，64頁。原資料は，厚生労働省「平成23年賃金構造基本統計調査」。

改正による影響は，「基準」廃止により継続雇用の希望者の割合が増加することで生じる。そこで，試算では，2013年度以降の継続雇用希望者の割合は，2012年調査の「基準なし」の企業の継続雇用希望者割合（81.7％[32]）と同じになると仮定した。また，「報酬比例部分」の支給開始年齢の引き上げによる影響は，賃金も年金もない所得の空白期間を穴埋めするため，年金が支給される年齢までは継続雇用希望者の割合が増加することにより生じる。そこで，試算では，「報酬比例部分」が支給されない者の増加により，継続雇用を希望しない者の割合が7割程度減少すると仮定した[33]。

要するに，みずほ総研は，2つの仮定（継続雇用希望者割合が81.7％，継続

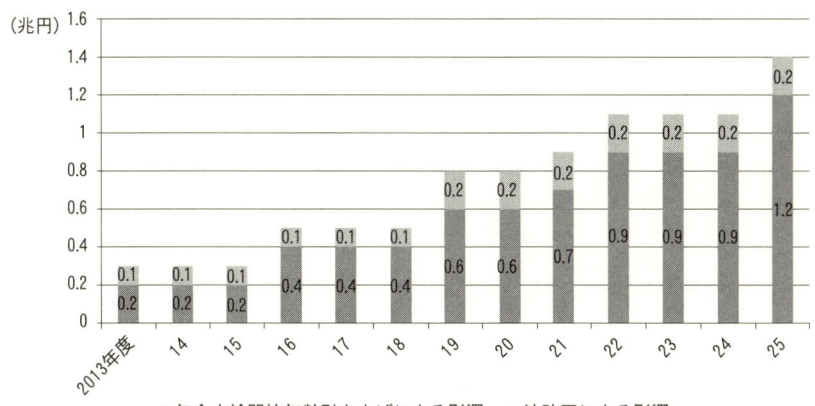

図5-9 60～64歳の継続雇用希望者の増加による人件費増加額の見通し

年度	法改正による影響	年金支給開始年齢引き上げによる影響
2013年度	0.1	0.2
14	0.1	0.2
15	0.1	0.2
16	0.1	0.4
17	0.1	0.4
18	0.1	0.4
19	0.2	0.6
20	0.2	0.6
21	0.2	0.7
22	0.2	0.9
23	0.2	0.9
24	0.2	0.9
25	0.2	1.2

(注) 高年齢者雇用安定法の改正の影響を受ける世代の人件費増加額。法改正により2013年度以降は、継続雇用を希望する人の割合が75.2%（2012年調査で「基準あり」企業の継続雇用希望者割合）から81.7%（同「基準なし」企業の継続雇用希望者割合）になると仮定。また、「報酬比例部分」の支給開始年齢の引き上げを受けて、継続雇用を希望しない人の割合18.3%が7割程度低下すると仮定。法改正は「基準」廃止の経過措置を考慮。継続雇用後の賃金は定年前賃金の6割とした。四捨五入の関係で合計が一致しないことがある。（なお、2025年度の法改正による影響は0.3%ではなく0.2%と思われるので修正した…引用者）

(出所) みずほ総合研究所「希望者全員を65歳まで雇用義務化―高齢者が活躍できる職場の創設と人材育成が課題」みずほインサイト（堀江奈保子稿）。（原資料）総務省「国勢調査」(2010年)、同「労働力調査」(2010年)、厚生労働省「賃金構造基本統計調査」(2011年)、同「平成24年「高年齢者の雇用状況」集計結果」(2012年)、同「平成20年高年齢者雇用実態調査」(2008年) よりみずほ総合研究所作成。

雇用を希望しない者の割合が7割程度減少）を措定し、60～64歳の雇用者増により、2025年度の企業の人件費総額が現在よりどの程度増加するかを試算した結果、1.4兆円の増加、また、この増加は法改正の影響よりも、年金支給開始年齢の引き上げによる継続雇用希望者増加の影響が大きい、ということを指摘しているのである。

以上、経団連の試算とみずほ総研の試算をみてきた。いくつかの仮定の上に試算しているので、これらの数字について確かなことは言えないが、雇用延長が企業にとって人件費増となって現れることはおそらく間違いなかろう。

では、高齢者雇用の増加に伴う人件費増に対して、企業はどのように対応しようとしているのか。経団連が2012年6月29日～8月31日に、経団連会員

図 5-10　高年齢者雇用安定法の改正に伴い必要となる対応（複数回答）

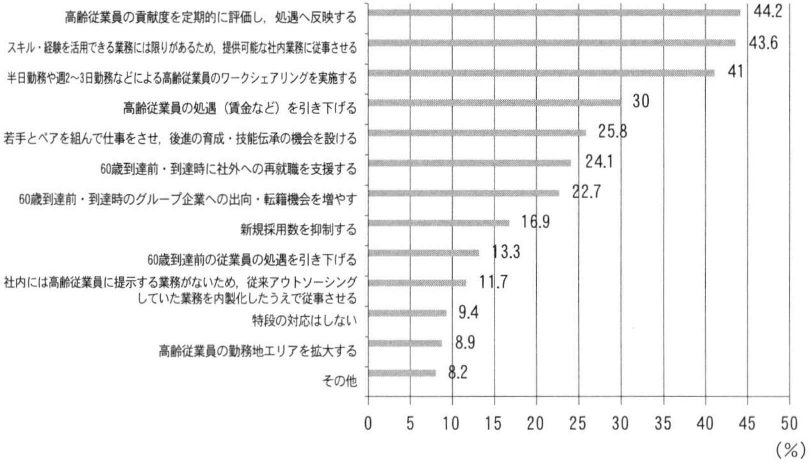

項目	%
高齢従業員の貢献度を定期的に評価し，処遇へ反映する	44.2
スキル・経験を活用できる業務には限りがあるため，提供可能な社内業務に従事させる	43.6
半日勤務や週2～3日勤務などによる高齢従業員のワークシェアリングを実施する	41
高齢従業員の処遇（賃金など）を引き下げる	30
若手とペアを組んで仕事をさせ，後進の育成・技能伝承の機会を設ける	25.8
60歳到達前・到達時に社外への再就職を支援する	24.1
60歳到達前・到達時のグループ企業への出向・転籍機会を増やす	22.7
新規採用数を抑制する	16.9
60歳到達前の従業員の処遇を引き下げる	13.3
社内には高齢従業員に提示する業務がないため，従来アウトソーシングしていた業務を内製化したうえで従事させる	11.7
特段の対応はしない	9.4
高齢従業員の勤務地エリアを拡大する	8.9
その他	8.2

（出所）　日本経済団体連合会「2012年人事・労務に関するトップ・マネジメント調査結果」の概要，2012年10月25日。経団連，前掲「経営労働政策委員会報告」2013年版，66頁に再掲載。

　企業および東京経営者協会会員企業（計1889社）を対象に実施した「2012年人事・労務に関するトップ・マネジメント調査」の概要で，「高齢従業員の雇用確保について」を見てみよう。アンケート結果は，図5-10に示す通りである。

　65歳までの雇用義務化で必要な対応（複数回答）のトップ3は，「高齢従業員の貢献度を定期的に評価し，処遇へ反映する」（44.2％），「スキル・経験を活用できる業務には限りがあるため，提供可能な社内業務に従事させる」（43.6％），「半日勤務や週2～3日勤務などによる高齢従業員のワークシェアリングを実施する」（41.0％）で，いずれも回答率は40％を超えている。これらに続く第4位が「高齢従業員の処遇（賃金など）を引き下げる」（30.0％）で，回答率は30％である。また，「60歳到達前の従業員の処遇を引き下げる」も上から9番目の13.3％である。これらのアンケート調査の結果から判断すると，多くの企業は社員全体のモチベーションの維持に配慮しながら，高齢者の活用や処遇に工夫をこらしているようである。

　日本経団連は，このようなアンケート結果を踏まえながら，報告書末尾で，

「具体的には，65歳までの雇用確保を前提とした賃金カーブの全体的な見直しはもとより，継続雇用者の賃金制度との整合性を図る観点から，仕事・役割・貢献度を基軸とする賃金制度の再構築」[34]を提案している。そして，この提案に相呼応するかのように，NTT等では賃金制度の改革を進めている[35]。

なお，改正高年齢者雇用安定法は，企業に65歳までの継続雇用を厳しく義務づけてはいるが，定年到達者の希望に合致した労働条件での継続雇用を求めているわけではない。つまり，定年到達者と企業とが新たな労働条件で合意せず，結果的に労働者側が継続雇用を拒んだとしても，企業側の条件が合理的な範囲内にある限り，同法には抵触しない[36]。

また，同法では，継続雇用での処遇やワークシェアリングなどの労働条件についても，企業に柔軟な対応を認めている[37]。定年後は1年ごとに契約を更新する雇用形態であっても構わない。要は，65歳になるまでは高齢者が希望すれば契約を更新できる条件であればよい。同法が禁止するのは，年齢だけを理由として65歳の前に雇用を終わらせることである[38]。

さらに，同法では，従業員に退職年齢を選択させることもできる。例えば，定年が60歳ならば従業員に，①55歳以降もそれまでと同じ労働条件で働き定年で退職するか，②55歳以降の労働条件を変更したうえで65歳まで継続して勤務するか，のいずれかを選ばせても構わない[39]。

要するに，定年到達者が希望すれば65歳まで安定した雇用を確保できる仕組みであれば，法が定める継続雇用制度を導入したと解釈されるのである。こうした選択制を活用し，継続雇用の希望者の処遇を一定年齢以上で引き下げれば，1人当たりの生涯賃金を抑制できる，ということになる。しかし，三菱重工業やIHIなどの雇用延長後の賃金制度の見直しにみられるように，定年後に給与を減らして再雇用するという従来型の制度を改め，総人件費の増加につながる制度改正にあえて踏み込み，60歳以上の働き手がもつ能力を有効活用しようとする試みもある[40]。

3．若者の就職口は減るのか？

では，「65歳までの継続雇用」が若者の就業に及ぼす影響はどうであろうか。

164　第5章　「65歳まで雇用」と企業

　既述の経団連アンケート結果「2012年人事・労務に関するトップ・マネジメント調査結果」(図5-10)では,「新規採用の抑制」は16.9%の8位にとどまる。

　また,労働政策研究・研修機構の「調査」(2012年)は,図5-11を示して,概要,次のように記している[41]。

　　　高齢者を雇用延長すると若年新規採用を抑制せざるを得ないと考える企業より,年齢構成の是正や技能伝承のため高齢者の雇用延長と若年新規採用は補完的な関係にあると考える企業の方が多くなっている。(傍点は引用者)

　要するに,高齢者雇用と若年者雇用は,排他的な関係(35.4%)というよりはむしろ補完的な関係(50.9%)にあると考える企業の方が多いというのである。

　さらに,厚生労働省の「今後の高年齢者雇用に関する研究会」(座長:清家

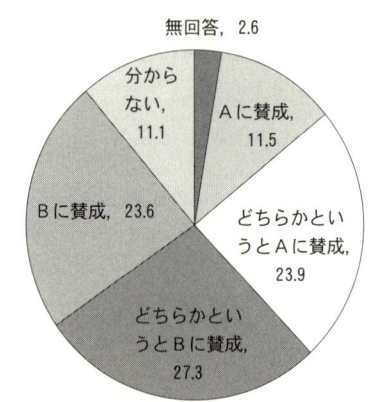

図5-11　高齢者の雇用延長と若年新規採用の関係

- 無回答, 2.6
- Aに賛成, 11.5
- どちらかというとAに賛成, 23.9
- どちらかというとBに賛成, 27.3
- Bに賛成, 23.6
- 分からない, 11.1

(注)　企業に対し,A「高齢者を雇用延長すると若年新規採用を抑制せざるを得ない」,B「(年齢構成の是正や技能伝承のため)高齢者の雇用延長と若年新規採用は補完的な関係にある」のいずれの考えに近いかアンケート調査したもの。
(出所)　厚生労働省編『労働経済白書』平成24年版,262頁。原資料は,労働政策研究・研修機構「今後の企業経営と雇用のあり方に関する調査」(2012年)。

篤慶応義塾長）における2011年6月の報告書は，「高年齢者雇用と若年者雇用との関係」について，次のように記している[42]。

　新卒労働市場において厳しい状況が続く中，また，企業における人件費が限られている中で，高齢者雇用を進めることにより若年者の雇用機会が減少するなど，若年者雇用と高年齢者雇用の代替性を指摘する意見がある。企業に対するヒアリングでは，専門的技能・経験を有する高年齢者と基本的に経験を有しない若年者とでは労働力として質的に異なるという意見や，新卒採用の数は高年齢者の雇用とのバランスではなく，景気の変動による事業の拡大・縮小等の見通しにより決定しているといった意見があった。若年者の失業問題に対処するために，例えばドイツでは年金の繰上支給や高年齢者の失業給付の受給要件の緩和が行われ，フランスでは年金支給開始年齢の引下げが行われるなど，高年齢者の早期引退促進政策が推進されたが，結局若年者の失業の解消には効果は見られず，かえって社会的コストの増大につながったとの認識が示されていることなどから，必ずしも高年齢者の早期退職を促せば若年者の雇用の増加につながるというものではない。（傍点は引用者）

　要するに，報告書は，明示しているわけではないが，高年齢者と若年者とでは労働力として質的に異なるので若年者雇用と高年齢者雇用をゼロ・サム的に「代替性」で捉えるべきでない，また，独・仏の経験から，高年齢者の早期退職を促せば若年者の雇用の増加につながるというものでもない，ということを示唆しているものと解される。

　みずほ総研の堀江は，この報告書をベースに，「65歳までの継続雇用の義務化が若年失業を増やすとの指摘は正しいとはいえない。」[43]と述べているが，この指摘は正しいのだろうか。例えば，図5-12，図5-13は，OECDのLFS by sex and age - indicators (Employment/population ratio) を用いて，若者と高齢者の就業率の関係を見たものである。高齢者と若者の就業率には正の相関，すなわち，高齢者の就業率が高いほど若者の就業率も高いという傾向がみられる[44]。

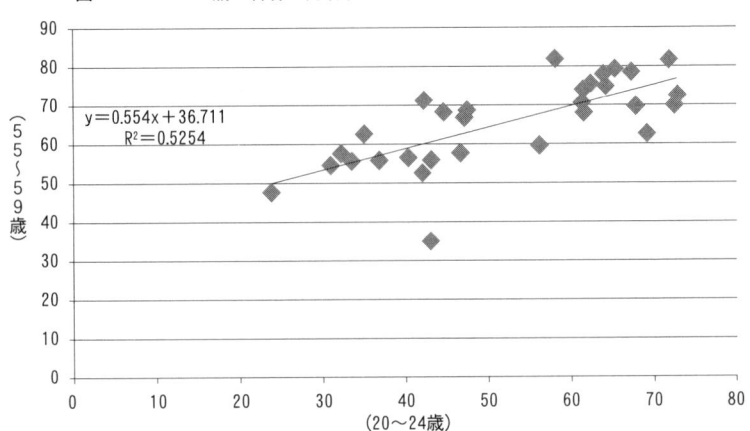

166　第 5 章　「65 歳まで雇用」と企業

図 5-12　20〜24 歳の若者の就業率と 55〜59 歳の高齢者の就業率との関係

$y = 0.554x + 36.711$
$R^2 = 0.5254$

(20〜24歳)

(55〜59歳)

（注）　2012 年のオーストラリア，オーストリア，ベルギー，カナダ，チリ，チェコ，デンマーク，フィンランド，フランス，ドイツ，ギリシア，ハンガリー，アイルランド，イタリア，日本，韓国，ルクセンブルグ，メキシコ，オランダ，ニュージーランド，ノルウエー，ポーランド，ポルトガル，スロバキア，スペイン，スウェーデン，スイス，トルコ，イギリス，アメリカ，以上 30 カ国の 20〜24 歳層，55〜59 歳層の就業率をプロットしたものである。
（出所）　OECD Database（http://stats,oecd,org/）"Labour Force Statistics" より筆者作成。

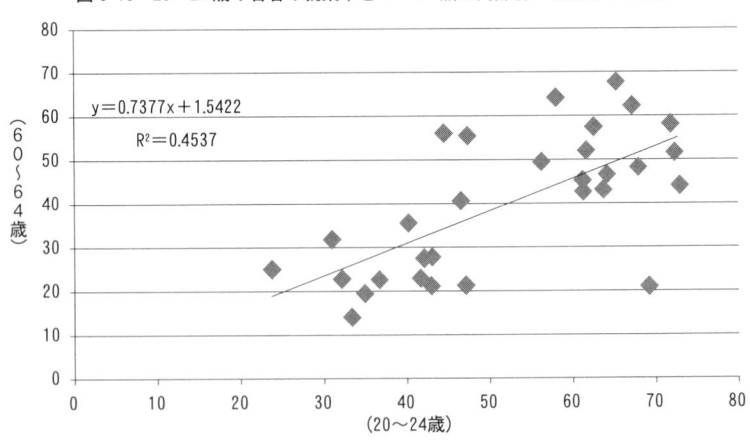

図 5-13　20〜24 歳の若者の就業率と 60〜64 歳の高齢者の就業率との関係

$y = 0.7377x + 1.5422$
$R^2 = 0.4537$

(20〜24歳)

(60〜64歳)

（注）　図 5-12 と同じ 30 カ国の 20〜24 歳層，60〜64 歳層の就業率をプロットしたものである。
（出所）　図 5-12 に同じ。

第 3 節　65 歳までの継続雇用と企業　167

では，高齢者の雇用延長は若者の就職に影響しない，と結論づけてよいのだろうか。

平成 24 年版の『労働経済白書』は，「高齢者の雇用の場の確保などの課題も未だあり，また，企業における人件費が限られている中で，先にみたとおり，新卒労働市場において厳しい状況が続いており，高齢者雇用を進めることにより若者の雇用機会が減少するなど，若年者雇用と高齢者雇用の代替性（いわゆる『置き換え効果』）を指摘する意見がある。しかし，置き換え効果については，様々な研究がある中，未だ統一した認識は得られておらず，マクロでみると，（中略）高齢者と若者の就業率には正の相関，すなわち，高齢者の就業率が高い国ほど若者の就業率も高い傾向がみられるという指摘や若年労働者は単純には高齢労働者の代替にはならないという国際機関による報告がある。」[45]と記している。

そして，上記の「国際機関による報告」では，「高齢労働者が多くの仕事に就くと若者の仕事が少なくなると言われることが多い。これは労働市場の機能の仕方に関する神話，いわゆる『労働のかたまりの誤謬』（世の中には限られた数の仕事しかなく，かつ労働者は容易に他の者と代替できる）がもとになっている。OECD（2006a）[46]では，すでにこれらの「命題」のいずれも真実ではないことが強調されている。若年労働者は必ずしも容易に高齢労働者の代わりにはならず，早期退職への助成コストは，労働への課税によって賄われることになるため，若年労働者に対する雇用機会の減少をもたらす可能性がある。」と記している[47]。

楽観的に過ぎると言われるかもしれないが，筆者は次のように考えている。2006 年 4 月施行の法改正で 65 歳までの継続雇用が条件付きで求められた際も，新卒採用に大きな影響はなかった。そこで，2013 年 4 月の継続雇用の義務化でも新卒採用の抑制はおそらく限定的になろう。いずれにせよ，わが国は死亡数が出生数を上回る「人口減少社会」に突入している。しかもその減少数は年々増加している。そこでは，労働力人口，生産年齢人口が急速に減少し，建築業界等，一部産業に見られるように，必要な人材の確保さえ困難な状況になっている。したがって，経済の活性化のためには，長期的かつ総合的な観点から，若者，女性，高齢者，障害者など，性別，年齢を問わず，意欲と能力の

ある労働者の就業を促進することが焦眉の課題となっている[48]。

結びに代えて──政府の責任と企業の責任

　経団連の米倉弘昌会長は 2012 年 3 月 12 日の記者会見で,「経済界にどんどん負担を大きくするような仕組みは本当にやめていただきたい」[49]と苦情を表明したそうだが,然もありなん,というのが筆者の正直な感想である。というのも,今回の高年齢者雇用安定法の改正は,年金支給開始年齢引き上げに伴う措置であって,そういう意味で,小島の指摘,「雇用政策,労働市場政策とは言えません。」は正鵠を射ている。政府の責任で緊急に取り組まれるべきは,現行の年金制度の延命ではなく,破綻寸前の年金制度を人口動態に合わせて抜本的に改革することである。しかし,年金行政の円滑な運営は政府の責任である。企業が連帯責任をとらされる謂れはない。それも企業の社会的責任の一環だといわれればそれまでだが。本章で,年金を含めた社会保障について論じる余裕はないが,柳川は,次のように述べている[50]。

> 　企業頼みの社会保障には限界がある。本来,国がしなくてはならないのは「国民を守ること」だ。最終的には社会保障だといっていい。ところが,日本はそれを企業に丸投げしているのである。「年金が払えないから,そのあいだは会社で面倒を見てください」と,国が企業に負担を求め,責任を負わせているのが,65 歳定年制ということになる。

　同感である。米倉会長の苦情の真意もここら辺りにあるのであろう。では,翻って企業の責任とは何か。正確には企業の従業員に対する責任というべきかもしれないが,筆者が思うに,一つは従業員の雇用保障であり,他は,従業員の賃金保障である。みずほ総研の堀江の,「01〜10 年における企業の人件費総額の平均伸び率が 0.1％と,ほぼ横這いであることを考えると,法改正による高齢者雇用に関する企業の人件費負担増は決して小さくない。もし企業が今後も人件費を横ばいで維持しようとすれば,高齢者雇用に伴う人件費が増大する

限り，ほかの労働者の賃金水準や新規採用の抑制に影響する可能性は否定できない。」という所論については既に紹介した。しかし，2001年～10年の人件費総額の平均伸び率0.1%を比較の基準あるいは前提にして，「人件費負担増は決して小さくない」はないであろう。「0.1%」が異常なのである。1997年から現在まで，企業は，雇用維持と引き換えに賃上げを見送ってきた，といってよい。それを，「デフレの進行によって実質賃金は大幅に上昇」[51]は，ほとんど責任回避あるいは言い逃れの弁でしかない。企業は，この10年余り，従業員の賃金保障の責任を果たしているとはいえない[52]。企業にとって，政府は利害関係者の一つだから，その意向は無視できないとしても，従業員もまた利害関係者集団である。政府と同等に，否，それ以上に利益還元すべき対象である。それが従業員を活性化し，活性化した従業員によって企業もまた活性化されるからである。

　本章でのもう一つの関心事，「高齢者の雇用延長は若者の採用に影響を及ぼすか」では，筆者はどちらかというと楽観的である。経済のグローバル化，企業の多国籍化によって，わが国の若者にとって脅威となるのは，むしろ外国籍の優秀な「高度人材」だと思う。海外進出しているわが国の多くの企業が，新卒採用の対象に留学生等をカウントし始めている。わが国の若者は果たして彼らと対等に競争できるのであろうか。心配である。そういう意味で，今，わが国にとって大事なことは，若者の教育であり育成だと思う。

注
1　2010年実績値は総務省「労働力調査」（平成22年（新）基準人口による補間補正値）。雇用政策研究会報告『つくる』『そだてる』『つなぐ』『まもる』雇用政策の推進」71頁。
2　「高年齢者等職業安定対策基本方針」（平成24年11月9日厚生労働省告示第559号）では，「若者，女性，高年齢者，障害者など働くことができる全ての人の就労促進を図り，そうした全ての人が社会を支える」社会と規定している（1頁）。
3　詳しくは，第1章第3節を参照のこと。なお，2013年4月1日付の日本経済新聞朝刊でも，「今後15歳以上の労働力人口は確実に減る。厚労省の推計では経済のゼロ成長が続き。若者の就労支援策などの効果が出ない最悪のケースで，30年の労働力人口は10年の約6630万人から約950万人減る。」と記している。
4　厚生労働省は，2014年6月4日に，2013年の人口動態統計を発表した。それによると，赤ちゃんの出生数は前年から7400人減り，過去最少の102万9800人。3年連続で過去最少を更新。出生数から死亡数を引いた自然減は23万8600人で過去最大。6年連続で最大値が続き，人口減少のスピードが増している。日本の人口は13年10月時点で1億2729万人と，ピークの08年から約80万人減った。（日本経済新聞朝刊，2014年6月5日付，「出生数最少102万人」）

5　神代和欣『産業と労使』放送大学教育振興会，2003年，252頁。
6　厚生労働省「平成24年簡易生命表の概況」。
7　厚生労働省「第8回中高年者縦断調査（中高年者の生活に関する継続調査）の概況」。
8　なお，この100.0%は，「65歳，66歳」の合計を男女別にそれぞれ100.0%としたものである。
9　対象者は全国の60歳以上の男女，調査方法は調査員による面接聴取法，調査実施期間は平成25年11月14日～11月24日，有効回収数は1999人（66.6%）。
10　日本経済新聞朝刊，2012年2月23日付，「『65歳以降も仕事』半数超」も参照のこと。
11　日本経済新聞朝刊，2012年6月12日付，OECD報告「年金『67歳以上から』4割」。なお，各国の定年年齢と年金受給年齢について詳しくは，労働政策研究・研修機構『データブック国際労働比較』2014年版，265-268頁を参照のこと。
12　日本経済新聞朝刊（2013年7月30日付，きょうのことば「高年齢者雇用安定法　年金支給までの雇用確保」）は，これについて，「定年を過ぎた60歳以上の雇用を確保するための法律で企業に対し，① 定年の廃止 ② 定年の引き上げ ③ 継続雇用制度の導入のいずれかを求める。従来，労使協定を結んだ場合は継続雇用の基準を企業が独自に決めることができたが，2013年4月の法改正で原則として希望者全員の雇用確保を義務付けるようになった。13年4月から厚生年金の支給開始年齢が60歳から65歳まで段階的に上がるため，支給開始までの雇用を確保する狙い。25年度に完全実施される。」（傍点は引用者）と記している。詳しくは第1節で論じる。
13　前掲「高年齢者等職業安定対策基本方針」の冒頭でも，「雇用と年金の確実な接続等を図るため」と明記している。
14　例えば，城繁幸は，『若者を殺すのは誰か？』（扶桑社新書，2012年，81～82頁）で，「慶應義塾の塾長という立場にありながら，厚生労働省の意向に沿って「65歳雇用義務化」を推進し，若者と非正規雇用労働者から職を奪った清家篤氏には，筆者は強い憤りを覚える。氏には学者はもちろん，教育者を名乗る資格もないと断罪する。」（傍点は引用者）と述べている。「生涯現役」は清家の長年にわたる持論である。学長になったからといって，変節するのであれば，それこそ学者としての資格あるいは資質が問われることになりはしないか。
15　ここでの記述は，基本的に，菅野和夫『労働法』第10版，2012年，73-76頁，533-538頁に基づく。
16　神代，前掲『産業と労使』253頁。
17　定年後の再雇用は，通例，企業をいったん定年退職した後の再雇用として，責任や難易度のより低い業務に，定年時の給与より3～4割低い給与で行われる。また，労働契約の形態も1年契約であり，65歳まで毎年更新するというのが通例である。菅野，前掲『労働法』第10版，75頁。
18　厚生労働省「雇用管理調査」。調査対象は，従来は「本社常用労働者30人以上」だったが，2008年から「常用労働者30人以上」に調査対象の範囲が拡大。
19　「勤務延長制度」とは，定年年齢が設定されたまま，定年年齢に到達した者を退職させることなく引き続き雇用する制度のことである。また，「再雇用制度」とは，定年年齢に到達した者を一旦退職させた後，再び雇用（たとえば嘱託などの身分で）する制度のことである。
20　2004年改正法における，労使協定で基準を定めれば継続雇用措置の対象者を選別することができるとする規定（第9条2項）は，2012年の法改正で削除された。菅野，前掲『労働法』536頁，安西愈『雇用法改正―人事・労務はこう変わる』日経文庫，2013年，202-203頁等を参照。
21　菅野，前掲『労働法』536頁。なお，ここで「特殊関係事業主」とは，① 当該事業主の子法人等，② 当該事業主を子法人等とする親法人等，③ 当該事業主を子法人等とする親法人等の子法人等（当該事業主及び前2号に掲げる者を除く。），④ 当該事業主の関連法人等，⑤ 当該事業主を子法人等とする親法人等の関連法人等（前号に掲げる者を除く。）―の5タイプを指す。当該企業からみて保有する議決権が50%を超える法人が子法人，20%以上は関連法人である。

注　171

22　集計対象は，全国の常時雇用する労働者が 31 人以上の企業 14 万 5902 社で，うち中小企業（31〜300 人規模）は 13 万 812 社（うち 31〜50 人規模：4 万 9354 社，51〜300 人規模：8 万 1458 社），大企業（301 人以上規模）は 1 万 5090 社である。

23　日本経済新聞朝刊，2012 年 12 月 26 日付，社説「企業は雇用延長にとどまらぬ処遇改革を」。日本経済新聞は，2012 年 10 月 9 日付の社説「打つ手はある定年後の雇用」でも，同様の視点から，「定年の 60 歳以降の雇用確保のため政府が取り組むべきことは，もっとあるのではないか。」との疑問が提示されている。

24　柳川範之『日本成長戦略 40 歳定年制―経済と雇用の心配がなくなる日』さくら舎，2013 年，29-31 頁。

25　この「4 割」は，日本経済団体連合会「2011 年人事・労務に関するトップ・マネジメント調査結果」（2011 年 9 月 29 日）の 38.4％に基づくもので，「2012 年度調査結果」では，図 5-7 が示すように 16.9％にまで低下している。

26　詳しくは，堀江奈保子「高齢者全員を雇用すれば『1.9 兆円』のコスト増」『週刊東洋経済』第 6440 号，2013 年 1 月 26 日号，40-41 頁を参照。

27　同上，41 頁。

28　小島明『「日本経済」はどこへ行くのか 1―危機の 20 年』平凡社，2013 年，230-231 頁。

29　日本経済団体連合会「経営労働政策委員会報告」2013 年版，64 頁。

30　経過措置が適用されずに，「基準」廃止の影響を受ける世代は，「報酬比例部分」の支給開始年齢の引き上げの影響を受ける世代であり，生年月日でみると 1953 年 4 月 2 日生まれ以後の世代となる。

31　みずほ総合研究所「希望者全員を 65 歳まで雇用義務化―高齢者が活躍できる職場の創設と人材育成が課題」みずほインサイト（堀江奈保子稿）2013 年 2 月 20 日。なお，堀江は，日本経済新聞朝刊，2013 年 5 月 23 日〜6 月 5 日付にも，10 回にわたってゼミナール「『65 歳まで雇用』と企業」を連載し，その⑥で「人件費は 25 年度に 1.4 兆円増へ」と記している。

32　継続雇用制度（基準なし）の継続雇用者 81.5％と基準非該当離職者 0.2％の和。

33　厚生労働省「平成 20 年高年齢者雇用実態調査」（2008 年）によると，継続雇用制度がある事業所で，継続雇用を希望しなかった定年到達者は，その理由として，「定年退職後に働く意思がない」（67.4％），「NPO や地域活動等への参加を希望」（2.2％）等を挙げている（2 つまでの複数回答）。堀江の「希望者全員を 65 歳まで雇用義務化」では，両者の合計 69.6％は，報酬比例部分の支給開始年齢の引き上げにより，所得の空白期間が生じることから継続雇用希望に転じる，と仮定している。その他の回答には，「自社以外で再就職を希望」（22.7％）や，賃金水準や仕事内容が合わないなど「制度とのミスマッチ」（17.8％）等がある。

34　日本経団連，前掲「経営労働政策委員会報告」2013 年版，66 頁。

35　日本経済新聞朝刊，2012 年 12 月 15 日付，「40〜50 代の賃金抑制―NTT，65 歳雇用原資に」。

36　厚生労働省「高年齢者雇用安定法 Q&A」（以下，Q&A）では，「高年齢者雇用安定法が求めているのは，継続雇用制度の導入であって，事業主に定年退職者の希望に合致した労働条件での雇用を義務づけるものではなく，事業主の合理的な裁量の範囲の条件を提示していれば，労働者と事業主との間で労働条件等についての合意が得られず，結果的に労働者が継続雇用されることを拒否したとしても，高年齢者雇用安定違反となるものではない」（A1-9）と明示している。

37　「Q&A」は，「継続雇用後の労働条件については，高年齢者の安定した雇用を確保するという高年齢者雇用安定法の趣旨を踏まえたものであれば，最低賃金などの雇用に関するルールの範囲内で，フルタイム，パートタイムなどの労働時間，賃金，待遇などに関して，事業主と労働者の間で決めることができる。」（A1-4），「高年齢者の雇用の安定を確保するという高年齢者雇用安定法の趣旨を踏まえたものであり，A1-9 にあるとおり事業主の合理的な裁量の範囲の条件であれば，定

年後の就労形態をいわゆるワークシェアリングとし，勤務日数や勤務時間を弾力的に設定することは差し支えない」(A1-10) と記している。

38 「Q&A」のA1-4。
39 「Q&A」のA1-5。
40 日本経済新聞朝刊，2013年2月8日付，「雇用延長の賃金 再設計─「65歳」義務化控え三菱重など」。
41 厚生労働省編『労働経済白書』平成24年版，261-262頁。
42 厚生労働省「今後の高年齢者雇用に関する研究会報告書～生涯現役社会の実現に向けて～」2011年6月，5頁。
43 日本経済新聞朝刊，2013年6月3日付，前掲「『65歳まで雇用』と企業」⑧（堀江稿）。
44 同様の指摘は，加藤久和『世代間格差─人口減少社会を問い直す』ちくま新書，2011年，134-136頁にもみられる。加藤は，「若者と高齢者の雇用におけるゼロサム・ゲームの指摘は統計的には当てはまらないということになる。」と明言している。
45 前掲『労働経済白書』平成24年版，260頁。
46 *Live Longer, Work Longer: Ageing and Employment Policies*, OECD Publishing, Paris.（『世界の高齢化と雇用政策：エイジ・フレンドリーな政策による就業機会の拡大に向けて』OECD編著，濱口桂一郎訳，明石書店，2006年）
47 OECD編著（濱口桂一郎監訳，中島ゆり訳）『世界の若者と雇用─学校から職業への移行を支援する』明石書店，2011年，54-55頁。濱口は，「監訳者解説」の中で，「労働のかたまりの誤謬」に言及して，「近年，高齢者雇用を進めることが若者の雇用機会を奪うことになるという単純な議論が盛んに行われている。とくに，若者の代表と称するある種の評論家たちが，若者の利益を掲げて高齢者雇用を攻撃するという傾向が見られる。これらデマゴギッシュな評論家とは違うが，日本の経団連が今年7月に公表した『今後の高齢者雇用のあり方について』でも，『現下の経済環境を背景にただでさえ新卒者が厳しい就職環境下に置かれ，既卒者への対応も政策的に重要な課題となっている中にあって，高齢者のみが優遇されるような政策が打ち出されれば，就業機会の公平性という観点から極めて問題があるといえよう。その影響は，新卒者のみならず，より広範に若年雇用の問題に波及しかねず，労働市場全体の新陳代謝を停滞させ，我が国の活力の低下をもたらしかねない』と，高齢者が多くの仕事に就くと若者の仕事が少なくなるという議論を展開している。しかしながら，Box2.1で明白に論証されているように，この考え方は全く正しくない。高齢者の就業率と若者の就業率とは正の相関関係にあり，高齢者がたくさん働いている社会では若者もたくさん働いており，働く高齢者が少ない社会では働く若者も少ない。そして日本は前者（高齢者も若者もたくさん働く国）の典型である」（傍点は引用者）と明言している。（同，236頁）
48 日本経済新聞朝刊，2012年5月18日付，経済教室「高齢者雇用を考える⑦」（太田聰一稿）も参照のこと。
49 日本経済新聞朝刊，2012年3月13日付，「13年度年金支給開始年齢上げ─65歳継続雇用で溝」
50 柳川，前掲『日本成長戦略 40歳定年制』32頁。
51 経団連，前掲「経営労働政策委員会報告」2013年版，72頁。
52 詳しくは，吉川洋『デフレーション─"日本の慢性病"の全貌を解明する』日本経済新聞出版社，2013年，第6章等を参照されたい。

第 6 章
わが国の障害者雇用の現状と課題
―精神障害者の雇用義務化に焦点を当てて―

はじめに

　日本経済新聞は,「精神障害者雇用　義務化を」という見出しで, 次のように記している[1]。

　　厚生労働省の研究会は 26 日, 身体障害者と知的障害者に加え, 新たに精神障害者も障害者雇用促進法に基づく雇用義務の対象とすべきだとする報告書案をまとめた[2]。精神障害者の就労意欲が高まっていることなどが理由。(中略) 報告書案は精神障害者に対する企業の支援策が進んでいると指摘。雇用環境が改善されていることから,「雇用義務の対象とするのが適当」とした。ただ, 企業の理解に不十分な点もあり, 精神障害者と企業とのマッチングなどを支援する体制を充実させる必要があるとしている。対象となるのは, 精神障害者保健福祉手帳を持つ統合失調症, そううつ病, てんかんなどの患者。障害者雇用促進法は企業や国などに一定割合以上の障害者を雇用するよう義務付けている。企業の法定雇用率は 1.8％で, 来年度からは 2.0％に引き上げられる。精神障害者の雇用が義務化されると, 法定雇用率も上昇することになる。昨年 6 月 1 日時点の企業の障害者雇用率は 1.65％で, 大企業を中心に雇用が進んでいる。ハローワークを通じて就職した精神障害者は 2006 年度[3]が約 6700 人だったが, 11 年度は約 1 万 8800 人で 2.8 倍となった。障害者全体の就職件数に占める割合も 15.3％から 31.7％に増えている。(傍点は引用者)

この記事を見てまず思ったことは,「企業の理解に不十分な点もあり」なんてそんな悠長な話ではないだろう,表立って反対はしない,あるいは,できないにしても,本音のところでは,「冗談じゃない」,精神障害者の雇用義務化に対する企業の反発,あるいは懸念には相当なものがあろう,ということであった。果たせる哉,2013年3月15日の日本経済新聞は,「厚生労働省の労働政策審議会の分科会は14日,障害者雇用促進法で精神障害者の雇用を義務付ける必要があるとする意見書をまとめた。これを受け,同省は改正法案を作成し,21日に開かれる分科会で議論する。分科会で合意が得られれば改正法案を今国会に提出し,5年後の2018年4月の施行を目指す。ただ企業側からは『精神障害者の雇用支援策を充実させ,効果を確認してから義務化に踏み切るべきだ』などと慎重な声も出ており,法改正の見通しは不透明だ。」[4]（傍点は引用者）と記している。

「義務化の前に,まず,やるべきことがあるだろう」というわけである。つまりは,時期尚早論,先送り論である。また,2013年3月21日の日本経済新聞夕刊は,「雇用義務化,2018年度から」という見出しで,次のように記している[5]。

> 厚生労働省は21日,2018年4月から精神障害者の雇用を義務付ける方針を決めた。障害者雇用促進法の改正案を今国会に提出する。企業に義務付けられる障害者の法定雇用率は今年4月から2.0%に引き上げられることが決まっている。法改正が実現すれば,さらに上昇するが,18年度からの法定雇用率は国の支援策などを考慮し,上昇幅を抑えることも検討する。厚労省が21日,労働政策審議会の分科会に改正案の要綱を諮問し,分科会が「おおむね妥当」と判断した。知的障害者の雇用が義務化された1998年以来の大幅な制度改正となる。現行法の雇用義務は身体障害者と知的障害者が対象。精神障害者が加われば法定雇用率は10分の数ポイント上昇する見通し。法定雇用率は5年に1度見直される。18年度の見直しでは精神障害者の雇用状況や国の企業支援策を考慮し判断する。分科会は今月14日,精神障害者の雇用を義務付ける必要があるとする意見書をまとめたが,企業側の委員から「精神障害者の雇用支援策を充実させ,効

果を確認してから義務化に踏み切るべき」と法改正に慎重な意見があり，義務化の実施時期が焦点となっていた。(傍点は引用者)

要するに，今回は，2018年度4月からの精神障害者の雇用義務化，という方向性が確認されただけで，傍点部分に示されているように，法定雇用率がどうなるのか等，具体的なことは何も決まっていないということである[6]。

引用にも示されているように，最近，障害者雇用に関連して，立て続けに2つの大きな改善策が提示された。一つは，従業員規模の引き下げ（適用企業の拡大）と法定雇用率の引き上げで，これは既に2013年4月1日から施行されている。

周知のように，「障害者の雇用の促進等に関する法律」は，企業や国などに一定割合以上の障害者を雇用するよう義務づけている。1998年7月以降は，従業員56人以上の民間企業で，1.8%以上の障害者雇用を義務づけていたが，2013年4月1日からは，従業員50人以上の民間企業で，2.0%以上の障害者雇用を義務づけた。また，これに付随して，国や自治体，特殊法人もこれまでの2.1%から2.3%に，都道府県の教育委員会も2.0%から2.2%に引き上げた。

もう一つの改善策は，既述したように，厚生労働省が，精神障害者の雇用義務化の方針を打ち出したことである。つまり，厚生労働省は，これまでの身体障害者と知的障害者に加え，新たに精神障害者も障害者雇用促進法に基づく「雇用義務の対象とするのが適当」と判断したのである。対象となるのは，精神障害者保健福祉手帳を持つ統合失調症，そううつ病，てんかん等の患者である。厚生労働省は，若干の準備期間をおいて，2018年4月から適用という方針を固めた。

本章では，1960年に制定された「障害者の雇用の促進等に関する法律」[7]が，時の流れとともにどのように変化してきたかを確認し，障害者雇用の現状ならびに課題を，とくに2018年に施行が予定されている精神障害者の雇用義務化に焦点を当てて，考察する。

第1節　障害者雇用促進法―その変遷

　前掲「報告書」は,「雇用義務制度の変遷」という見出しで,「雇用義務制度は, 昭和35年の法制定時に身体障害者を対象とした努力義務として創設され, 昭和51年の改正により, 法的義務へと強化された。また, 昭和62年の改正により, 知的障害者に対する雇用率の適用に関する特例 (実雇用率の算定特例) が設けられ, その後, 平成9年の改正により知的障害者に係る雇用率制度上の取扱いが法的に整備され (雇用義務化), その算定基礎に知的障害者を含む障害者の適用に関する特例 (実雇用率の算定特例) が設けられた。」[8]と簡潔に記している。

　これを, 今少し詳しくみてみると, 以下の通りである[9]。

　現在の障害者雇用施策の基本となる法律の制定は, 1960年の「身体障害者雇用促進法」で, この法律の制定により障害者雇用施策は具体的に進み始めた[10]。

　法定雇用率は当初, 官公庁の現業機関は1.4%, 非現業機関は1.5%, また, 特殊法人の現場的事業所は1.3%, 事務的事業所は1.5%, そして, 民間事業所の現場的事業所は1.1%[11], 事務的事業所は1.3%, と定められ, 官公庁ならびに特殊法人は「義務雇用」, 民間の事業所は「努力目標」とされた[12]。

　その後,「身体障害者の雇用義務の強化」と, 経済的側面から裏打ちする「身体障害者雇用納付金制度の創設」を中心に, 身体障害者雇用促進法の抜本的改正が行われ, 1976年10月1日から施行されることになる[13]。この時の主要な改正点は, ①現行の雇用努力義務を改め義務雇用制度としたこと, ②身体障害者雇用納付金制度[14]を創設したこと, ③公表制度を定めたこと, ④解雇の届け出制度を設定したこと, ⑤重度障害者は1人をもって2人と算定するダブルカウント制度を設けたこと, ⑥事業所単位を企業単位に改めたこと, ⑦雇用率の算定に対する除外労働者制度[15]を改正したこと, ⑧身体障害者雇用促進協会 (現・日本障害者雇用促進協会) を創設したことであった[16]。その他,「特例子会社制度」の創設等も重要な改正点であった[17]。

その後，1987年には，法律名が「身体障害者雇用促進法」から「障害者の雇用の促進等に関する法律」（以下，「障害者雇用促進法」という。）に改められる等，大きな改正が行われた。これは，1981年の「国際障害者年(International Disabled People's Year)」[18]，その2年後に始まる「国連・障害者の10年」等の影響を強く受けながらの改正であった。この時の主要な改正点を列挙すると，① 法律名が「身体障害者雇用促進法」から「障害者の雇用の促進等に関する法律」に改正されたこと，② いわゆるノーマライゼーション(normalization)[19]の理念を障害者雇用の基本理念としたこと，③ すべての障害者を法の対象としたこと，④ 知的障害者（当時は精神薄弱者と呼ばれていた）を雇用率制度の対象とし，雇用率に算入できるようにしたこと，⑤ 職業リハビリテーション[20]を法律の中に位置づけたこと，等である[21]。

さらに，1992年（「国連・障害者の10年」の最終年）には，「重度の知的障害者は，重度の身体障害者と同様に，ダブルカウントできる」[22]等，同法の施策の充実が図られるとともに，障害者のための職業リハビリテーションおよび雇用に関する原則と政策枠組みを定める「障害者の職業リハビリテーション及び雇用（障害者）に関する条約」（ILO第159号条約，1983年採択）の批准も行われた[23]。

既述のように，1987年には知的障害者の雇用も身体障害者の雇用と同視するとの特別措置が講じられたが，1997年の法改正では，政府の障害者対策推進本部が1995年12月に決定した「障害者プラン—ノーマライゼーション7カ年戦略」[24]等を踏まえ，「身体障害者又は知的障害者の雇用義務」[25]とされた。つまり，1997年の改正は，知的障害者を「義務雇用」にするという画期的なものであった。この時の主な改正点は，① 知的障害者の義務雇用制度が成立したこと（1998（平10）年7月1日施行），②「身体障害者雇用率」が「障害者雇用率」に改正されたこと，③ 法定雇用率が民間企業の場合1.6%から1.8%に改正されたこと（特殊法人—2.1%，国・地方公共団体—2.1%，特定の教育委員会—2.0%），④ 特例子会社の認定要件が緩和されたこと[26]，⑤ 障害者雇用支援センターの設置主体に社会福祉法人を加えるとともに，職業訓練については必ずしも自ら実施しなくてもいい等，その指定要件が緩和されたこと，である[27]。

次いで 2002 年には，障害者の概念を身体障害者，知的障害者，精神障害者に整理し，法定雇用率についての規制を強化するため，障害者雇用義務を軽減する除外率制度の段階的縮小等の障害者雇用率制度を改善する改正が行われた[28]。

そして 2008 年 12 月には，中小企業における障害者雇用を促進し，かつ短時間労働への障害者のニーズに対応するため，障害者雇用納付金の適用対象の拡大と雇用率制度の見直しが行われた。

すなわち，障害者雇用納付金制度が適用されるのは，これまでは常時 300 人をこえる労働者を雇用する事業主とされていたが，この改正により，2010 年 7 月から「300 人」が「200 人」へ引き下げられ，2015 年 4 月からは「100 人」へと引き下げられる。そして，常時雇用する労働者の規模が上記の規模に達しない事業主であっても，常用労働者の 4％相当数または 6 人をこえる身体障害者または知的障害者を雇用している場合には，「報奨金」が支給される（附則第 4 条）[29]ことになった。

また，この改正により，2010 年 7 月から，身体障害者または知的障害者である短時間労働者（週所定労働時間が 20 時間以上 30 時間未満）が雇用義務の対象とされ，実雇用率の算定上は 0.5 人に換算されて算入されることとなった。なお，重度身体障害者および重度知的障害者については，従来からフルタイムで 1 人を雇用すれば 2 人と換算され，短時間雇用している場合は 1 人と換算されている[30]。

特例子会社制度は，既述のように 1976 年にスタートし，1977 年度に「シャープ特選工場（大阪）」と「オムロン太陽（大分）」の 2 社が認可されて以来[31]，2014 年 3 月末現在で 388 社が認定されている[32]。

特例子会社を持つ親会社については，関係する他の子会社も含め，企業グループでの実雇用率の算定を可能としている。2008 年改正では，さらに，特例子会社がない場合も，一定の要件を満たす企業グループとして厚生労働大臣の認定を受けたものについては，企業グループ全体で実雇用率を通算できる「企業グループ算定特例」を設けた。加えて，中小企業の場合，単独で障害のある人を雇用するために十分な仕事量を確保することが困難な場合も少なくないため，複数の中小企業が事業協同組合等を活用して共同で障害のある人の雇

用機会を確保し，一定の要件を満たすものとして厚生労働大臣の認定を受けたものについては，事業協同組合等とその組合員である中小企業で実雇用率を通算できる「事業協同組合算定特例」を新設した[33]。

以上，1960年に「身体障害者雇用促進法」が制定されて2008年改正に至るまでの，およそ50年にわたるこの法律の内容の変遷である。

第2節　障害者雇用の現状

1．誰が障害者なのか？

誰が障害者なのか？まず，障害者雇用促進法における障害者の範囲，その用語の「意義」等について，確認しておく。

同法では，「障害者」とは，「身体障害，知的障害又は精神障害（以下「障害」と総称する。）があるため，長期にわたり，職業生活に相当の制限を受け，又は職業生活を営むことが著しく困難な者」（第2条1号）と定められ，このうち，身体障害がある者であって別表（表6-1参照）に掲げる障害があるものが「身体障害者」（第2条2号），知的障害がある者であって厚生労働省令（同施行規則第1条の2[34]）で定めるものが「知的障害者」（第2条4号），精神障害がある者であって厚生労働省令（同施行規則第1条の4[35]）で定めるものが「精神障害者」（第2条6号）とされる。そして，図6-1は，この法律が対象とする「障害者の範囲」と「雇用義務の対象」を示したものである。

また，1970年に制定（2011年最終改正）された「障害者基本法」では，「障害者」とは，「身体障害，知的障害，精神障害（発達障害を含む。）その他の心身の機能の障害（以下「障害」と総称する。）がある者であって，障害及び社会的障壁により継続的に日常生活又は社会生活に相当な制限を受ける状態にあるものをいう。」（第2条1項）と定義され，引用中の「社会的障壁」は，「障害がある者にとって日常生活又は社会生活を営む上で障壁となるような社会における事物，制度，慣行，観念その他一切のものをいう。」（第2条2項）と定義されている。

最後に，厚生労働省の「定義」を確認しておく[36]。次のように記されてい

図6-1　障害者雇用促進法における障害者の範囲，雇用義務の対象

障害者

身体障害，知的障害又は精神障害（以下「障害」と総称する。）があるため，長期にわたり，職業生活に相当の制限を受け，又は職業生活を営むことが著しく困難な者（法第2条第11号）

障害者雇用促進法の対象

身体障害者	知的障害者	精神障害者		その他
障害者のうち，身体障害がある者であって別表（※1）に掲げる障害があるもの（法第2条第2号）	障害者のうち，知的障害がある者であって省令（※2）で定めるもの（法第2条第4号）※知的障害者更生相談所等により知的障害があると判定された者	障害者のうち，精神障害がある者であって省令（※3）で定めるもの（法第2条第6号）※次に掲げる者であって，症状が安定し，就労が可能な状態にあるもの		障害者のうち，左記に該当しない者・発達障害者・難治性疾患者等
		精神障害者保健福祉手帳所持者	①統合失調症，②そううつ病（そう病・うつ病を含む），③てんかん※①～③の手帳所持者を除く	

雇用義務の対象

事業主は，…その雇用する身体障害者又は知的障害者である労働者の数が，その雇用する労働者の数に障害者雇用率を乗じて得た数以上であるようにしなければならない。(法第43条第1項)

実雇用率算定の対象

（雇用義務等に係る規定の精神障害者である労働者についての適用に関する特例）
事業主が精神障害者である労働者を雇用しているときにおける同項（第43条第1項）の規定の適用については，…当該事業主が…当該精神障害者である労働者の数に相当する数の身体障害者又は知的障害者である労働者を雇い入れたものとみなす。(法第71条第1項)
※当該規定における「精神障害者」は，法第69条の規定により「精神障害者保健福祉手帳所持者」に限定している。

（出所）　前掲「報告書」添付の【参考資料】5 から。

表 6-1　障害者雇用促進法　別表（図 6-1 の※1）

一　次に揚げる視覚障害で永続するもの 　イ　両眼の視力（万国式視力表によって測ったものをいい，屈折異常がある者については，矯正視力について測ったものをいう。以下同じ。）がそれぞれ 0.1 以下のもの 　ロ　一眼の視力が 0.02 以下，他眼の視力が 0.6 以下のもの 　ハ　両眼の視野がそれぞれ 10 度以内のもの 　ニ　両眼による視野の 2 分の 1 以上が欠けているもの 二　次に揚げる聴覚又は平衡機能の障害で永続するもの 　イ　両耳の聴力レベルがそれぞれ 70 デシベル以上のもの 　ロ　1 耳の聴力レベルが 90 デシベル以上，他耳の聴力レベルが 50 デシベル以上のもの 　ハ　両耳による普通話声の最良の語音明瞭度が 50 パーセント以上のもの 　ニ　平衡機能の著しい障害 三　次に揚げる音声機能，言語機能又はそしゃく機能の障害 　イ　音声機能，言語機能又はそしゃく機能の喪失 　ロ　音声機能，言語機能又はそしゃく機能の著しい障害で，永続するもの 四　次に揚げる肢体不自由 　イ　一上肢，一下肢又は体幹の機能の著しい障害で永続するもの 　ロ　一上肢のおや指を指骨間関節以上で欠くもの又はひとさし指を含めて一上肢の二指以上をそれぞれ第一指骨間関節以上で欠くもの 　ハ　一下肢をリスフラン関節以上で欠くもの 　ニ　一上肢のおや指の機能の著しい障害又はひとさし指を含めて一上肢の三指以上の機能の著しい障害で，永続するもの 　ホ　両下肢のすべての指を欠くもの 　ヘ　イからホまでに揚げるもののほか，その程度がイからホまでに揚げる障害の程度以上であると認められる障害 五　心臓，じん臓又は呼吸器の機能の障害その他政令で定める障害で，永続し，かつ，日常生活が著しい制限を受ける程度であると認められるもの

（出所）　図 6-1 に同じ。

る。

　「身体障害者」とは，「障害者の雇用の促進等に関する法律」（昭和 35 年法律第 123 号。以下「法」という。）に規定される身体障害者をいう。原則として身体障害者手帳の交付を受けている者をいうが，身体障害者手帳の交付を受けていなくても，指定医又は産業医（内部障害者[37]の場合は指定医に限る。）の診断により確認されている者も含む，と規定する。その上で，障害の種類，障害の程度を示す。

　「知的障害者」とは，法に規定される知的障害者をいうが，具体的には児童相談所，知的障害者更生相談所，精神保健福祉センター，精神保健指定医又は

障害者職業センターによって知的障害があると判定された者，である。また，重度知的障害者とは，（イ）療育手帳（愛の手帳等他の名称の場合も）で程度が「A」とされている者，（ロ）児童相談所，知的障害者更生相談所，精神保健福祉センター，精神保健指定医から療育手帳の「A」に相当する判定書をもらっている者，（ハ）障害者職業センターで重度知的障害者と判定された者，をいう。

「精神障害者」とは，法に規定される精神障害者をいうが，具体的には，（イ）精神障害者保健福祉手帳の交付を受けている者，（ロ）イ以外の者であって，産業医，主治医等から統合失調症，そううつ病又はてんかんの診断を受けている者であって，症状が安定し，就労可能な状態の者をいう。

2．障害者雇用の現状

では，そもそも，日本にはどのくらいの数の障害者がいるのであろうか。『障害者白書』平成26年版は，「身体障害，知的障害，精神障害の3区分で障害者数の概数を見ると，身体障害者393万7000人，知的障害者74万1000人，精神障害者320万1000人となっている。これを人口1000人当たりの人数で見ると，身体障害者は31人，知的障害者は6人，精神障害者は25人となる。複数の障害を併せ持つ者もいるため，単純な合計数にはならないものの，およそ国民の6％が何らかの障害を有していることになる。なお，この数値の身体障害者及び知的障害者は，『生活のしづらさなどに関する調査』（調査の概要参照…略，引用者）によるもので，精神障害者については，医療機関を利用した精神疾患患者数を精神障害者数としていることから，一過性の精神疾患のために日常生活や社会生活上の相当な制限を継続的には有しない者も含まれている可能性がある。」[38]と記している。

要するに，わが国には，成人に限定して，身体障害者が383万4000人（18歳以上），知的障害者が57万8000人（18歳以上），精神障害者が301万1000人（18歳以上），合計でおよそ740万人の障害者がいることになる。これを生産年齢人口（15歳以上64歳以下の者）について見たのが表6-2である。これによると，障害者合計は205万人で，そのうち身体障害者が134万4000人，知的障害者が35万5000人，精神障害者が35万1000人と推計されている。精

表 6-2　身体障害者，知的障害者及び精神障害者の就業状態（2006年）

(単位：千人，%)

項目	障害者合計	身体障害者	知的障害者	精神障害者
a. 15～64歳	2,050	1,344	355	351
b. 就業者	826	578	187	61
c. 就業率（=b/a×100）	40.3	43.0	52.6	17.3
d. 常用雇用者	335	280	35	20
e. 常用雇用者の比率（=d/b×100）	40.6	48.4	18.8	32.5
f. 授産施設・作業所等	172	38	111	23
g. 授産施設・作業所等の比率（=f/b×100）	20.8	6.5	59.1	37.7

(注)　調査の対象及び客体は，全国の身体障害者，知的障害者及び精神障害者（平成18年7月1日現在，15歳以上64歳以下の者であって，身体障害者手帳，療育手帳又は精神保健福祉手帳等所持者）及びその属する世帯を対象として，平成12年国勢調査により設定された調査区を100分の1の割合で無作為抽出した調査地区内に居住する身体障害者，知的障害者及び精神障害者を客体とした。
(出所)　厚生労働省「身体障害者，知的障害者及び精神障害者就業実態調査の調査結果について」(2008) から筆者作成。(一部補筆)

　神障害者の人数が，『白書』と「身体障害者，知的障害者及び精神障害者就業実態調査の調査結果について」（以下，「就業実態調査」という。）とでは大きく食い違っているが，これは「就業実態調査」が精神障害者保健福祉手帳の所持者を調査対象としているのに対し，『白書』では「なお書き」以下に示されているように患者調査が用いられているからだと思われる。障害者の母数を理解するには，「就業実態調査」のほうが参考になる[39]。

　しかしより重要なことは，これらを母数とする障害者が，企業等にどの程度雇用されているかである。表 6-3 は，従業員5人規模以上の規模の事業所に雇用されて働いている障害者数を示したものである。これをみると，身体障害者は34万6000人，知的障害者は7万3000人，精神障害者は2万9000人となっている。それぞれの母数から考えて，身体障害者の雇用者数が多いのは当然であるとしても，表 6-2 では知的障害者に匹敵する人数がいる精神障害者であるが，その雇用者数が少ないのに対して，知的障害者のそれは比較的に多い。これは，おそらく「福祉的就労」[40]と呼ばれる授産施設や作業所等で就労している者が多いためと考えられる。因みに，身体障害者，知的障害者，精神障害

者，各々の「就業形態」を示しておくと，図 6-2, 6-3, 6-4 のようである。「授産施設・作業所等」は，身体障害者では 6.5％に止まるが，精神障害者では 37.7％，知的障害者では 59.1％にも上り，就業形態の中核を占めていることがわかる。

表 6-3　雇用障害者数（従業員 5 人規模以上の規模の事業所）

	雇用者数
身体障害者（100％）	346,000 人
視覚障害者（4.5％）	16,000 人
聴覚言語障害者（16.8％）	58,000 人
肢体不自由（36.6％）	127,000 人
内部障害（34.6％）	120,000 人
重複（4.0％）	14,000 人
不明等（3.6％）	12,000 人
知的障害者	73,000 人
精神障害者	29,000 人

（注）　値はすべて推計値
（出所）　内閣府編『障害者白書』平成 25 年版，18 頁。原資料は
　　　　厚生労働省「障害者雇用実態調査」（平成 20 年）。（一部補筆）

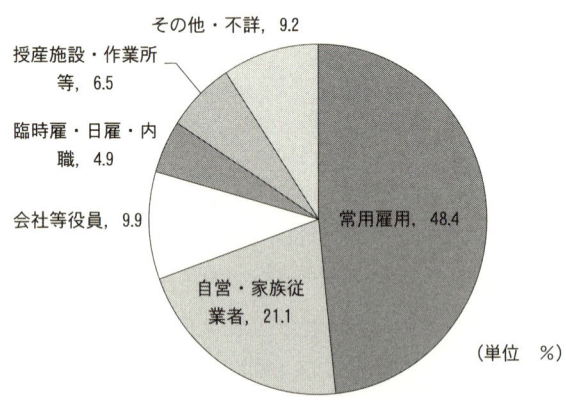

図 6-2　身体障害者の就業形態

その他・不詳，9.2
授産施設・作業所等，6.5
臨時雇・日雇・内職，4.9
会社等役員，9.9
自営・家族従業者，21.1
常用雇用，48.4

（単位　％）

（出所）　内閣府編，前掲『障害者白書』平成 25 年版，16 頁。原資料は，厚生労働省「身体障害者，知的障害者及び精神障害者就業実態調査」（平成 18 年 7 月 1 日時点）。表 6-2 に同じ。

図 6-3　知的障害者の就業形態

- その他・不詳, 7.5
- 常用雇用, 18.8
- アルバイト・臨時, 10.8
- 自営業・自営の手伝い, 3.7
- 授産施設・作業所等, 59.1

(単位　%)

（出所）　図 6-2 に同じ。

図 6-4　精神障害者の就業形態

- その他・不詳, 13.2
- 常用雇用, 32.5
- 自営・家族従業者, 7.9
- 会社等役員, 5.3
- 臨時雇・日雇・内職, 3.5
- 授産施設・作業所等, 37.7

(単位　%)

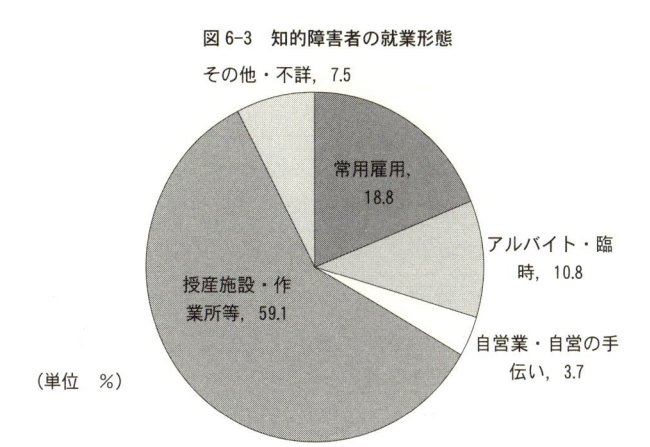

（出所）　図 6-2 に同じ。

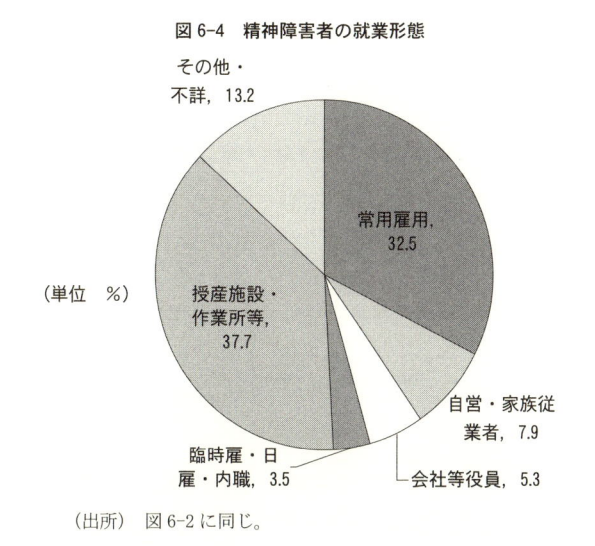

　冒頭「はじめに」で，2011 年度のハローワークを通じた精神障害者の就職件数，約 1 万 8800 人を新聞記事から引用した。これについて，もう少し詳しく見てみよう。2012 年度のハローワークを通じた障害者（身体，知的，精神，その他の障害者の合計）の就職件数は，11 年度の 5 万 9367 件を上回る 6 万

8321件（前年度比15.1％増）であった。そして，2013年度はそれをさらに上回る7万7883件（同14.0％増）で，2010年度の5万2931件から4年連続で過去最高を更新した。13年度の7万7883件のうち，身体に障害のある人は2万8307件（前年度比6.5％増），知的障害のある人は1万7649件（同10.1％増），精神障害のある人は2万9404件（同23.2％増），その他の障害のある人（発達障害者，高次脳機能障害者，難治性疾患患者等）は2523件（同35.9％増）であった。特に今回の調査で特徴的なのは，精神障害者の就職件数が大幅に増加し，身体障害者の就職件数を初めて上回ったことである[41]。図6-5は，身体，知的，精神，その他の障害者のハローワークを通じた就職件数の年次推移を示したものである。見られるように，障害者の就職件数は，精神障害者を中心に，年々確実に増加している。

　上記は，ハローワークを通じた障害者（身体，知的，精神，その他）の就職件数の推移であるが，次に，雇用される障害者の数と実雇用率の推移を確認しておく。（図6-6参照）

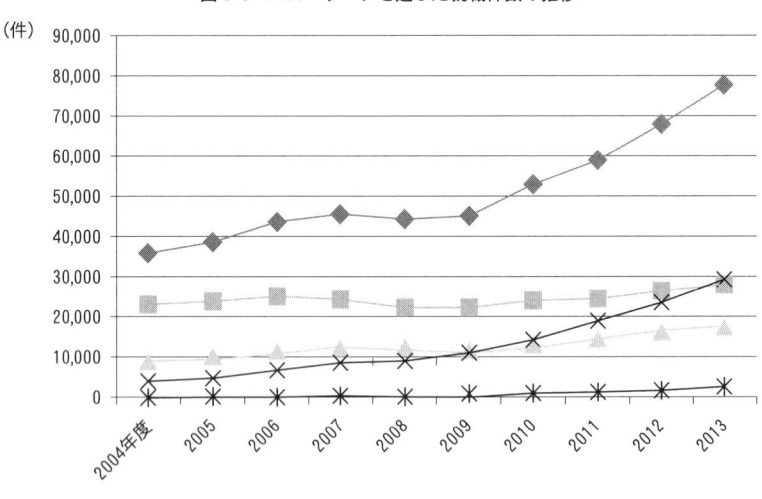

図6-5　ハローワークを通じた就職件数の推移

（出所）「平成25年度・障害者の職業紹介状況等」。（一部補筆）

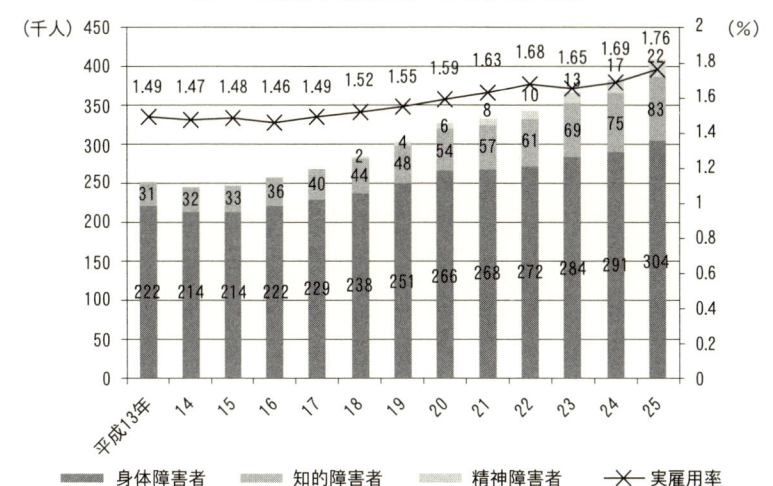

図6-6 実雇用率と雇用される障害者の数の推移

年度	身体障害者	知的障害者	精神障害者	実雇用率(%)
平成13年	222	31		1.49
14	214	32		1.47
15	214	33		1.48
16	222	36		1.46
17	229	40		1.49
18	238	44	2	1.52
19	251	48	4	1.55
20	266	54	6	1.59
21	268	57	8	1.63
22	272	61	10	1.68
23	284	69	13	1.65
24	291	75	17	1.69
25	304	83	22	1.76

(注) 1. 雇用義務のある企業（平成24年までは56人以上規模，平成25年は50人以上規模の企業）についての集計である。
2. 「障害者の数」とは，次に掲げる者の合計数である。
   平成17年度まで：身体障害者（重度身体障害者はダブルカウント），知的障害者（重度知的障害者はダブルカウント），重度身体障害者である短時間労働者，重度知的障害者である短時間労働者。
   平成18年度以降：身体障害者（同上），知的障害者（同上），重度身体障害者である短時間労働者，重度知的障害者である短時間労働者，精神障害者，精神障害者である短時間労働者（0.5人でカウント）。
   平成23年以降：「平成18年度以降」に列挙したものと，身体障害者である短時間労働者（0.5人でカウント），知的障害者である短時間労働者（0.5人でカウント）を合計したもの。
3. 障害別に四捨五入をしている関係から，障害別内訳と合計値は必ずしも一致しない。
(出所) 内閣府編，前掲『障害者白書』平成26年版，59頁。

2012年6月1日[42]現在の障害のある人の雇用状況は，障害のある人の雇用者数が平成16年から9年連続で過去最高を更新し，38万2363.5人（前年同日36万6199人）で，このうち，身体に障害のある人の雇用者数は29万1013.5人（同28万4428人），知的障害のある人の雇用者数は7万4743人（同6万8747人），精神障害のある人の雇用者数は1万6607人（同1万3024人）で，3障害とも前年より増加していた。また，民間企業が雇用している障害のある人の割合は1.69%（前年同日1.65%）であった。

188　第6章　わが国の障害者雇用の現状と課題

図6-7　企業規模別実雇用率の推移

(出所)　図6-6に同じ。

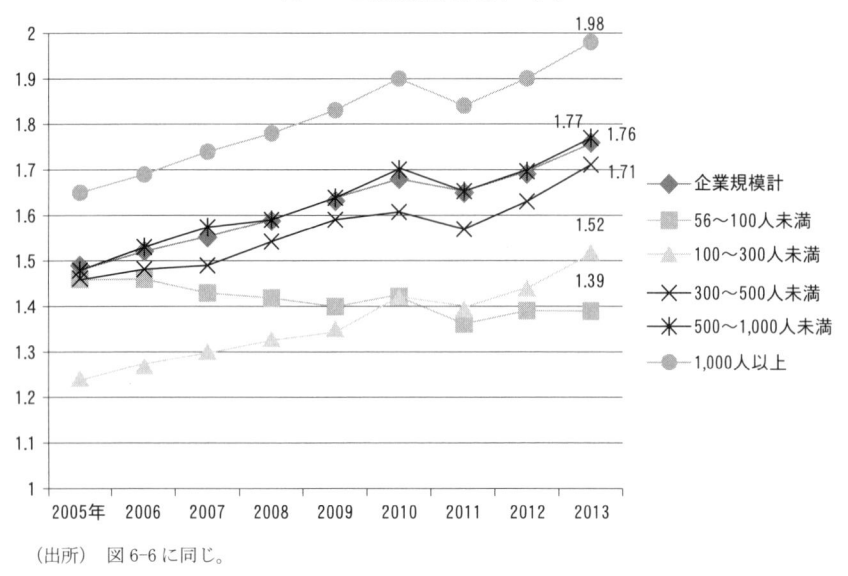

図6-8　企業規模別の法定雇用率達成企業の割合の推移

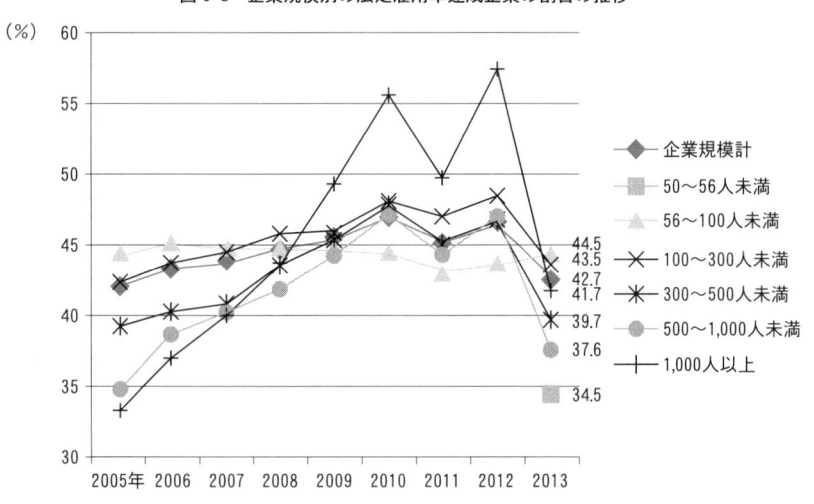

(出所)　図6-6に同じ。

これを，企業規模別にみたものが図6-7で，56〜100人未満規模では1.39％，100〜300人未満規模では1.44％，300〜500人未満規模では1.63％，500〜1000人規模では1.70％，1000人以上では1.90％であり，1000人以上の大企業では，法定雇用率1.80％を上回っている。

他方，図6-8で法定雇用率を達成した企業の割合をみると，全体では46.8％と依然として半数に満たない状況にあるが，1000人以上の大企業では57.5％と，過半数となっている。なお，雇用されている障害のある人の数および法定雇用率を達成した企業の割合は，すべての企業規模で前年の報告より増加した[43]。

第3節　障害者雇用の課題

1．企業と障害者雇用

厚生労働省は，民間企業の企業別の障害者雇用状況（2007年6月現在）の調査をまとめている。表6-4はそれを示したものである。

従業員5000人以上の企業で従業員に占める障害者の割合が最も高かったの

表6-4　障害者雇用率 上位の企業（従業員5000人以上）

	企業名	雇用率
1	ユニクロ	7.43
2	すかいらーく	2.90
3	パナソニックエレクトロニックデバイス	2.87
4	オムロン	2.76
5	しまむら	2.73
6	ダイキン工業	2.66
7	西日本鉄道	2.54
8	NTT西日本 九州	2.53
9	松下電工	2.48
10	日本たばこ産業	2.46

（出所）　日本経済新聞朝刊，2008年2月2日付，「障害者雇用率 ユニクロ首位」。

は，カジュアル衣料のユニクロで7.43％であった。フルタイムの従業員1万541人のうち783人を雇用，2位のすかいらーく（2.9％）を大幅に上回っている。なお，この07年の全企業の障害者雇用率は図6-5，6-6が示すように1.55％である。

また，従業員5000人以上の企業を業種別に見ると，飲食店・宿泊業の2.19％，電機・ガス・熱供給の2.01％などが高く，他方，サービス業（1.66％）や金融・保険・不動産業（1.7％）などは法定雇用率を下回っている[44]。

ランキングを見ていて思うことは，まず，企業のトップの意思が障害者雇用に色濃く反映している，ということである。その代表例はユニクロである。柳井正会長（当時）は，次のように述べている[45]。

> ウチもきれい事を言う気はない。障害者を雇うのはその方が顧客サービスが向上するからだ。（障害者がいると弱点を補い得意な点を伸ばそうと他の従業員の支援意識が高まり，その気遣いは顧客へのきめ細かいサービスにつながり集客力が高まる。）障害者を特別扱いしないのがウチの基本。その方が障害者もやる気をもって働ける。できないところは支援するが，それは未熟な健常者を熟練社員が教えるのと同じこと。障害者，健常者を問わず従業員が仕事に達成感を持てるようにすることが業績拡大の近道だと思う。（傍点は引用者）

柳井の弁は正直である。障害者は企業にとってはおそらく厄介な存在であろう。すべてとは言わないが，大方の企業では，法律があるからやむを得ず障害者を雇用しているというのが最も実態に近いであろう。

次に，いわゆる大企業が名を連ねていることが目につく。松下やNTTなど，本社名は出てこないにしても，その子会社（特例子会社）がランク・インしている。コンプライアンスやCSRを強く意識しての企業行動であろう。

これに対して，図6-7，図6-8でみたように，中小企業，とくに56人～100人未満の企業規模の障害者雇用率は低迷状態にある[46]。そういう中での，2013年4月からの法定雇用率の引き上げである。2012年の56～100人未満の企業計の実雇用率は1.39で，法定雇用率達成企業の割合は43.7％である。つまり，

この規模の企業の過半数は，これまでの法定雇用率1.80もクリアできていないということである。したがって，今回の法定雇用率の引き上げは彼らにとって相当の重荷になることが予想される。そこで，法定雇用率達成の一つの手段として，2008年改正で認められた「事業協同組合算定特例」等の活用も一つの有効な選択肢となってこよう。

2．精神障害者の雇用義務化

身体ならびに知的障害者の雇用も然ることながら，企業にとってそれ以上に難しいのは精神障害者の雇用であろう。ここでは，前掲の「報告書」[47]に基づき，「精神障害者の雇用義務化」について考察する。「報告書」は，精神障害者の雇用義務化に関するこれまでの議論の経緯について，大要，以下のように，記している[48]。

> 精神障害者の雇用義務化は，平成9年に知的障害者が雇用義務化されて以降，継続的に議論されてきた。平成14年1月の労働政策審議会意見書で，「精神障害者についても，今後雇用義務制度の対象とする方向で取り組むことが適当と考えられる。」とされ，平成16年12月の同意見書では，「将来的にはこれを雇用義務制度の対象とすることが考えられる。」とされたが，「現段階では，このような企業の社会的責任を果たすための前提として，精神障害者の雇用に対する企業の理解と雇用管理ノウハウの普及を図り，精神障害者の雇用環境をさらに改善していく必要がある。」とされ，雇用の促進を図るために平成18年度から実雇用率の算定特例が設けられた。また，平成22年6月に閣議決定された「障害者雇用制度の推進のための基本的な方向について」で，「障害者雇用率制度について，雇用の促進と平等な取扱いという視点から，…精神障害者の雇用義務化を図ることを含め，積極的差別是正措置[49]としてより実効性のある具体的方策を検討し，2012（平成24）年度内を目途にその結論を得る。」とされた。（傍点は引用者）

そして，その結論がこの「報告書」（平成24年8月3日）である。では，本

章冒頭の引用中の「精神障害者の就労意欲が高まっている」,「企業の支援策が進んでいる」,「雇用環境が改善されている」等は，何を根拠にそのように言えるのか。「報告書」では，① 雇用状況の変化，② 企業の意識の変化，③ 雇用支援策の変化，の 3 つに分けて，大要，以下のように記している[50]。

① ハローワークにおける精神障害者の新規求職申込件数は年々増加している。平成 18 年度 1 万 8918 件から平成 23 年度 4 万 8777 件と 2.6 倍となっている。障害者全体数に占める割合も，18.3％から 32.9％へと増加している。また，就職件数については，6739 件から 1 万 8845 件と 2.8 倍となっている。障害者全体に占める割合は，15.3％から 31.7％と増加している。また，56 人以上の従業員規模の企業に課されている毎年 6 月 1 日の雇用状況報告によると，平成 18 年度の精神障害者の雇用者数は 1917.5 人（うち短時間 543 人）であったが，平成 23 年は 1 万 3024.0 人（うち短時間 3972 人）と 5 年間で 6.8 倍となっている。

したがって，精神障害者の就労意欲は年々高まっている，と言える。

② 本研究会で実施した事業所アンケート（調査対象は事業所規模 5 人以上の雇用保険適用事業所で 1000 事業所，有効回答数は 432 事業所，平成 23 年 12 月実施）の結果の概要は以下の通りであった。

精神障害者については，62 事業所（14.4％）で 116 人が雇用され，その内訳は 36 事業所（8.3％）で採用前精神障害者[51]が 70 人，34 事業所（7.9％）で採用後精神障害者[52]が 46 人雇用されていた。平成 15 年 2 月の前回調査では，精神障害者を採用している事業所は 415 事業所中 45 事業所（10.8％）だったので，今回（＝62 事業所，14.4％）は増加したことになる。また，採用前精神障害者を雇用した事業所は，前回調査では 7 事業所（1.7％）だったので，今回（＝36 事業所，8.3％）は大幅に増加したことになる。

まず，採用前精神障害者の雇用経験のある 47 事業所に対し，精神障害者を雇い入れた時の主なきっかけ（複数回答）を聞いたところ，最も多かったのは「精神障害者が雇用率の算定対象になった（法定雇用率を達成するため）」（20 事業所，42.6％）であり，続いて「企業の社会的責任を果たすため」（16 事業所，34.0％），「ハローワークから紹介された」（15 事業所，31.9％），「必要な仕事ができそうなので雇い入れた」（15 事業所，31.9％）と続く。

次に，採用前・採用後精神障害者の雇用経験がある 93 事業所に対し，雇用している（していた）精神障害者に対し，どのような雇用管理上の配慮を行っていたかを聞いた（複数回答）ところ，回答 87 事業所のうち，最も多かったのは「業務量への配慮」(63 事業所，72.4%）であり，続いて「配置転換など配置についての配慮」(49 事業所，56.3%），「短時間勤務など勤務時間の配慮」(40 事業所，46.0%），「通院・服薬管理など医療上の配慮」(40 事業所，46.0%）と続く。

また，全事業所（N＝424）に対し，精神障害者の職務遂行や職場適応について聞いたところ，概ね「問題あり」(36.1%）や「個人差が大きい」(35.8%）との回答がそれぞれ約 3 割，「わからない」(21.7%）との回答が約 2 割であった。

これを項目別にみてみると，「基礎体力」(22.6%）や「出退勤等の労働習慣」(20.8%）では「問題ない」と回答した事業所が他の項目に比べて多く，「とっさの事態に対する判断力」(48.8%）や「指示に対する理解力」(39.3%）では「問題あり」と回答した事業所が他の項目に比べて多かった。

また，「問題あり」と回答した事業所を，精神障害者の雇用経験等の有無別でみると，多くの項目について雇用経験のない事業所ほど「問題あり」と回答した事業所割合が高かった。例えば，「総合的に見て」という項目では，「問題あり」とした割合は，精神障害者の雇用経験がある事業所（N＝93）では 22.8％であるのに対し，身体・知的障害者も含めて障害者雇用経験がない事業所（N＝169）では 48.2％であった[53]。

今後の精神障害者の雇用方針としては，「積極的に取り組みたい」(14 社，3.2%），「ある程度仕事の出来そうな人が応募してくれば雇うかもしれない」(128 社，29.6%）と回答した事業所は合わせて 142 事業所（32.8%）であり，前回調査 72 事業所（17.4%）に比べてその割合が増加している。また，「雇用したくない」と回答した事業所の割合は，前回調査の 135 社（32.5%）から 124 社（28.7%）に若干減少している。図 6-8 は，「今後の精神障害者の雇用方針」をグラフ化したものである。

なお，「精神障害者の雇用促進のため期待する支援」(複数回答，N＝418）のアンケート結果で，「支援制度や情報提供が充実しても，雇いたいとは思わ

図 6-9 今後の精神障害の雇用方針

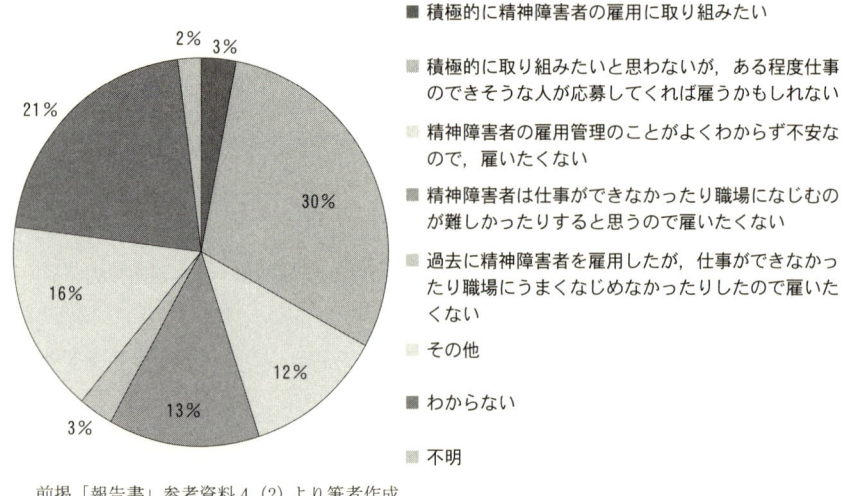

- 積極的に精神障害者の雇用に取り組みたい
- 積極的に取り組みたいと思わないが，ある程度仕事のできそうな人が応募してくれば雇うかもしれない
- 精神障害者の雇用管理のことがよくわからず不安なので，雇いたくない
- 精神障害者は仕事ができなかったり職場になじむのが難しかったりすると思うので雇いたくない
- 過去に精神障害者を雇用したが，仕事ができなかったり職場にうまくなじめなかったりしたので雇いたくない
- その他
- わからない
- 不明

積極的に取り組みたい：30%
ある程度：12%
よくわからず不安：13%
難しい：3%
過去に雇用：16%
その他：21%
わからない：2%
不明：3%

前掲「報告書」参考資料 4 (2) より筆者作成。

ない」と回答した事業所が 61 事業所（14.6％）あったこと，また，「発達障害者や難治性疾患患者の雇用促進のため期待する支援」（複数回答，N＝367）では，68 事業所（18.5％）あったことを特記しておく。

では，このようなアンケート調査結果から，企業の意識の変化をどのように考えたらよいか。筆者には，少なくとも，「企業の支援策が進んでいる」とはとても思えない。

③ 精神障害者の雇用支援策については，精神障害者が昭和 60 年代に職業リハビリテーションサービスの対象とされて以来，順次，障害者雇用促進法等に基づく施策の充実が図られてきている。ハローワークなどにおける支援，助成金等の精神障害者の雇用促進のための施策メニューは，平成 4 年が 5，平成 14 年が 12，平成 24 年には 21 と着実に増加し，主な支援施策の実績は大幅に増加している。

近年の状況としては，平成 17 年の法改正により，精神障害者（精神障害者保健福祉手帳の所持者）に対する実雇用率の算定特例が設けられた。また同年 10 月から，地域障害者職業センター[54]において精神障害者総合雇用支援が開始され，うつ病等で休職し，職場復帰を目指す者を対象にしたリワーク支援プロ

グラムが本格実施された。

　平成20年度からは，ハローワークにカウンセリングスキルの高い精神保健福祉士等の資格を有する精神障害者就職サポーター（平成23年度から，精神障害者雇用トータルサポーターに改称・業務拡充）が配置され，精神障害者の障害特性を踏まえ，段階的に就業時間を延長しながら常用雇用を目指す「精神障害者等ステップアップ雇用奨励金」が創設された。また，平成22年度には精神障害者が働きやすい職場づくりを行った事業主に対する「精神障害者雇用安定奨励金」，平成23年度には「職場支援従事者配置助成金」が創設された。

　地域の就労支援機関においても，精神障害者の利用者が増加している。例えば，障害者就業・生活支援センター[55]の精神障害者の登録者数は，平成18年の4654人から平成23年の2万6718人へ，また，地域障害者職業センターの利用者数は，平成18年度の5620人から平成23年の1万278人に増加している。

　精神障害者の雇用への理解促進のための周知・啓発としては，働く障害者からのメッセージ発信事業（ブロック別セミナー）が実施されているほか，精神障害者の雇用の経験やノウハウが十分でない企業に，雇用促進のための取組を委託し，ノウハウを構築するモデル事業が実施（平成21～22年度）され，平成23年度からは取組状況を紹介する事例集の作成，ブロック別セミナーが実施されている。また，（独）高齢・障害・求職者雇用支援機構では，精神障害者の雇用促進に向けた技法や調査研究の成果をガイドブック等にまとめ，企業等に配布し，就労支援・雇用管理ノウハウの普及を図っている[56]。

　障害者の雇用環境は，確かに，政府の雇用支援策の充実により，年々改善されてきているように思われる。こうして「報告書」は，「精神障害者の雇用義務化について」，次のように記す[57]。

　　「精神障害者の雇用状況等」に示したように，精神障害者に対する企業の理解の進展や雇用促進のための助成金や就労支援機関における支援体制の強化等の支援策の充実など，精神障害者の雇用環境は改善され，義務化に向けた条件整備は着実に進展してきたと考えられることから，精神障害者を雇用義務の対象とすることが適当である。義務化の意味合いは非常に

重く，企業の経営環境や企業総体としての納得感といった観点からは，実施時期については，精神障害者を雇用義務の対象とすることが適当であることを踏まえ，慎重に結論を出すことが求められる。また，精神障害者の雇用義務化にあたっては，企業の理解等に不十分な点もあり企業内で理解を得られる環境作りが必要で，その対応を適切に行うとともに，精神障害者の特性として，症状の波があるといったこともあり，個人と企業とのマッチングや定着を支援する体制や企業と外部の支援機関が連携をして支援していく体制の充実が必要である。(以下，省略…引用者) (傍点は引用者)

これが「報告書」の結論である。「報告書」はこの後，障害者手帳を持たないその他の障害者，つまり「発達障害者」，「難治性疾患患者」についても言及しているが[58]，これらについては紙幅の関係で割愛する。では，引用の傍点部分をどのように理解したらよいか。精神障害者の就労ニーズが高まっていることは事実である。また，政府を中心に，障害者雇用の支援体制が整備されてきていることも確かである。問題は，企業の精神障害者に対する根強い偏見である。引用にも垣間見られる「逡巡」をきっぱりと断ち切るには，政府から企業への粘り強い働きかけによって，企業の精神障害者に対する偏見を少しずつ取り除いていく以外に途はない。

結びに代えて

立石泰則は，「障害者が主役になれる会社―会社は何をするべきなのか」[59]で，中学2年生の時に身障者になった広岡幸成さん（交野松下，1986年入社）が初めて給料を貰ったときの感想を，次のように紹介している[60]。

> 税金を収めることは，社会に貢献していると思います。だから一番最初の給料を貰った時に明細を見て，自分が働いて払っている税金はちょっとですけども，社会に貢献できて嬉しいなと思いました。それまでは，（障

害者基礎）年金を貰ったり，いろんな援助を貰ってばっかしだったでしょう。

「税金を納め，社会に貢献できて，嬉しい」は，筆者にとっては新鮮な驚きであった。そこで筆者が勤務する大学の基礎演習や2011年度の教員免許状更新講習で，これを教材として取り上げた。

しかし，障害者が仕事を持ち経済的に自立することはもちろん大切なことではあるが，それ以上に筆者が重視したいのは，障害者が仕事を持つことによって社会と接点をもつことができるという点である。たとえば，ドラッカー(Drucker, P.F.) は，次のように述べている[61]。

> 長期にわたる失業が与える主な影響は物質的なものではなくて，自尊心，創意そして最も極端な場合には正常心の喪失といった心理的なものである。産業社会では組織に加わることを拒否されれば何人も生産的なものになることはできないために，失業者は社会からはじき出された者になり，社会の成員資格そのものさえも停止されてしまう。

これは失業者に特有の問題ではない。ミシェル・フーコーは，「狂人」について，以下のように述べている[62]。

> 17世紀になって，狂気がいわば非神聖化される（中略）狂気にたいする新しい感受性が生まれたのである。もはや宗教的ではなく，社会的な感受性が。狂人が中世の人間的な景色のなかに親しみ深い姿で現われたのは，狂人が別の世界からやってきたからだった。今や，狂人は，都市における人間個人の秩序に関与する，《治安（ポリス）》問題を背景にして，鮮明な姿を見せようとする。昔は，別世界からやってきたから，狂人はもてなされたが，今後は閉じ込められるだろう。狂人はこの世界から来ているのであり，貧乏人，あわれな人，放浪者の仲間なのだから。

「治療の対象」として，長きにわたり社会から分離，隔離，拒否，あるいは

ネグレクトされてきた精神障害者が，再度，社会に甦るには，彼らに就業の機会を保障することである。

注
1 日本経済新聞夕刊，2012年6月26日付，「精神障害者雇用 義務化を」。
2 「報告書」の名称は，「障害者雇用促進制度における障害者の範囲等の在り方に関する研究会報告書」（平成24年8月3日）である。以下「報告書」という。
3 ここで2006（平成18）年度の数字と対比させているのは，この年度に精神障害者の「実雇用率の算定特例」が設けられたからだと思われる。
4 日本経済新聞朝刊，2013年3月15日付，「精神障害『雇用義務化を』」。
5 日本経済新聞夕刊，2013年3月21日付，「精神障害者 雇用義務化，2018年度から」。
6 労働政策審議会障害者雇用分科会の3月21日の議事次第（PDF：厚生労働省ホームページ）には，精神障害者の雇用義務化の改正は，「平成30年4月1日から施行する」（資料1の「障害者の雇用の促進等に関する法律の一部を改正する法律案要綱」第6の1）とあるが，第4の2には，「障害者雇用率及び基準雇用率については，この法律の施行の日から起算して5年を経過するまでの間，労働者の総数に対する対象障害者である労働者の総数の割合に基づき，対象障害者の雇用の状況その他の事情を勘案して政令で定める」とある。要するに，5年後に施行され，施行されてから5年以内に法定雇用率を見直す，ということで，最悪10年後（平成35年）に実施となる可能性もある。
7 成立当初は「身体障害者雇用促進法」と呼ばれた。
8 前掲「報告書」4頁。
9 ここでの叙述は，基本的に，手塚直樹『日本の障害者雇用—その歴史・現状・課題』（光生館，2000年）と菅野和夫『労働法』（第10版，弘文堂，2012年）とに依拠している。
10 手塚，前掲『日本の障害者雇用』111頁。
11 1968（昭43）年に1.3％に引き上げられる。手塚，前掲『日本の障害者雇用』118頁。
12 同上，112頁。杉原努「戦後わが国における障害者雇用対策の変遷と特徴 その1—障害者雇用施策の内容と雇用理念の考察—」佛教大学『社会福祉学部論集』第4号，2008年3月，101頁。
13 手塚，前掲『日本の障害者雇用』118頁。
14 政府は，身体障害者や知的障害者を雇い入れる事業主や，雇用促進のための事業を行う事業主の団体に対し，必要な設備の設置，雇用管理，教育訓練等のために諸種の助成金を支給するが，その原資となるのが法定雇用率未達の事業主から徴収した「障害者雇用納付金」である。なお，この制度が創設された1976年改正では，「身体障害者雇用納付金」と呼ばれたが，1987年改正で「障害者雇用納付金」に名称変更された。
15 1960年の身体障害者雇用促進法の制定時に定められていたもので，「身体障害者が就業することが困難であると認められる職種（「除外職種」）の労働者が相当の割合を占める業種を除外率設定業種として定め，当該業種については，除外率によって算定される除外労働者数を総労働者数から控除し，控除後の労働者数に法定雇用率を乗じて当該事業所が雇用すべき身体障害者数を算定する」という制度のこと（総務庁行政監察局編『障害者雇用対策の現状と課題—完全参加と平等を目指して—』1996年，42頁）。2002年の法改正により段階的に廃止・縮小することとされ，2010年7月1日から，すべての除外率設定業種について，除外率を10％ポイントずつ引き下げている。詳しくは厚生労働省「平成23年 障害者雇用状況の集計結果」11-12頁を参照。
16 手塚，前掲『日本の障害者雇用』118頁。
17 障害者雇用率制度は，本来，企業単位で適用するものであるが，事業主が障害のある人の雇用に

特別の配慮をした子会社（特例子会社）を設立した場合には，一定の要件の下でこの特例子会社に雇用されている労働者を親会社に雇用されている者とみなして，雇用している障害者の割合（「実雇用率」）を算定できる特例措置を設けている。これを「特例子会社制度」という。内閣府編『障害者白書』平成26年版，64頁。
18 1981年の「国際障害者年」は，1976年の第31回国連総会で決定したもので，テーマは「完全参加と平等」であった。1982年の総会は「障害者に関する世界行動計画」を採択し，1983～92年を「国連・障害者の10年」とした。詳しくは，手塚，前掲『日本の障害者雇用』第5章を参照。
19 「正常化」がその意であるが，高齢者や障害者が施設で隔離されて生活するのではなく，健常者とともに生活するのが当然であるという考え方。詳しくは，大熊由紀子『「寝たきり老人」のいる国いない国』ぶどう社，1990年，第2章等を参照。
20 職業リハビリテーションとは，「障害者に対して職業指導，職業訓練，職業紹介その他この法律に定める措置を講じ，その職業生活における自立を図ること」（第2条7号）をいう。
21 手塚，前掲『日本の障害者雇用』121頁。
22 ここで，「重度の身体障害者」とは，「身体障害者のうち，身体障害の程度が重い者であって厚生労働省令で定めるもの」（第2条3項），また，「重度の知的障害者」とは，「知的障害者のうち，知的障害の程度が重い者であって厚生労働省令で定めるもの」（第2条5項）をいう。
23 菅野，前掲『労働法』第10版，78頁。
24 このプランは，1993年に策定された「障害者対策に関する新長期計画」の重点施策の実施計画という性格をもち，「リハビリテーションとノーマライゼーション」の理念を基本として，次の7つの施策の重点的推進を図ることにしている。すなわち，① 地域でともに生活するために，② 社会的自立を促進するために，③ バリアフリー化を促進するために，④ 生活の質（QOL）の向上を目指して，⑤ 安全な暮らしを確保するために，⑥ 心のバリアを取り除くために，⑦ わが国にふさわしい国際協力・国際交流を，であり，この柱に沿って具体的な施策目標が示されている。詳しくは，手塚，前掲『日本の障害者雇用』134-137頁を参照。
25 菅野，前掲『労働法』第10版，80頁。
26 従来の「親会社との営業上の関係が緊密であること」という要件が廃止された。手塚，前掲『日本の障害者雇用』82頁。
27 同上，126頁。
28 菅野，前掲『労働法』第10版，78頁。
29 同上，81頁。
30 同上，80頁。
31 手塚，前掲『日本の障害者雇用』83頁。
32 内閣府編集，前掲『障害者白書』平成26年版，64頁。
33 同上。
34 「知的障害者」とは，児童相談所，知的障害者更生相談所，精神保健福祉センター，精神保健指定医又は障害者職業センター等の「知的障害者判定機関」により知的障害があると判定された者，とある。（図6-1の※2）
35 「精神障害者」とは，1. 精神障害者保健福祉手帳の交付を受けている者，2. 統合失調症，そううつ病（そう病及びうつ病を含む。）又はてんかんにかかっている者（前号に掲げる者に該当する者を除く。）で，症状が安定し，就労が可能な状態にある者，とある。（図6-1の※3）
36 厚生労働省「平成20年度 障害者雇用実態調査の概要・調査結果の概要（別添）」。
37 「内部障害」とは，心臓機能，腎臓機能，呼吸器機能，膀胱直腸機能，小腸機能の障害を指す。
38 内閣府編，前掲『障害者白書』平成26年版，27頁。
39 工藤正は，この「就業実態調査」について，「定期的に実施される政府統計ではない。厚生労働

省障害者雇用対策課が実施，障害者を含む世帯を通じて情報を収集している貴重なデータである。」と高く評価している。工藤「障害者雇用の現状と課題」（労働政策研究・研修機構『日本労働研究雑誌』No.578, 2008年9月号）6-7頁。筆者もまた，この「就業実態調査」には，例えば「家族従業者」として働く障害者等も含まれていて，障害者の実態を知るのに貴重な資料だと考えている。

40　長谷川珠子によれば，障害者の就労形態は，大きく「一般就労」と「福祉的就労」とに分けられ，前者には，(1)障害のない人と同一の競争的な条件の下で雇用される「通常雇用」，(2)障害者雇用率制度の下で優先的に雇用される「割当雇用」がある。この「割当雇用」の中には，(3)「特例子会社における雇用」も含まれる。これに対して，「福祉的就労」は，3つに整理でき，その中心が，(1)障害者総合支援法（旧障害者自立支援法）に基づく障害者福祉サービス事業における就労で，その他，(2)障害者自立支援法成立以前の旧障害者福祉各法に基づく就労施設における就労，及び，(3)小規模作業所・共同作業所における就労，などがある（長谷川「障害者の福祉と雇用と『福祉的就労』」濱口桂一郎編著『福祉と労働・雇用』ミネルヴァ書房，2013年，72-73頁）。「授産施設」は，上記(2)の就労施設の一つで，この授産施設に関して，2004年2月18日付の日本経済新聞夕刊は，「授産施設などでつくる『全国社会就労センター協議会（セルプ協）』の調査によると，授産施設で働く精神障害者の64.5%，身体や知的障害を持つ人も合わせた平均では45.7%が企業で働きたいと考えている。しかし施設から企業へ移った人の割合は1%どまり。（中略）『福祉施設』に位置づけられる授産施設は最低賃金法の適用を受けず，平均月給はわずか1万7635円。企業の性格も持ちながら障害者を雇用する『福祉工場』の平均月給13万9800円と比べても格段に低い。」と報じている。

41　厚生労働省「平成25年度・障害者の職業紹介状況等─ハローワークを通じた障害者の就職件数が4年連続で過去最高を更新，精神障害者の就職件数が身体障害者の就職件数を初めて上回る」。

42　現在，身体に障害のある人または知的障害のある人を1人以上雇用する義務がある民間企業（常用雇用労働者数56人以上。平成25年4月1日以降は50人以上。）は，毎年6月1日時点の障害者雇用の状況を報告することになっている。以下の数字はその報告結果である。

43　因みに，その数字を示しておくと，56〜100人未満規模で43.1→43.7，100〜300人未満規模で47.0→48.5，300〜500人未満規模で45.0→46.8，500〜1000人未満規模で44.3→47.1，1000人以上規模で49.8→57.5%となっている。

44　日本経済新聞朝刊，2008年2月2日付，「障害者雇用率 ユニクロ首位」。

45　日本経済新聞朝刊，2004年5月3日付，「経営の視点」。2001年春までは，ユニクロでも，障害者雇用は法定雇用率スレスレだった，という。

46　そういう中でも，図6-7, 6-8を見ると，100〜300人未満の企業規模の雇用率ならびに達成率が徐々に上昇している。これは，既述のように，2010年7月から201人以上の企業に，また2015年4月からは101人以上の企業に障害者雇用納付金が課されることが大きく影響しているものと思われる。

47　「報告書」は本文13頁と参考資料1〜9で構成され，「2　精神障害者について」は，5-7頁で叙述されている。

48　同上，5頁。

49　近年，障害者の雇用・就労促進のための第3のアプローチとして，これまでの雇用率アプローチ，福祉的就労アプローチとは別に，「差別禁止アプローチ」が注目を集めている。雇用率アプローチや福祉的就労アプローチが，障害者の雇用や就労の場を「量的」に確保・拡大しようとするものであるのに対し，差別禁止アプローチは，障害者の雇用・就労を「質的」にも拡大しようとするものである，と言われる。詳しくは，長谷川，前掲「障害者の福祉と雇用と『福祉的就労』」71-72頁を参照。

50　前掲「報告書」5-7頁。

51 採用時点ですでに精神障害者であって，会社としてそれを承知の上採用をした者。
52 採用後に精神障害者になったか，採用後に精神障害者であることを会社として知った者。
53 障害者雇用については，「最初の1人が壁」と言われる所以でもある。日本経済新聞夕刊，2009年9月1日，らいふプラス「障害者が働ける中小って…」。
54 独立行政法人高齢・障害・求職者雇用支援機構により各都道府県に1カ所（そのほか支所5カ所）設置・運営されていて，地域障害者職業センターでは，ハローワークや地域の就労支援機関との連携の下に，身体に障害のある人，知的障害のある人はもとより，精神障害のある人，発達障害のある人，高次脳機能障害のある人等他の機関では支援が困難な障害のある人を中心に，専門職の「障害者職業カウンセラー」により，職業評価，職業指導から就職後のアフターケアに至る職業リハビリテーションを専門的かつ総合的に実施している。内閣府編，前掲『障害者白書』平成26年版，70頁。
55 障害のある人の職業生活における自立を図るために，福祉や教育等の地域の関係機関との連携の下，障害のある人の身近な地域で（平成26年4月現在322箇所）で就業面及び生活両面における一体的な支援を行っている。詳しくは，同上，71頁参照。
56 前掲「報告書」6-7頁。
57 同上，7頁。
58 同上，8-9頁。
59 立石泰則「障害者が主役になれる会社—会社は何をするべきなのか」『世界』岩波書店，第635号，1997年5月号，69-80頁。
60 同上，73頁。
61 P・F・ドラッカー（現代経営研究会訳）『新しい社会と新しい経営』ダイヤモンド社，1957年，20-21頁。
62 ミシェル・フーコー（田村俶訳）『狂気の歴史—古典主義時代における—』新潮社，1975年，81頁。

第7章

外国人労働者と企業
―「高度人材」とは誰か？―

はじめに

　1980年代末期，わが国の企業，とくに中小企業は，「バブル景気」のために，「人手不足」[1]が深刻な問題となっていた。そこで多くの経営者は，外国人労働者の導入に期待を寄せた。当時の日本経済新聞は，図7-1を示して，次のように記している[2]。

　　人手不足を補う"新市場"は「女性」「高齢者」「外国人」の3つだといわれる。日本経済新聞社が実施した「人手不足に関する主要百社緊急調査」によると，このうち「女性の活用」に企業は最も期待しており，特に電機，情報など大量採用を続ける業界ほどその傾向が強い。(中略)人手不足解消の切り札と言われる外国人の活用。調査では中堅企業の約半数が単純労働力としての導入に関心を示した。しかし，大企業の反応は意外に冷ややか。2000年までに全社員の1割，1200人を外国人社員にする目標を掲げる大成建設のような例もあるが，主目的は人手不足対策より国際化。法体系の整備や企業の受け入れ態勢づくりが遅れており，即戦力として期待する企業は少ない。定年の延長や再雇用など高齢者の活用にも否定的な企業が目立つ。高齢化時代へ向かいつつあることを考えるまでもなく，企業の人手不足対策がいかに「目先」優先かを物語っている。(傍点は引用者)

　当時，日本電信電話（NTT）の2100人を筆頭に，日立製作所，東芝，富士

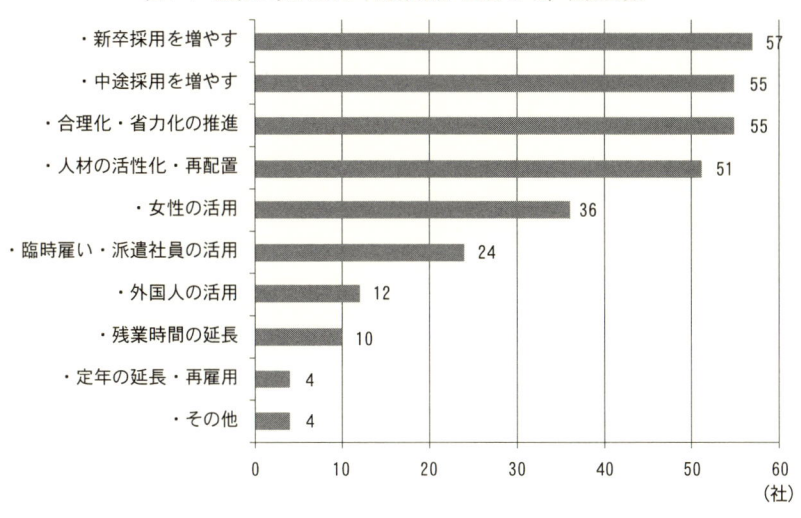

図7-1 企業の考える人手不足解消策（回答81社，複数回答）

項目	社数
・新卒採用を増やす	57
・中途採用を増やす	55
・合理化・省力化の推進	55
・人材の活性化・再配置	51
・女性の活用	36
・臨時雇い・派遣社員の活用	24
・外国人の活用	12
・残業時間の延長	10
・定年の延長・再雇用	4
・その他	4

（出所）日本経済新聞朝刊，1989年9月6日付，「人手不足 産業に影⑤」。

通，松下電器産業，日本電気，日本IBM等の大手企業のなり振り構わぬ大量の新卒採用が中小企業を苦しめていた。記事は，人手不足に加えて，大企業の強引な採用政策のため，新卒採用もままならない中小企業の悲鳴を代弁するものであった。

また，外国人労働者の導入を巡っては，「鎖国」論者と「開国」論者との間で，激しいやりとりが繰り広げられていた[3]。

そのような中で，1989（平成元）年12月に「出入国管理及び難民認定法」の改正（翌1990年6月施行）が行われた。それは，中小企業の経営者からの要望が強かった「単純労働者」の受け入れは認めないものの，ブラジルやペルーなどからの日系2世，3世の就労（単純労働を含む）を合法化するというものであった[4]。その結果，南米から日系人が大量に流入してきた。しかし，1991年にバブルが弾けると，今度は一転して，リストラクチャリング（事業再構築）という名の「首切り」が流行語となるほどの雇用不安の時代となり，多くの外国人労働者が職を失った[5]。要するに，「切り札」と称された「外国人労働者」は，「調節弁」[6]でしかなかったわけである。

それから約20年を経て，今再び，今度は，マクロ的には少子高齢化に伴う生産年齢人口の減少を補うものとして，またミクロ的には建設現場や介護現場の極端な人手不足を解消するものとして，外国人労働者導入に期待が寄せられている。

　周知のように，わが国では，専門的，技術的分野の外国人は受け入れるが，いわゆる単純労働者の受け入れは認めないというのが，1988（昭和63）年6月の「第6次雇用対策基本計画」策定以来の原則となっている。そして，2012（平成24）年5月7日からは「高度人材ポイント制度」の運用が始まった。では，「高度人材」とはどのような人材なのか，また，「高度人材ポイント制度」とはどのような制度なのか。本章では，わが国の「人口減少」を与件として，「高度人材」を中心に，外国人労働者導入の是非について考察する。

第1節　「出入国管理及び難民認定法」と外国人労働者

1.「出入国管理及び難民認定法」——その変遷

　近代日本の歴史では，戦前や戦時中に韓国・朝鮮人，中国人などを強制連行して炭鉱等で労働に従事させたことを除けば，昭和30年代まではアメリカ，南米などへの移民の輸出国であった。ところが，1987～91年の「バブル経済」の時代には，企業の人手不足が顕著になり，外国人労働者の導入が大きな政策的議題となった。

　そこで，1988（昭和63）年3月には，労働省（当時）の外国人労働者問題研究会（座長・小池和男）が「報告書」[7]を出し，外国人不法就労者の急増という事態に対応するためにも，厳格なコントロールのもとで「雇用許可制度」[8]（期間1年）を導入することを勧告したが，法務省などの強い反対[9]にあって，実現をみなかった。

　しかし，1989（平成元）年12月の「出入国管理及び難民認定法」の改正（翌1990年6月施行）で，ブラジルやペルーなどからの日系2世，3世の就労（単純労働を含む）が合法化されると，家族で働く人まで含めると日本で働く南米日系人は，1991年8月現在で，約15万人にまで膨れ上がった[10]。

第1節 「出入国管理及び難民認定法」と外国人労働者　205

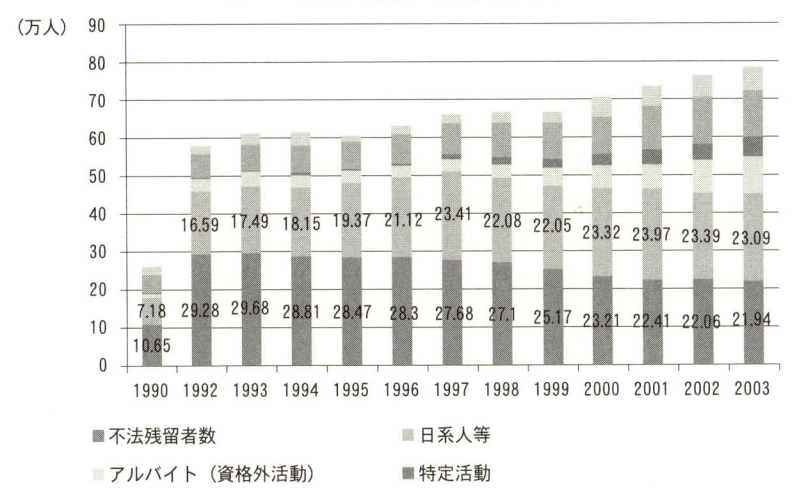

図7-2　わが国で就労する外国人数の推移

(万人)

年	不法残留者数	その他合計表示数値
1990	10.65	7.18
1992	29.28	16.59
1993	29.68	17.49
1994	28.81	18.15
1995	28.47	19.37
1996	28.3	21.12
1997	27.68	23.41
1998	27.1	22.08
1999	25.17	22.05
2000	23.21	23.32
2001	22.41	23.97
2002	22.06	23.39
2003	21.94	23.09

■不法残留者数　　　■日系人等
アルバイト（資格外活動）　　■特定活動
■専門的・技術的分野（興行以外）　■専門的・技術的分野（興行）

(備考)　総務省入国管理局の外国人登録者統計に基づき，「日系人等」，「特定活動」等につき厚生労働省が推計を行なったもの。
(出所)　経済産業省『通商白書2005』255頁。原資料は，法務省入国管理局「外国人登録者統計」，厚生労働省推計。

　バブル崩壊後，労働需給は一転し，「リストラクチャリング」という名の雇用調整（雇止め）が横行したが，不法残留者は依然として約30万人弱という状態にあった[11]（図7-2参照）。

　ところで，日本人の出国・帰国，外国人の入国，上陸，在留，出国，退去などを規定する「出入国管理及び難民認定法」(1951（昭和26）年，政令319号) のスタートは，ポツダム緊急勅令に基づく政令「出入国管理令」であった。しかし，1952（昭和27）年の対日平和条約発効日からは法律（法律126号[12]）としての効力を持つようになった。当初，適用されなかった旧植民地出身者は，同条約発効を機に「外国人」とされたが，その「在留資格及び在留期間が決定されるまでの間」在留することができるとの特例措置がとられた。当時の外国人登録数は約60万人で，その95％近くがこの「法126」の該当者であった[13]。

　1981（昭和56）年改正により，法律名は現在の「出入国管理及び難民認定

法」（略称・入管法）に改められ，また，「技術研修生」の受け入れも可能となり，当時すでに人手不足に悩んでいた埼玉・川口の鋳物工場では1983年から中国との協定に基づいて研修生（2年間）を受け入れ始めた[14]。

1985（昭和60）年9月の先進国5カ国蔵相会議（G5）のプラザ合意を契機に円高が進み始めると，日本と周辺のアジア諸国との間の所得格差は一挙に拡大し[15]，もともと巨大な過剰人口を持つ周辺諸国からの出稼ぎ労働者の流入圧力が加わってきた。さらに1987年頃から始まったバブル景気は，国内の労働需要を急増させ，電機や自動車の協力工場が集中している群馬県の大泉地区などでは，1989年頃から日系ブラジル人などの受け入れを進め始めた[16]。

政府は，1988（昭和63）年6月の「第6次雇用対策基本計画」で，「専門，技術的な能力や外国人ならではの能力に着目した人材の登用は，わが国経済社会の活性化，国際化に資するものでもあるので，受け入れの範囲や基準を明確化しつつ，可能な限り受け入れる方向で対処する。これら外国人労働者の受け入れに関わる諸問題については，各方面への影響を考慮しつつ，不法就労への効果的な対応策も含め，慎重かつ速やかに検討を行う。なお，その検討に際し，いわゆる単純労働者の受入れについては，諸外国の経験や労働市場を始めとするわが国の経済や社会に及ぼす影響等にもかんがみ，十分慎重に対応する。」[17]ことを確認し，この線に沿って，1989（平成元）年12月，入管法を改正した。

改正入管法は，翌1990（平成2）年6月に施行された。同法は，①あらゆる外国人を「就労可」と「就労不可」とに2分し，前者については専門知識を有する者への枠を拡大し（職種を18種から28種に拡充）[18]，後者については不法入国者に対する取締りを強化し，②不法就労外国人を雇用，派遣，職業紹介した者に対して，新たに，不法就労助長罪（73条の2；3年以下の懲役または200万円以下の罰金）を設け，③ブラジル，ペルーなどの日系人のように外国籍でも，日本人の子または孫であれば「日本人の配偶者等」または「定住者」の在留資格により3年間日本国内で単純労働を含めて合法的に就労できる，とした。その結果，既述のように，1991年8月現在で約15万人もの南米日系人が流入した[19]。（図7-2参照）

さらに，1991（平成3）年9月には，法務，労働，通産，外務の4省共管に

よって財団法人「国際研修協力機構」(JITCO; Japan International Training Cooperation Organization) が設立され，日本の技術・技能の移転を目的として開発途上国等から外国人研修生を受け入れる団体・企業に対して総合的な支援・サービスを行うことになった。この制度による研修生は，6カ月間の研修，1年半の技能実習が行えることとなり，研修期間中は，賃金ではなく研修手当を払えばよいということになった[20]。1993（平成5）年4月には，さらに，「外国人研修・技能実習制度」が創設され，JITCOが中心となって運営することになった。1997（平成9）年4月の改正では，技能実習生の滞在期間は3年（研修期間は9カ月）に延長された[21]。しかしながら，中小企業等が外国人研修制度を悪用し，開発途上国の青年を労働基準法や最低賃金などの適用のない安価な労働力として利用する事例が数多く生じ，それら研修生の人権侵害や劣悪な待遇が社会問題となってきた[22]。そこで，2009（平成21）年の入管法改正によって外国人研修制度が改められ，実地研修もその後の技能実習も区別なく労働法の適用ある雇用契約としてのみ認めることとした。なお，雇用関係のない座学は最初の2カ月間以内とされた。在留資格についても，「技能実習」という資格を入管法上の在留資格の別表1の2に追加し，研修期間も技能実習

表7-1　入管政策の推移概要

1951年10月	出入国管理令制定（施行11月）
1952年4月	法律第126号制定…入管令に法律としての効力を付与
1966年	「日韓法的地位協定」（1965年）に基づき，韓国国民に「協定永住」を許可
1981年	「出入国管理及び難民認定法」（新入管法）…難民条約加入（1981）に伴う名称の変更，「協定永住」を取得しなかった在日朝鮮人に「特例永住」を許可，「技術研修生」の受け入れ可能に
1988年3月	労働省・外国人労働者問題研究会（座長・小池和男）報告
5月	閣議決定「第6次雇用対策基本計画」…専門・技術者受け入れ，単純労働者禁止
1989年12月	入管法改正（1990年施行）…在留資格の整備，日系人の受け入れ，不法就労助長罪の新設など
1991年5月	「日本国との平和条約に基づき日本の国籍を離脱した者等の出入国管理に関する特例法」（法律第71号）…在日韓国・朝鮮人およびその子孫に特別永住者（1本化）としての資格付与
1991年9月	国際研修機構（JITCO）設立…外国人研修生受け入れ
1993年4月	「外国人研修・技能実習制度」創設
1997年4月	技能実習生の滞在期間を3年（研修期間は9カ月）に延長
2009年	入管法改正…外国人研修，技能実習制度を見直し，労働法令を適用

（出所）　神代，前掲『産業と労使』310頁に加筆。

期間もその資格で出入国管理をすることとした[23]。

2009年の改正では、その他、(1) 従来の外国人登録法による登録制度を廃止し、入管法のもとでの入国管理と在留管理を一元化し3カ月を超える合法的在留外国人に「在留カード」を交付、(2) 在留資格の「就学」を「留学」に一本化するとした。

以上が、1951（昭和26）年から現在に至るまでのわが国の入管政策の推移概要である。（表7-1参照）

2．外国人労働者の就労実態

わが国における外国人の就労は、その形態・態様が多様である。そこで、まず、厚生労働省の「日本で就労する外国人のカテゴリー」に沿って、2013（平成25）年10月末現在の総数約71.8万人の内訳を示しておく（表7-2参照）。

表7-2に示された5つの在留資格別外国人数をグラフ化すると図7-3のようになる。

厚生労働省の「外国人雇用状況」の届出状況まとめ（本文）[24]（平成25年10月末現在）によれば、外国人労働者を雇用している事業所数は12万6729カ所であり、外国人労働者数は71万7504人であった。これは平成24年10月末現在の11万9731カ所、68万2450人に対し、6998カ所（5.8％）の増加、3万5054人（5.1％）の増加となった。外国人を雇用している事業所数、及び外国人労働者数ともに平成19（2007）年に届出が義務化されて以来、過去最高の数値となった。その理由について、「外国人雇用状況」の届出状況まとめ（本文）は、「外国人労働者数が増加した要因として、現在、政府が進めている高度外国人材、留学生の受入が進んできていることに加え、雇用情勢が、一部に厳しさが見られるものの、改善傾向で推移していることが考えられる。また、外国人労働者を雇用した場合の届出制度の浸透が進んでいることが考えられる。」と記している。

外国人労働者数71万7504人を在留資格別にみると、「身分に基づく在留資格」[25]が31万8788人で全体の44.4％を占め、次いで、技能実習生等の「技能実習」が13万6608人（同19.0％）、「専門的・技術的分野の在留資格」[26]が13万2571人（同18.5％）と続く。

表 7-2　日本で就労する外国人のカテゴリー（総数　約 71.8 万人の内訳）

出入国管理及び難民認定法上，以下の形態での就労が可能。

(1) 就労目的で在留が認められる者　　約 13.3 万人
（いわゆる「専門的・技術的分野」）
・その範囲は「産業及び国民生活等に与える影響」を総合的に勘案し個々の職種毎に決定。
→「高度に専門的な職業」，「大卒ホワイトカラー，技術者」，「外国人特有又は特殊な能力等を活かした職業」に大別される。

(2) 身分に基づき在留する者　　約 31.9 万人
（「定住者」（主に日系人），「永住者」，「日本人の配偶者等」等）
・これら在留資格は在留中の活動に制限がないため，様々な分野で報酬を受ける活動が可能。

(3) 技能実習　　約 13.7 万人
技能移転を通じた開発途上国への国際協力が目的。平成 22 年 7 月 1 日施行の改正入管法により，技能実習生は入国 1 年目から雇用関係のある「技能実習」の在留資格が付与されることになった（同日以後における資格変更をした技能実習生も同様。）。

(4) 特定活動　　約 0.8 万人
（EPA に基づく外国人看護師・介護福祉士候補者，ワーキングホリデー，ポイント制による優遇措置を受ける高度外国人材等）
・「特定活動」の在留資格で我が国に在留する外国人は，個々の許可の内容により報酬を受ける活動が許可。

(5) 資格外活動（留学生のアルバイト等）　　約 12.2 万人
・本来の在留資格の活動を阻害しない範囲内（1 週 28 時間等以内）で，相当と認められる場合に報酬を受ける活動が許可。

「専門的・技術的分野」に該当する主な在留資格

在留資格	具体例
技術	機械工学等の技術者，システムエンジニア等のエンジニア
人文知識	企画，営業，経理などの事務職
・国際業務	英会話学校などの語学教師，通訳・翻訳，デザイナー
企業内転勤	外国の事業所からの転勤者で上記 2 つの在留資格に同じ
技能	外国料理人，外国建築家，宝石加工，パイロット，スポーツ指導者
教授	大学教授
投資・経営	外資系企業の経営者・管理者
法律・会計業務	弁護士，会計士
医療	医師，歯科医師，看護師，薬剤師，診療放射線技師
研究	政府関係機関，企業等の研究者
教育	高等学校，中学等の語学教師

　　…「大卒ホワイトカラー，技術者」
　　…「外国人特有又は特殊な能力を活かした職業」
　　…「高度に専門的な職業」

(注)　外国人雇用状況届出制度は，事業主が外国人の雇入れ・離職の際に，氏名，在留資格，在留期間等を確認した上でハローワークへ届出を行うことを義務づける制度（改正雇用対策法第 28 条）。2007（平成 19）年 10 月 1 日から施行。なお，「外交」「公用」及び「特別永住者」は対象外である。

(出所)　2012（平成 24）年 10 月末現在の厚生労働省による「日本で就労する外国人のカテゴリー」に，2013（平成 25）年 10 月末の数字を適用。

図7-3 在留資格別外国人労働者の人数と割合

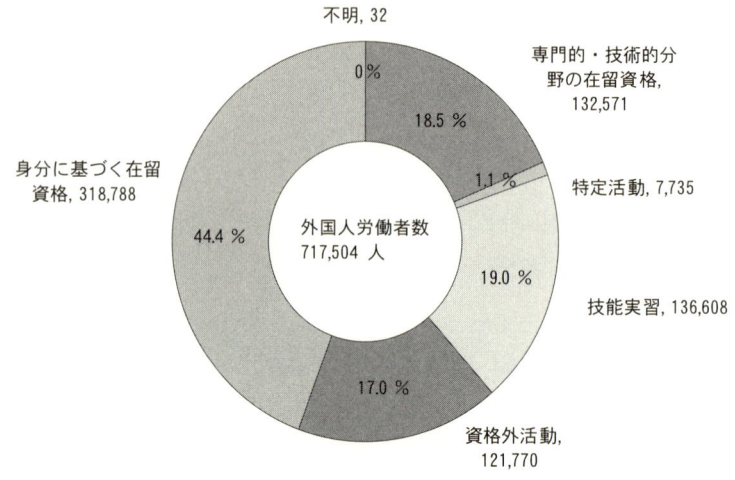

- 不明, 32 0%
- 専門的・技術的分野の在留資格, 132,571 18.5%
- 特定活動, 7,735 1.1%
- 技能実習, 136,608 19.0%
- 資格外活動, 121,770 17.0%
- 身分に基づく在留資格, 318,788 44.4%

外国人労働者数 717,504人

（出所）　厚生労働省『「外国人雇用状況」の届出状況まとめ』（平成25年10月末現在）。

「専門的・技術的分野の在留資格」の外国人労働者は前年同期比で8312人（同6.7％）増加しており，専門的な知識・技術をもつ外国人の雇用が拡大している。また，「資格外活動（留学）」が10万2534人と前年同期比で1万807人（11.8％）増加している。（表7-3参照）

表7-3 在留資格別外国人労働者数

	総数	①専門的・技術的分野の在留資格計	②特定活動	③技能実習	④資格外活動 留学	④資格外活動 その他	⑤身分に基づく在留資格計	⑥不明
全国籍計	717,504	132,571 (18.5%)	7,735 (1.1%)	136,608 (19.0%)	102,534 (14.3%)	19,236 (2.7%)	318,788 (44.4%)	32 (0.0%)

（出所）　図7-3に同じ。

次に，「専門的・技術的分野での就労を目的とする在留資格による中長期在留者数の推移」をグラフで示すと図7-4のようになる。

「専門的・技術的分野での就労を目的とする在留資格」（法別表第一の一の表及び二の表に掲げる在留資格のうち，「外交」，「公用」及び「技能実習」を除く。）を持つ中長期在留者数は平成23年の外国人登録者数と比べ131人（0.1%）減少の20万140人であった。2008年から2012年までの推移を見る

第1節 「出入国管理及び難民認定法」と外国人労働者　211

と，当該在留外国人数（2011 年までは外国人登録者数）は，2009 年までは増加傾向にあったが，2010 年からは減少に転じている。

また，一般企業で就労する外国人社員に相当する「技術」，「人文知識・国際業務」又は「企業内転勤」の在留資格による中長期在留者数は，平成 24 年 10 月末現在，「技術」4 万 2273 人（中長期在留者総数の 21.1％），「人文知識・国際業務」6 万 9721 人（同 34.8％），「企業内転勤」1 万 4867 人（同 7.4％）であり，平成 23 年の外国人登録者数と比べ，それぞれ 361 人（0.8％）減少，1867 人（2.8％）増加，231 人（1.6％）増加となっている。

図 7-3 の在留資格別外国人労働者の人数を産業別に見ると（図 7-5 参照），「製造業」が 26 万 2544 人（全体の 36.6％）で最も多く，次いで「サービス業（他に分類されないもの）」が 9 万 338 人（同 12.6％），「宿泊業，飲食サービス業」が 8 万 2237 人（同 11.5％），「卸売業，小売業」が 7 万 9677 人（同 11.1％），「教育，学習支援業」が 4 万 9629 人（同 6.9％）と続く。

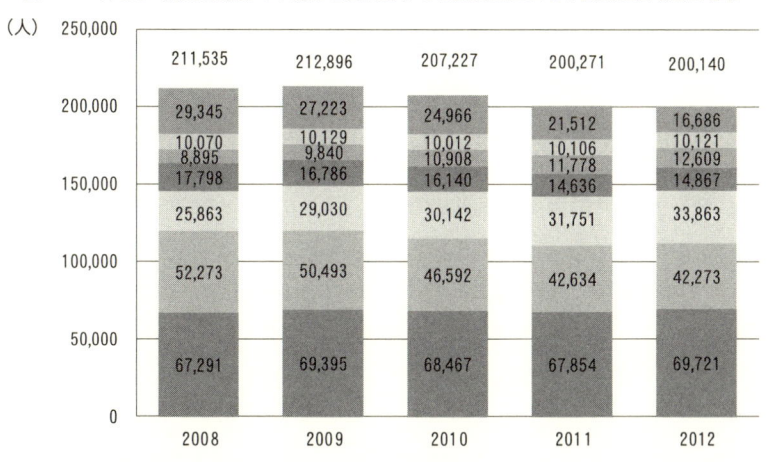

図 7-4　専門的・技術的分野での就労を目的とする在留資格による中長期在留者数の推移

年	人文知識・国際業務	技術	技能	企業内転勤	投資・経営	教育	その他	合計
2008	67,291	52,273	25,863	17,798	8,895	10,070	29,345	211,535
2009	69,395	50,493	29,030	16,786	9,840	10,129	27,223	212,896
2010	68,467	46,592	30,142	16,140	10,908	10,012	24,966	207,227
2011	67,854	42,634	31,751	14,636	11,778	10,106	21,512	200,271
2012	69,721	42,273	33,863	14,867	12,609	10,121	16,686	200,140

（注）　1．2011（平成 23）年度までは外国人登録者数，2012（平成 24）年は中長期在留者数である。
　　　2．法別表第一の一の表，二の表及び五の表のうち，「外交」，「公用」，「技能実習」及び「特定活動」を除く。
（出所）　法務省入国管理局編，前掲「平成 25 年版出入国管理」90 頁。

212 第7章 外国人労働者と企業

図7-5 産業別外国人労働者数と割合

その他, 125,017 17.4%
サービス業（他に分類されないもの）, 90,338 12.6%
教育, 学習支援業, 49,629 6.9%
宿泊業, 飲食サービス業, 82,237 11.5%
卸売業, 小売業, 79,677 11.1%
情報通信業, 28,062 3.9%
製造業, 262,544 36.6%

外国人労働者数 717,504人

（出所） 図7-3に同じ。

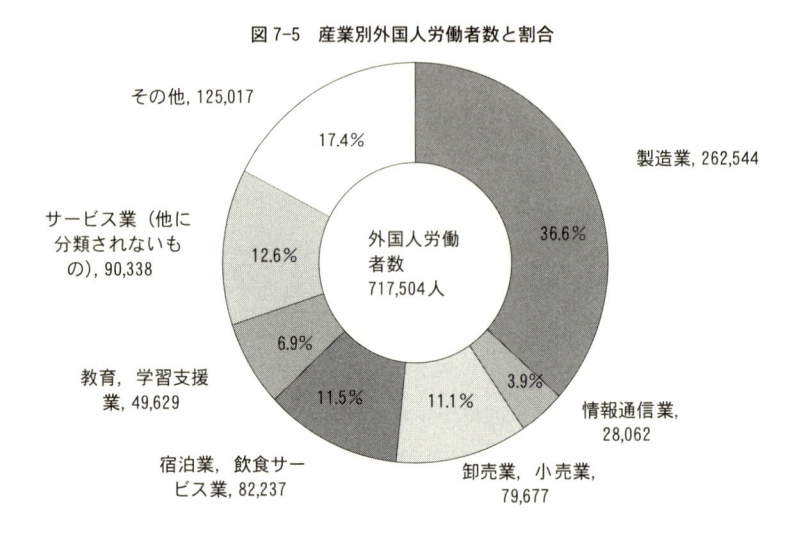

　次に，産業別に，労働者派遣・請負事業を行っている事業所に就労している外国人労働者の傾向を見ると（図7-6参照），全産業計では17万387人（外国人労働者総数の23.7%）が，「製造業」では5万6800人（同産業全体の21.6%）が，また，「サービス業（他に分類されないもの）」では9万338人（同69.5%）が，労働者派遣・請負事業を行っている事業所に就労している。なお，製造業の中でも，「電気機械器具製造業」と「輸送用機械器具製造業」において労働者派遣・請負事業を行っている事業所に就労している外国人労働者の割合が高く，それぞれ38.4%（7373人），34.7%（1万8293人）となっている。

　表7-2，図7-3，図7-4，図7-5は，いずれもいわゆる「ストック」（ある時点で我が国に滞在している在留外国人数）と称される数字である。では，わが国における外国人の流れを示す「フロー」部分，すなわち「就労を目的とする新規入国者数」はどのような状況にあるだろうか。図7-7はそれを示すものである。

　平成24年における「専門的・技術的分野での就労を目的とする在留資格」

第1節 「出入国管理及び難民認定法」と外国人労働者   213

図7-6 労働者派遣・請負事業を行っている事業所に就労している外国人労働者の産業別状況

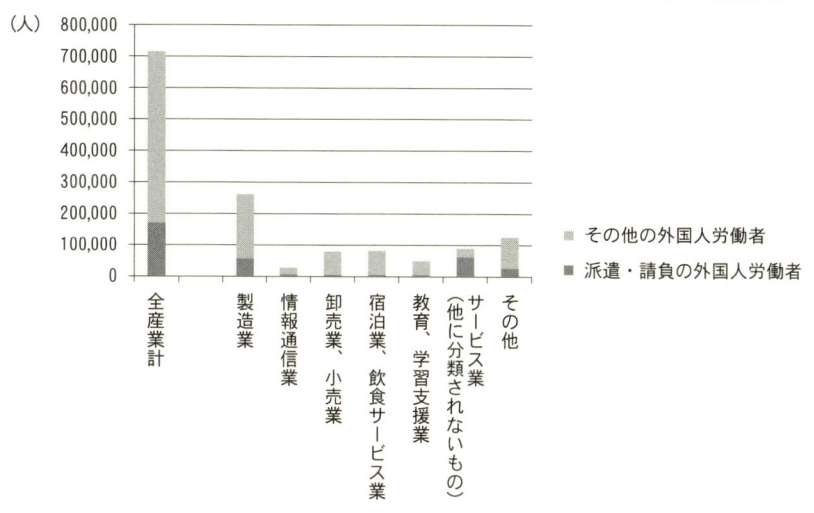

■ その他の外国人労働者
■ 派遣・請負の外国人労働者

（全産業計／製造業／情報通信業／卸売業、小売業／宿泊業、飲食サービス業／教育、学習支援業／サービス業（他に分類されないもの）／その他）

（出所） 図7-3に同じ。

図7-7 専門的・技術的分野での就労を目的とする在留資格による新規入国者数の推移

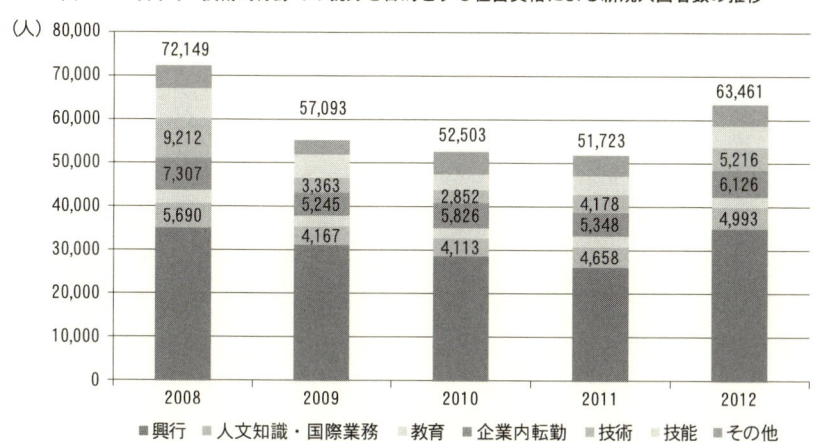

年	合計	興行	人文知識・国際業務	教育	企業内転勤	技術	技能	その他
2008	72,149		5,690		7,307		9,212	
2009	57,093		4,167	5,245		3,363		
2010	52,503		4,113	5,826		2,852		
2011	51,723		4,658	5,348		4,178		
2012	63,461		4,993	6,126		5,216		

■ 興行　■ 人文知識・国際業務　■ 教育　■ 企業内転勤　■ 技術　■ 技能　■ その他

（注） 法別表第一の一の表及び二の表のうち、「外交」、「公用」及び「技能実習」を除く。
（出所） 法務省入国管理局編、前掲『平成25年版出入国管理』34頁。

(法別表第一の一の表及び二の表のうち,「外交」,「公用」及び「技能実習」を除く。)による新規入国者数は6万3461人で,平成23年と比べ1万1738人 (22.7%) 増加している。

このうち,一般企業で就労する外国人社員に相当する在留資格での平成24年における新規入国者数は,「技術」5216人,「人文知識・国際業務」4993人,「企業内転勤」6126人の計1万6335人となっている。平成23年と比べ,「技術」は1038人(24.8%),「人文知識・国際業務」は335人(7.2%),「企業内転勤」は778人(14.5%)増加していて,これらの在留資格の合計で2151人(15.2%)増加している。なお,2008(平成20)年のリーマン・ショック後の減少傾向のほか,2009(平成21)年の世界的な景気後退の影響もあって,「技術」の在留資格による入国者数が大幅に減少していたが,2011(平成23)年から増加に転じ,既述のように平成24年は平成23年と比べ1038人(24.8%)増加している。

第2節 「高度人材」とは誰を指すのか?

1.「高度人材」とは誰を指すのか?

「高度人材」という用語が使用され始めたのは何時ごろからであろうか。2006年5月18日付の日本経済新聞朝刊は,高度人材とは,「専門的・技術的分野で高い知識を持った労働者。国境を超えた人材の流動化に伴い,90年代以降,世界的な獲得競争が起きている。日本政府は99年7月の閣議決定で,高度人材に当たる外国人について『日本経済の活性化や一層の国際化を図る観点から,受け入れをより積極的に推進』することを掲げた。」[27]と記している。

要するに,「高度人材」という用語の生成は意外に古いということである。ところで,上記引用中の「99年7月の閣議決定」とは,「第9次雇用対策基本計画」を指す。そこで,その内容を確認しておく。次のように記されている[28]。

　　　経済社会のグローバル化に伴い,わが国の企業,研究機関等において

は，世界で通用する専門知識，技術等を有し，異なる教育，文化等を背景とした発想が期待できる専門的，技術的分野の外国人労働者に対するニーズが一層高まっている。このような状況の中で，我が国の経済社会の活性化や一層の国際化を図る観点から，専門的，技術的分野の外国人労働者の受け入れをより積極的に推進する。

ここには，「高度人材」という用語は見られない。しかし，経済産業省『通商白書2005』には，「高度人材」が明記され，それを，次のように定義している[29]。

　定められた範囲内で就労が認められている在留資格である「外交」から「技能」までの16種類を一般に「専門的・技術的分野」と呼ぶが，専門的・技術的分野で就労する外国人のうち，例えば，各国がその専門的な知識や技術の獲得を争うような，**より高度な知識や技術を有する外国人労働者**を，本白書では「高度人材」と定義する。「高度な外国人材」等と表記している部分も同義である。(傍点は引用者)

かなりアバウトな定義である。では，政府は，現在，この「高度人材」をどのように認識しているのであろうか。例えば，「高度人材受入推進会議実務作業部会」[30]が2009年5月14日に報告した「報告書案」には，「『高度人材』についての定まった定義はないが，本報告書では，現行の就労可能な在留資格である専門的・技術的分野の在留資格を有する外国人労働者」[31]と記している。これは，従来の見解を踏襲するもので，「専門的外国人」を体系的に論じた塚崎裕子のその定義も，これに類する[32]。

政府自らが「高度人材」の定義を曖昧にしているのだから，その定義について，これ以上の詮索はしない。明石純一が，「高度人材」について，「『高度人材』の定義には一定の幅がある。専門的な職業資格や職歴に依拠することもあれば，単に大学卒業という学歴に準じる場合もある。受け入れ国の法制度が規定する『高度人材』もあれば，特定の業種や職業に対する社会的通念によって規定される『高度人材』もあろう。(中略)『高度人材』の政策上の定義や形式

的な概念は，実際の職務内容や就労形態のみならず，政治的な解釈にも委ねられるのである。」[33]と述べているが，現時点では，これが，「高度人材」についての最も現実的な解釈であるように思われる。

2．「高度人材ポイント制度」の仕組み

2010年11月22日付の日本経済新聞朝刊は，表7-4を付して，「高度人材」について，「高度人材とは，専門的な知識や技術を持つ外国人労働者。『人文知識・国際業務』か『技術』の在留資格で滞在する人を指す場合と，『投資・経営』『法律・会計業務』なども含めた13分野でみる場合がある。狭義の2分野なら約12万人，広義の13分野なら20万人超が現在，日本に滞在している。政府は定義をあいまいにしたまま，20年までに倍増させる目標を今年6月の新成長戦略[34]で掲げた。」（傍点は引用者）と記している[35]。

そして，「スイスのIMD（経営開発国際研究所）が発表した高度人材から見

表7-4 高度人材から見た労働市場の魅力度ランキング

1位	スイス	9.12
2位	シンガポール	8.13
3位	米国	8.08
4位	香港	7.70
5位	ルクセンブルク	7.40
6位	カタール	7.40
7位	オーストラリア	7.40
8位	英国	7.15
9位	カナダ	7.12
10位	カザフスタン	6.91
⋮	⋮	⋮
19位	中国	5.83
33位	韓国	4.58
42位	日本	4.10

（注）　各国の企業経営者に，労使関係や生活の質などについてアンケートして，10段階評価している。
（出所）　日本経済新聞朝刊，2010年11月22日付，エコノフォーカス「専門職外国人 日本を素通り」。原資料はスイスのIMD（経営開発国際研究所）の「世界競争力年鑑2010」。

た労働市場の魅力度では，日本は『42位』。欧米諸国や英語圏のみならず，順位を上げている中国や韓国を大きく下回っている。優秀な外国人が日本を避ける状態が続けば，高度な知識の集積などで他国に後れを取り，長い目で見れば国の競争力の低下につながりかねない。」[36]と記している。

当時は，リーマン・ショックの影響で日本を含む世界経済が危機的状況にあった。それを斟酌したとしても，この分野におけるわが国の立ち遅れは否定のしようがない。『平成25年版出入国管理』は，「平成24年5月7日の制度開始以降，25年4月6日までの11か月間で高度人材外国人として認定を受けた者の数は434人」[37]に過ぎない，と記している。産業界の需要から見れば，その数字はほとんど焼け石に水，と言ってよい。

「高度人材ポイント制」の意味およびその意義を，日本経済新聞で確認しておく。表7-5を付して，次のように記している[38]。

　　多くの優秀な外国人に日本で働いてもらうために，優遇を与える制度。まず年収や学歴，職務経験，年齢をそれぞれ点数に換算したうえで，「日本語能力試験1級で10点」といったボーナス点を加える。合計が70点に達すると「高度人材」として認定され，優遇を受けられる。もともと外国人が日本で働くには，経営，技術，医療，教育，芸能といった27業種で在留資格を取ることが必要で，最長で5年の滞在が認められる。高度人材ポイント制の利用は在留資格を取っていることが前提で，すでに働いてい

表7-5　高度人材ポイント制のイメージ

(年収900万円，修士号，勤続5年の31歳の技術者の場合...)

年収	点	学歴	点	職歴	点	年齢	点
900万円	35	博士号	30	10年	20	～29歳	15
800万円	30	修士号	20	7年	15	30～34歳	10
700万円	25	大学卒	10	5年	10	35～39歳	5
600万円	20	高校卒	0	3年	5	40歳～	0

(注)　35点＋20点＋10点＋10点＝75点
　　　合計70点に達したので認定！⇒①働いて5年で永住権，②親やメイドの帯同，③配偶者の就労などの優遇措置。
(出所)　日本経済新聞朝刊，2013年7月1日付，きょうのことば「高度人材ポイント制認定なら永住条件緩和」。

る人も申し込める。ただ対象となるのはこの中でも IT・工学などの技術者や，大学・企業の研究者，外資系企業の経営幹部だ。日本の経済成長をけん引する役割を期待されている。優遇制度で注目されるのは家族・メイドの帯同や永住権の条件緩和だが，それ以外にもメリットはある。その一つが在留資格以外の活動の解禁だ。例えば研究者なら自分の研究成果を使ってベンチャー企業を立ち上げて，経営することもできる。

では，政府自身は，この「高度人材ポイント制」について，どのように考えているのだろうか。法務省入国管理局は，2011（平成23）年12月に，「高度人材に対するポイント制による出入国管理上の優遇制度」を発表した。表7-6は，それを示したものである。

また，図7-8は，表7-6の「制度の概要・目的」に示されている「手続の流れ（別紙1）」を示すものである。

表7-6に示される「ポイント計算表（別紙2）」ならびに「優遇措置の詳細（別紙3）」については，紙幅の関係で割愛する[39]。

上記のような「高度人材ポイント制」の特徴を，筆者の言葉で端的に表現すれば，"操作的"かつ"上から目線的"ということになる。大事なことは，わが国に来るか来ないかの意思決定主体はあくまでも「外国人」本人だということである。要するに，外国人労働者によって，「国が選ばれる時代」になったのである。既述のように，高度人材ポイント制の開始以降11カ月が過ぎても，高度人材外国人として認定された者の数がわずか434人に過ぎないということは，認定条件が厳し過ぎるのか，あるいは外国人から見てわが国が余程魅力がないのか，のいずれかであろう。あるいはその両方が理由なのかもしれない。そこで，政府は，外国人技術者らにとって魅力ある新制度の検討に入ったという。2013年7月10日付の日本経済新聞は，大要，次のように記している[40]。

政府は2012年5月に，大学教授や技術者，経営者ら年収や技能などで一定の水準を満たした外国人の在留資格を優遇する「高度人材ポイント制度」を始めた。通常は永住権の取得に10年間の滞在が必要になるが，これを5年に短縮。永住権を取るまでの間，入国・在留手続きを迅速にし，

表7-6　高度人材に対するポイント制による出入国管理上の優遇制度

制度の概要・目的

　高度人材（現行の外国人受入れの範囲内にある者で，高度な資質・能力を有すると認められるもの）の受入れを促進するため，高度人材に対しポイント制を活用した出入国管理上の優遇措置を講ずる制度を導入。

　高度人材の活動内容を学術研究活動，高度専門・技術活動，経営・管理活動の3つに分類し，それぞれの特性に応じて，「学歴」，「職歴」，「年収」，などの項目ごとにポイントを設け，ポイントの合計が一定点数に達した場合に，出入国管理上の優遇措置を与えることにより，高度人材の我が国への受入れ促進を図ることを目的とする。

※海外から入国する場合の手続の流れについては別紙1，ポイント計算表は別紙2

「高度人材」のイメージ

我が国が積極的に受け入れるべき高度人材とは…

「国内の資本・労働とは補完関係にあり，代替することができない良質な人材」であり，「我が国の産業にイノベーションをもたらすとともに，日本人との切磋琢磨を通じて専門的・技術的な労働市場の発展を促し，我が国労働市場の効率性を高めることが期待される人材」（平成21年5月29日高度人材受入推進会議報告書）

例えば…

①学術研究活動…基礎研究や最先端技術の研究を行う研究者

②高度専門・技術活動…専門的な技術・知識等を活かして新たな市場の獲得や新たな製品・技術開発等を担う者

③経営・管理活動…我が国企業のグローバルな事業展開等のため，豊富な実務経験等を活かして企業の経営・管理に従事する者

優遇措置の内容

・複合的な在留活動の許容

・在留期間「5年」の付与

・在留歴に係る永住許可要件の緩和

・入国・在留手続の優先処理

・配偶者の就労

・親の帯同

・高度人材に雇用される家事使用人の帯同

※優遇措置の詳細については別紙3

法令上の位置付け

・在留資格「特定活動」の一類型として整備

・ポイント制における評価項目と配転は，告示で規定

・現在の在留資格に関する要件（在留資格該当性・上陸許可基準適合性）を満たす者の中から高度人材を認定する仕組みとする

制度開始後のフォローアップ

法務省において制度開始後1年をメドに実施状況を分析し，その結果を踏まえ，関係省庁，経済界・労働界を交えて制度の見直し及び在留期間の更新の取扱いについて検討する。

（出所）　法務省入国管理局「高度人材に対するポイント制による出入国管理上の優遇制度」2011年12月。

図7-8 高度人材としての在留資格証明書を取得するまでの手続きの流れ（別紙１）

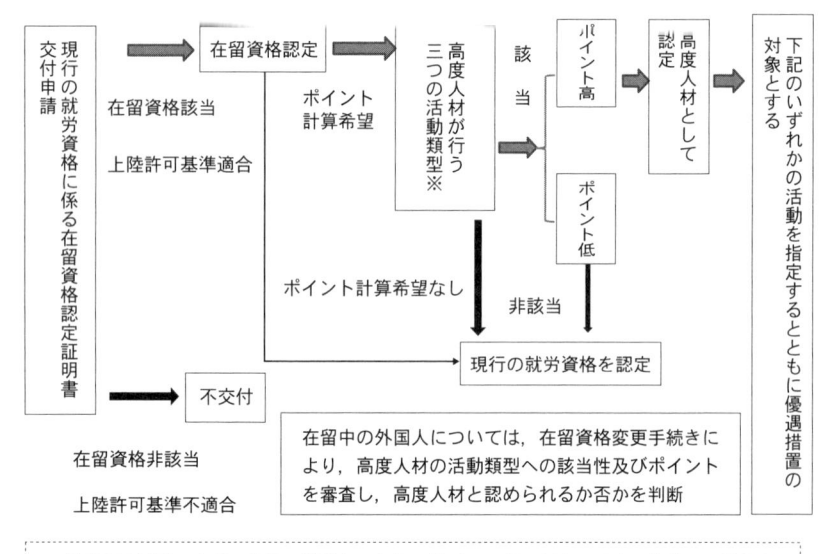

```
現行の就労資格に係る在留資格認定証明書交付申請
  │
  ├─→ 在留資格認定 ─→ 在留資格該当／上陸許可基準適合 ─→ 高度人材が行う三つの活動類型※
  │                                                            │
  │                                                  ┌─ ポイント計算希望 ─→ 該当 ┬─ ポイント高 ─→ 高度人材として認定 ─→ 下記のいずれかの活動を指定するとともに優遇措置の対象とする
  │                                                  │                          └─ ポイント低
  │                                                  │                          非該当
  │                                                  └─ ポイント計算希望なし ─→ 現行の就労資格を認定
  │
  └─→ 不交付（在留資格非該当／上陸許可基準不適合）
```

在留中の外国人については，在留資格変更手続きにより，高度人材の活動類型への該当性及びポイントを審査し，高度人材と認められるか否かを判断

※学術研究活動…本邦の公私の機関との契約に基づいて行う研究，研究の指導又は教育をする活動
　高度専門・技術活動…本邦の公私の機関との契約に基づいて行う自然科学又は人文科学の分野に属する知識又は技術を要する業務に従事する活動
　経営・管理活動…本邦の公私の機関の事業の経営を行い又は当該事業の管理に従事する活動

（出所）　表7-6に同じ。別紙1。

　配偶者の就労や親，家政婦を呼び寄せることを認めている。新たな永住権は，必要な在留歴をさらに3年に縮める。現在の制度では永住権を取得すると親の帯同などの優遇措置はなくなるが，新たな永住権では取得後も優遇措置を継続できるようにする。ただし，新たな永住権には通常の永住権とは違い，国内で就く職種に制約を設ける。

　そして，同紙末尾では，「優秀な外国人を呼び込む競争は激しい。優遇措置を与える人材ポイント制度はカナダや英国，オーストラリアなども導入済み。日本の同制度は今年4月までの認定者が434人にとどまり目標の2000人に届かない。」[41]と記している。

第3節 「高度人材の卵」としての留学生

1. わが国への流入決定要因

　外国人が就労や留学といった目的でわが国への入国を決める際，どのような要因がその決定に寄与しているのであろうか。平成25年版の『経済財政白書―経済の好循環の確立に向けて―』[42]は，これを定量的に把握している。しかし，それを考察する前に，まず，「高度外国人材が求職時に重視する条件」と「高度外国人材が本来果たしたい役割と現状の乖離」を一瞥しておく。

　高度外国人材が求職時に重視する条件として，1位～3位を合計して集計すると，「仕事の内容」が48.8％，「会社の将来性・安定性」が46.9％，「昇進やキャリアの将来性」が36.3％，「能力開発の機会」が33.5％，「採用後の年収（賃金）」が30.2％であった（図7-9参照）。なお，「採用後の年収（賃金）」は1位，2位よりも，3位に上げられることが多かった。

　また，高度外国人材が日本企業で本来果たしたい役割として「あてはまる」，

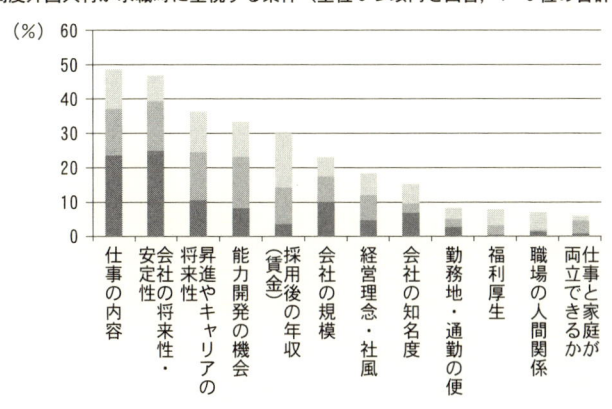

図7-9　高度外国人材が求職時に重視する条件（上位3つ以内を回答，1～3位の合計でソート）

（注）「労働時間・休日・休暇」他は省略。
（出所）　平成22年度厚生労働省委託事業「企業における高度外国人材活用促進　事業報告書」。[44]

「どちらかといえばあてはまる」と回答した者が多いのは,「語学力」が 87.4％,「海外の市場へのアプローチ」が 84.6％,「グローバルビジネスでのリーダーシップの発揮」が 80.4％で,他方,高度外国人材が現状担っている役割として,「あてはまる」,「どちらかといえばあてはまる」と回答した者が多いのは,「語学力」の 69.8％が最も高く,次いで「海外のビジネス習慣に関する知見」の 51.6％であった。当該外国人が本来果たしたい役割と実際の役割のギャップについて指標化した結果からは,「グローバルビジネスでのリーダーシップの発揮」,「海外の市場へのアプローチ」,「海外の顧客のニーズに合った商品・サービスの企画・開発」で「乖離」が大きくなっている(図 7-10 参照)。

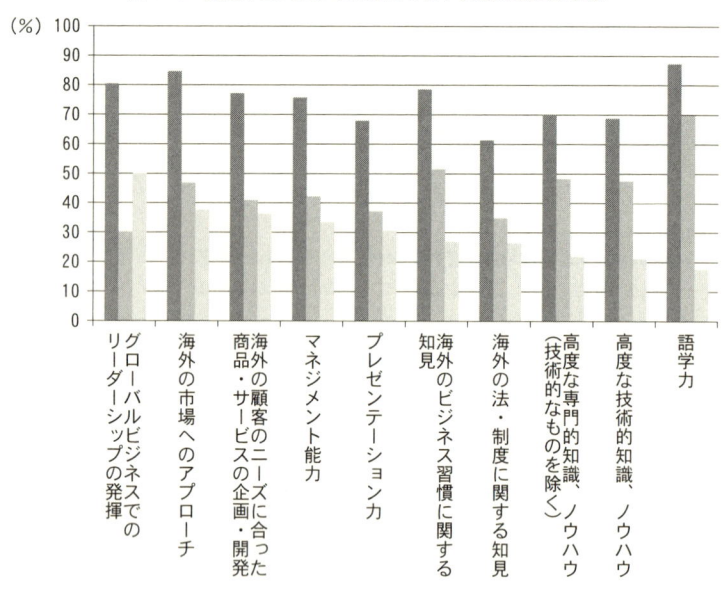

図 7-10　高度外国人材が本来果たしたい役割と現状の乖離

項目	果したい役割	現状担っている役割	差分
グローバルビジネスでのリーダーシップの発揮	80	30	50
海外の市場へのアプローチ	85	47	40
海外の顧客のニーズに合った商品・サービスの企画・開発	77	40	37
マネジメント能力	76	42	33
プレゼンテーション力	68	37	30
海外のビジネス習慣に関する知見	78	51	26
海外の法・制度に関する知見	61	34	25
高度な専門的知識,ノウハウ(技術的なものを除く)	70	47	20
高度な技術的知識,ノウハウ	68	47	20
語学力	87	70	17

(注)　差分とは,各項目について高度外国人材が果たしたい役割として,「あてはまる」及び「どちらかといえばあてはまる」とした合計から,現状で担っている役割として「あてはまる」及び「どちらかといえばあてはまる」の合計を差し引いたもの。要するにギャップのこと。なお,「自己アピールなど,日本人社員の積極性の向上」他の項目については省略した。
(出所)　図 7-9 に同じ。

第3節 「高度人材の卵」としての留学生　223

　塚崎は，専門的外国人の期待と現実とのギャップ（乖離）について，彼らが日本企業で働く場合，心労が多い（例えば，会社人間的働き方への適応等）ばかりでなく，個人のキャリアという視点から見ても，リスクが大きいわりに，キャリア・リターンが少ない，あるいは限界がある，と明快に述べている[43]。

　ところで，前掲『経済財政白書』は，「流入決定要因」について，次のように記している[45]。

> 　外国人が就労や留学といった目的で我が国への入国を決める際，どのような要因がその決定に寄与しているのか定量的に把握しよう。労働移動に影響を与える要因は，各国間の距離や目的国及び自国の GDP が一般的に挙げられる。こうした要因を基本として，我が国と出身国の様々な経済社会的な条件や政策的な要因と労働移動との統計的な関係（グラビティ・モデル）を計測した。就労を目的とした外国人に関する結果からは，先行研究と同様に距離の壁や所得（1人当たり実質 GDP）による誘因があることが明らかとなった。また，留学生の多い国からは働きに来る者の数も多いという結果になっており，留学生を増やすことが，先々の労働者の増加にもつながることが示唆される。その他，特許の取得件数の相対的な増加や，円の実質実効為替レートの相対的な上昇は，我が国への流入要因となっている。（傍点は引用者）

　要するに，労働移動に影響を与える要因は，所得（1人当たり実質 GDP）であり，かつ2国間の距離だというのである[46]。

2．「高度人材の卵」としての留学生

　『経済財政白書』からの引用にも示されているように，「留学生」は「将来の高度人材」である。政府自ら，「高度人材の大きな供給源は留学生である。」として，留学生を「高度人材の卵」と称し，その支援体制の整備を重視している。前掲「外国高度人材受入政策の本格的展開を」では，次のように記している[47]。

・高度人材の大きな供給源は留学生である。日本で就職を希望する留学生の割合は61.3％となっているが，進路が明らかな留学生の年間卒業・修了者数3万2,000人のうち，実際に就職した人は9,700人（31％）に止まっている。

・こうした希望と現実の乖離を埋めるべく，「高度人材の卵」としての留学生の日本企業への就職率を高めるべく官民による支援体制の整備が必要である。（傍点は引用者）

・具体的には，留学生の就労・生活環境支援推進のために，以下のような取組[48]を内容とする「アクション・プラン」を策定すべきである。

周知のように，2008（平成20）年7月には，文部科学省ほか関係6省（外務省，法務省，厚生労働省，経済産業省，国土交通省）による2020（平成32）年までの「留学生30万人計画」骨子が策定され，現在，積極的な推進が図られている[49]。そこで，留学生数の推移を確認しておく（図7-11参照）。

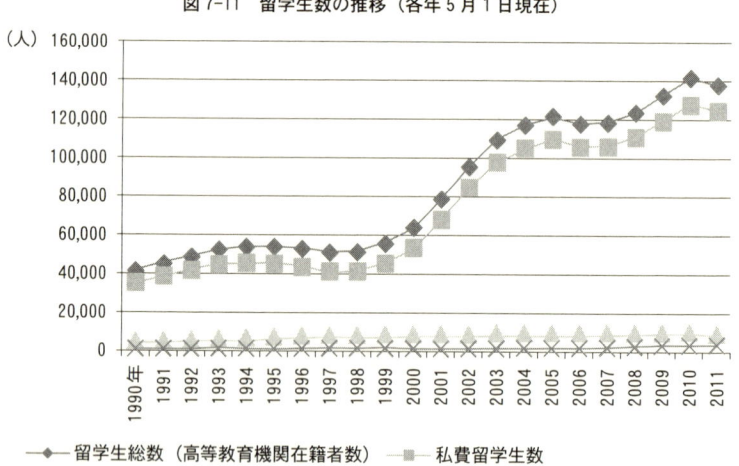

図7-11 留学生数の推移（各年5月1日現在）

（注）2003年度までは文部科学省調査。「留学生」とは，「出入国管理及び難民認定法」別表第1に定める「留学」の在留資格（いわゆる「留学ビザ」）により，わが国の大学（大学院を含む。），短期大学，高等専門学校，専修学校（専門課程）及びわが国の大学に入学するための準備教育課程を設置する教育施設において教育を受ける外国人学生をいう。
（出所）日本学生支援機構「平成23年度 外国人留学生在籍状況調査結果」。

留学生数は，1997（平成9）年の5万1047人を境に，以後うなぎのぼりで，2011（平成23）年現在13万8075人となっている。これを出身国別に見ると，中国が8万7533人（構成比63.4％）と最も多く，次いで韓国が1万7640人（同12.8％），台湾が4571人（同3.3％）で，これら3国を合計すると10万9744人，全留学生に占める割合は79.5％となっている。

　では，留学生は日本についてどのようなイメージを持っているのであろうか。アンケート調査をみてみよう。

　留学生側がわが国を選定する背景についてアンケート調査した結果（図7-12参照）からは，「日本社会に興味があり，日本で生活したかった」（3504人，56.6％）との回答が最も多く，次いで，「日本語・日本文化を勉強したかった」（3073人，49.6％）との回答が続く。わが国固有の文化的な魅力に対する関心が高い一方，教育や研究，又は職業といった活動面の回答は3番目以下となっている。

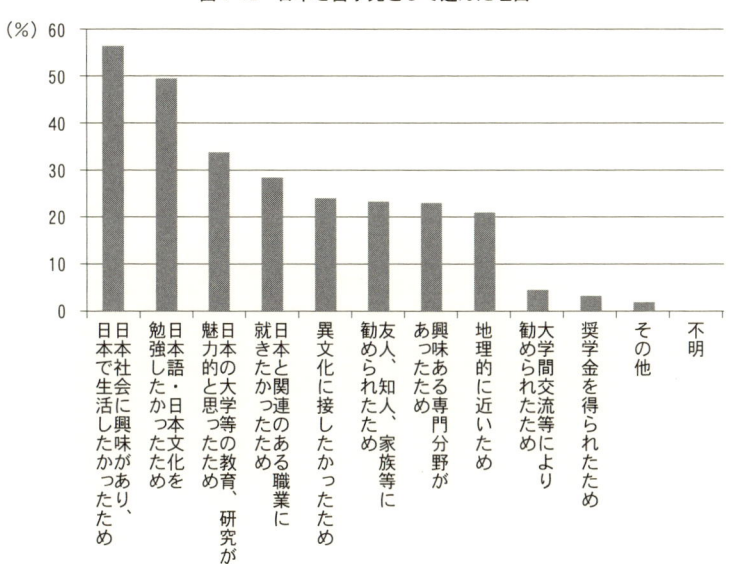

図7-12　日本を留学先として選んだ理由

理由	％
日本社会に興味があり，日本で生活したかったため	約57
日本語・日本文化を勉強したかったため	約49
日本の大学等の教育，研究が魅力的と思ったため	約34
日本と関連のある職業に就きたかったため	約28
異文化に接したかったため	約24
友人，知人，家族等に勧められたため	約23
興味ある専門分野があったため	約23
地理的に近いため	約21
大学間交流等により勧められたため	約5
奨学金を得られたため	約3
その他	約2
不明	約0

（出所）　日本学生支援機構（JASSO）「平成23年　私費外国人留学生生活実態調査」概要から筆者作成。

次に、就職先としてわが国企業を勧めたいと思うかどうかを尋ねたところ、「勧めたい」とする割合は85%、「勧めたくない」の割合は14.8%であった。このうち、「勧めたくない理由」を問う設問への回答としては、「外国人が出世するのに限界があるように見えるから」が73.1%と最も多く、次いで「日本企業は外国人の異文化を受け入れない場合が多い」が61.9%となっている。また、「労働時間が長いため、私生活が犠牲になるから」(39.6%)、「賃金に個人の業績や成果が反映されるウエイトが小さい」(32.8%) 等の雇用管理側面を挙げる人も少なくない[50]（図7-13参照）。

政府は「高度人材」の導入を、わが国の「成長戦略」の一環として、推し進めようとしているが、既述のように、現時点ではその成果は捗々しくない。その中で、後発的に「高度人材の卵」として位置づけられた留学生の受入れは景気低迷にも関わらず順調である。こうした事情を踏まえると、現在各国で競争が熾烈化している高度人材の獲得には、「レディーメード」の人材を海外から

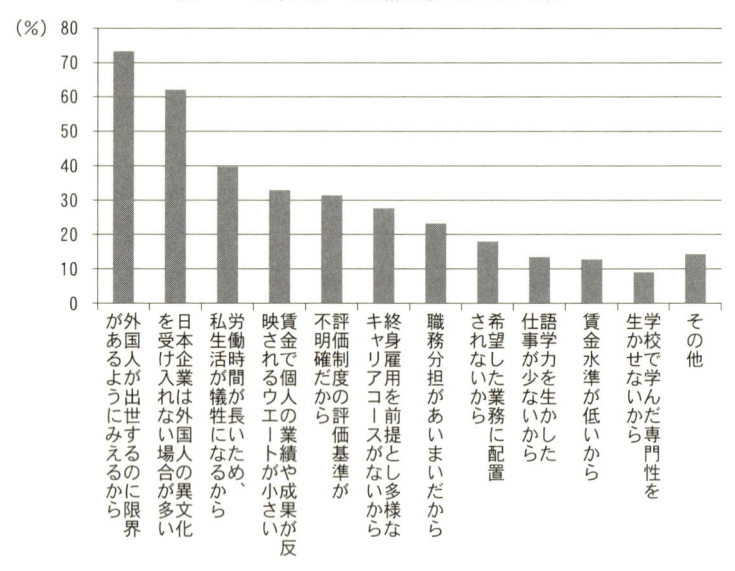

図7-13　日本企業への就職を勧めたくない理由

理由	%
外国人が出世するのに限界があるようにみえるから	73
日本企業は外国人の異文化を受け入れない場合が多い	62
労働時間が長いため、私生活が犠牲になるから	40
賃金で個人の業績や成果が反映されるウエイトが小さい	33
評価制度の評価基準が不明確だから	31
終身雇用を前提とした多様なキャリアコースがないから	27
職務分担があいまいだから	23
希望した業務に配置されないから	18
語学力を生かした仕事が少ないから	13
賃金水準が低いから	13
学校で学んだ専門性を生かせないから	9
その他	14

（出所）　前掲、平成22年度厚生労働省委託事業「企業における高度外国人材活用促進　事業報告書」50頁。

招来するよりも，日本語能力を有する留学生を多数受け入れ，彼らを「高度人材」として育てていくほうが，現実的な選択肢といえよう[51]。ただし，そのためには，彼らの就職先を用意することが必須条件となる。

結びに代えて─外国人労働者と企業

2014年3月16日付の日本経済新聞朝刊の「中外時評」は，最近の建設業界，運輸業界，外食産業等の現場における人手不足について，「IT（情報技術）や先端技術を担う高度人材を育成するための投資が経済成長を左右することは言うまでもない。同時に，さまざまな現場の担い手を維持するための人材投資も重要だ。これを軽視すれば日本経済は足をすくわれる。消えた建設職人が発する警告だ。」と記している[52]。

冒頭の引用に示したように，今から20数年前のバブル時代，人手不足に悩まされていたのは主に中小企業で，大企業ではなかった。その構図は平成の「失われた20年」を経た今日でもあまり変わっていないようである。

わが国は中小企業を基盤とする国である[53]。記事に見られる建設業，運輸業，外食産業等には，大企業もあるが，数多くの中小企業が存在する。そういう中小企業が，目下，必要としているのはおそらく「高度人材」ではない。ごくごく普通の技能労働者である。日本経済新聞は，以下のように記している[54]。

> 安倍政権は1月にまとめた成長戦略の検討方針に「外国人受け入れ環境の整備」と明記した。「移民」や「単純労働者」と言い出せば国論を二分しかねない問題。そこで政府は，受け入れの対象を低・中レベルの技能労働者までじわりと広げるステルス（見えにくい）作戦を進めようとしている。外国人労働者が6月にまとめる成長戦略の焦点に浮かんできた。（中略）第1弾は建設労働者だ。型枠工，左官といった技能労働者は1997年の450万人から足元では約100万人減少。2020年の東京五輪や震災復興をにらみ，外国人に頼らざるを得ないと官邸は判断した。（中略）技能実

習制度で中国やベトナムなどからきた建設労働者は年1万5千人程度いるが，建設に絞った特例は難しい。そこでウルトラCとなるのが「特定活動」という在留資格を使う案だ。法改正はいらず，法相告示だけで在留資格を与える外国人を加えられる。次は介護だ。今は技能実習制度の対象外だが，（中略）介護の実習生を認めれば，介護福祉候補より技能の低い人材が大量に来る可能性がある。しかも高齢化で日本の介護現場での人材不足はかなり先まで続く。「事実上の移民が介護から始まる」といわれる理由だ。（中略）そもそも技能実習制度は「国際貢献の一環として途上国に日本の技術を移転する」（厚生労働省）のが本来の目的。人手不足対策を前面に出し過ぎれば「目的外利用」との批判を招く。」（傍点は引用者）

　上記引用が示すように，今，建設業界で逼迫しているのは「低・中レベルの技能労働者」，「型枠工，左官といった技能労働者」である。政府が現在推し進めている「高度人材」の誘致は，将来的には重要な成長戦略の一つとなるかもしれない。それを否定するつもりはない。しかし，少なくとも，現下の建設，運輸，外食等の「現場」で起こっている人手不足に即応するものではない。政府は，とりあえず技能実習制度の枠を広げて対処しようとしているが，これは制度の趣旨をゆがめるとの指摘がある。そういう意味で，現在，政府が進めている「高度人材」誘致における「高度人材」と，企業，特に中小企業が求める「人材」とでは大きなミスマッチあるいはギャップがあるといえる。
　また，介護・看護分野では，アジア各国との経済連携協定に基づいて特例的に受け入れる一方，日本の大学を出た留学生が国家試験に合格しても就労を認めていないことの矛盾も指摘されている。
　とはいえ，筆者は，単純労働者を含めて外国人労働者をこれらの業界で大量投入すればよい，と考えているわけではない。大事なことは，「外国人労働者の問題」は，国政レベルの「出入国管理の問題」かもしれないが，同時に，優れて「経済政策の問題」であり「労働政策の問題」でもあるということである。現在進行中のグローバリゼーションは，個人の好き嫌いに関係なく，おそらく今後も止めようがない。「人口減少社会」日本にとって重要なことは，このグローバリゼーション（例えば，人材の国際的流動化等）を最大限活用する

ことである。その取り掛かりが，「外国人労働者の問題」を「経済政策の問題」，「労働政策の問題」として正しく認識することである。

ともあれ，労働力不足に対処するためには，女性や高齢者の就業率を引き上げるとともに，腰を据えた少子化対策の推進が不可欠である，同時に即戦力としてあるいは長期的な視野で，外国人労働力の受け入れについて，幅広い議論が必要である。今後，労働力不足が深刻になる分野で外国人労働を受け入れるとなれば，これまでのように高度人材の受け入れは「可」，単純労働は「不可」という二分法では割り切れなくなる[55]。

注

1 例えば，NHK 取材班『ヒト不足社会—誰が日本を支えるのか—』NHK スペシャル，日本放送出版協会，1991 年，等を参照。
2 日本経済新聞朝刊，1989 年 9 月 6 日，「人手不足 産業に影⑦」。
3 例えば，駒井洋『外国人労働者をみる眼』明石書店，1990 年，第 2 章，等を参照されたい。駒井は，島田晴雄を「開国」論者，西尾幹二を「鎖国」論者と見立てて，また自らは「必然」論の立場から，対談している。
4 梶田孝道は，外国人労働者受け入れの社会学的類型として，「フロント・ドア」，「サイド・ドア」，「バック・ドア」政策を指摘し，日本政府による「日系人労働者」の受け入れ方を，「バック・ドア」政策と称している。梶田『外国人労働者と日本』日本放送出版協会，1994 年，45 頁参照。
5 日本経済新聞朝刊，2008 年 5 月 19 日付，社説「人材開国を考える」は，「政府は高度専門職の例外としてブラジルなどから日系人を多数，受け入れたが，日本語教育や職業訓練を怠ったため，職に就けず犯罪に走る若者も相次いだ。外国人の多い地方自治体が今，そのツケを払っている。日本語教育や職業訓練の充実は大事だ。その財源対策も考えておく必要がある。」と記している。
6 日本経済新聞朝刊，2001 年 5 月 13 日付，Sunday Nikkei「外国人労働を考える⑪」（手塚和彰稿）。
7 報告書名は，「今後における外国人労働者受入れの方向と課題」。日本労働研究機構編『労働の国際化』リーディングス日本の労働⑨，日本労働研究機構，1997 年，に再録。
8 「雇用許可制度」とは，「報告書」によれば，「外国人労働者の雇入れについて，事業主が所定の条件を満たす場合に許可が与えられるもの」であるが，研究会が，「労働許可制」ではなく，「雇用許可制」を提起したことについて，濱口桂一郎は，「日本の労働政策は 20 年ごとに政策方向を転換してきている。70 年代はじめまでは職業能力と職種に基づく近代的労働市場をめざし，同一労働同一賃金原則に基づく職務給を志向していた労働行政が，オイルショックを転機として企業内教育訓練を重視し，雇用調整助成金等でできるだけ企業内で雇用を維持することをめざす企業主義的な方向に変わっていた。これが 90 年代には個人主義的，市場主義的政策にふたたび転換するのだが，80 年代後半期は労働政策における企業主義的発想がもっとも強かった時代である。そして，労働経済学においてこの潮流を代表していたのが知的熟練論を掲げる小池和男であった。その小池が座長を務める研究会があえて欧米の労働許可制ではなく雇用許可制を打ち出したことは不思議ではない。」（傍点は引用者）と述べている。濱口桂一郎「日本の外国人労働者政策—労働政策の否定に立脚した外国人政策の『失われた 20 年』—」五十嵐泰正『労働再審 ② 越境する労働と〈移民〉』大月

書店, 2010 年, 278 頁。
9 濱口は,「雇用許可制」に対する法務省入国管理局の反対について,「労働省の『縄張り荒らし』に怒った入管局が, 労働省の関与の可能性を断つために, 外国人労働者問題を労働問題としてとらえる観点を徹底的に排除し, もっぱら自分たちだけで動かせる出入国管理の問題としてのみ法政策を進めていったことが, その後の日本の外国人労働者政策を『労働政策の否定に立脚する』ものとし, 今日に至る『失われた 20 年』を生み出したのである。」(同上, 281 頁)(傍点は引用者)と述べている。要するに, そのスタートは縦割り行政の中での縄張り争いにすぎなかった。しかし, それが後のち我が国にもたらした影響は大きかった。濱口は, それを,「労使の利害関係のなかで政策方向を考える労働政策という観点が否定され, もっぱら出入国管理政策という観点からのみ外国人政策が扱われてきた。言い換えれば,『外国人労働者問題は労働問題に非ず』『外国人労働者政策は労働政策に非ず』という非現実的な政策思想によって, 日本の外国人労働者問題が取り扱われてきた。そして今日, ついにその矛盾が露呈し, 問題が噴出するに至ったのである。」(同上, 274 頁)(傍点は引用者)と表現している。
10 桑原靖夫『国境を越える労働者』岩波新書, 1991 年, 89 頁。
11 神代和欣『産業と労使』放送大学教育振興会, 2003 年, 309-310 頁。因みに, 2013 (平成 25) 年 1 月 1 日現在の不法残留者数を示しておくと, 6 万 2009 人で, 過去最高であった 1993 (平成 5) 年 5 月 1 日現在の 29 万 8646 人よりも 23 万 6637 人 (79.2%) 減少している。法務省入国管理局編『平成 25 年版出入国管理』69 頁。
12 この法律は, 正式には「ポツダム宣言の受諾に伴い発する命令に関する件に基く外務省関係諸命令の措置に関する法律」と題されているが, その題目があまりにも長いため「法 126」と略称されている。田中宏『在日外国人―法の壁, 心の壁』第 3 版, 岩波新書, 2013 年, 44 頁。
13 同上, 45 頁。
14 神代, 前掲『産業と労使』310 頁。日本経済新聞朝刊, 1991 年 9 月 27 日付,「国際研修協力機構 10 月 1 日スタート」は,「埼玉・川口では鋳物メーカーの一部が独自に法務省の許可を得て, 83 年以来 2 年に 1 度 60 人の中国人研修生を受け入れてきた。」と記している。
15 当時の所得格差がどの程度のものであったかは, 経済企画庁総合計画局編『外国人労働者と経済社会の進路』大蔵省印刷局, 1989 年, 41-44 頁に詳しい。
16 神代, 前掲『産業と労使』310-311 頁。桑原靖夫は, 前掲『国境を越える労働者』で,「群馬県大泉町, この関東北部の小さな町は, いつの間にかパキスタン, バングラデシュ, イラン, それに最近では日系ブラジル人などの各国の労働者が集まる地域となっている。そのほとんどが, 太田市など近隣にある自動車や電機産業の下請企業などで働いている。」(61 頁) と述べている。
17 「第 6 次雇用対策基本計画」(1988 年 6 月 17 日閣議決定)。
18 詳しくは, 日本経済新聞朝刊, 1990 年 5 月 31 日付,「改正入管法あすから施行」を参照。
19 神代, 前掲『産業と労使』312 頁。なお, ブラジル, ペルーの中南米諸国日系人労働者に求人が集中したのは,「不法就労助長罪」を回避するためでもあった。桑原, 前掲『国境を越える労働者』88 頁参照。
20 詳しくは, 前掲, 日本経済新聞朝刊, 1991 年 9 月 27 日付,「国際研修協力機構 10 月 1 日スタート」を参照。
21 神代, 前掲『産業と労使』312 頁。
22 その実態について詳しくは, 例えば, 安田浩一『ルポ 差別と貧困の外国人労働者』光文社新書, 2010 年, 第 1 部, 等を参照。
23 菅野和夫『労働法』第 10 版, 弘文堂, 2012 年, 109 頁。
24 「外国人雇用状況届出制度」については, 表 7-2 の (注) を参照されたい。
25 「身分に基づく在留資格」について詳しくは, 表 7-2 の (2) を参照されたい。

注　231

26　「専門的・技術的分野の在留資格」について詳しくは，表 7-2 の(1)を参照されたい。
27　日本経済新聞朝刊，2006 年 5 月 18 日付，「人口減　外国人労働者をどうする」。
28　「第 9 次雇用対策基本計画」（平成 11 年 8 月 13 日閣議決定）。なお，「単純労働者」については，ここでも，「なお，いわゆる単純労働者の受入れについては，国内の労働市場にかかわる問題を始めとして日本の経済社会と国民生活に多大な影響を及ぼすとともに，送出し国や外国人労働者本人にとっての影響も極めて大きいと予想されることから，国民のコンセンサスを踏まえつつ，十分慎重に対応することが不可欠である。」と明記されている。
29　経済産業省，前掲『通商白書 2005』256 頁の注 57。
30　「高度人材受入推進会議」は，外国高度人材の受け入れ推進に資する必要な施策を検討することを目的として，平成 20 年 7 月に内閣官房長官の下に設置された。同年 12 月以降，同会議の下に置かれた実務作業部会が，6 回に亘る議論・検討を経て，「外国高度人材受入政策の本格的展開を」と題する報告書をとりまとめた。
31　平成 22 年度厚生労働省委託事業「企業における高度外国人材活用促進　事業報告書」1 頁。
32　塚崎『外国人専門職・技術職の雇用問題―職業キャリアの観点から―』明石書店，2008 年，31-32 頁参照。なお，塚崎は，「専門的外国人」と「高度人材」を区別しない。同義の概念として捉えているようである。
33　明石純一「外国人『高度人材』の誘致をめぐる期待と現実―日本の事例分析―」五十嵐泰正編『労働再審 2―越境する労働と〈移民〉』大月書店，2010，56 頁。
34　「新成長戦略～『元気な日本』復活のシナリオ～」（2010 年 6 月 18 日閣議決定）では，「海外人材の我が国における集積を拡大することにより，在留高度外国人材の倍増を目指す。また，我が国から海外への日本人学生等の留学・研修等の交流を 30 万人，質の高い外国人学生の受入れを 30 万人にすることを目指す。」（43 頁）と記している。
35　日本経済新聞朝刊，2010 年 11 月 22 日付，エコノフォーカス「専門職外国人　日本を素通り」。
36　同上。日本経済新聞朝刊，2011 年 1 月 9 日，三度目の奇跡「日本の外国人労働者 0.3％」。
37　法務省入国管理局編，前掲『平成 25 年版出入国管理』104 頁。なお，2014 年 4 月 29 日付の日本経済新聞朝刊「人手不足経済」は，「高度人材の認定数は 2014 年 1 月までの約 20 カ月間で約 900 人。月 50 人程度のペースで，法務省が見込んだ認定ペースの 3 分の 1 以下にとどまる。」と記している。
38　日本経済新聞朝刊，2013 年 7 月 1 日付，きょうのことば「高度人材ポイント制　認定なら永住条件緩和」。
39　ポイント計算の主な仕組み（経営・管理分野の場合）については，日本経済新聞朝刊，2011 年 12 月 28 日付，「高度技能持つ外国人優遇」を参照。
40　日本経済新聞朝刊，2013 年 7 月 10 日付，「3 年滞在で永住権」。
41　注 27 で記したように，2014 年 1 月までの約 20 カ月間では約 900 人。
42　内閣府編「平成 25 年版経済財政白書―経済の好循環の確立に向けて―」292 頁。
43　塚崎，前掲『外国人専門職・技術職の雇用問題』第 4 章参照。
44　以下の要件を満たす 5000 社の人事部に調査票を郵送し，93 社に務める 215 人の高度外国人材から回答を得ている。A.上場企業全部及び有望上場企業の中から，売上高 1000 億円以上で，海外売上比率が 1％以上など，海外進出している可能性が比較的に高い企業，3176 社，B.公表されているインターンシップ受入企業，外国人雇用サービスセンターに求人を出している企業（A の企業を除く），73 社，C.上場企業全部及び有望上場企業の中から，売上高 1000 億円未満の中堅・中小企業のうち，従業員数の多いもの（B の企業を除く），1751 社。
45　内閣府編，前掲『平成 25 年版経済財政白書』292 頁。
46　明石は，この「流入決定要因」について，「彼らの越境先や規模を左右するのは，送り出し国と

受け入れ国の物理的距離，両国間の歴史的関係や文化的つながり，言語特性，あるいはホスト国における母国出身者やその子孫が形成するコミュニティの有無といったさまざまな非政策的な諸要因であり，その組み合わせ如何ということであろう。」と述べている。明石，前掲「外国人『高度人材』の誘致をめぐる期待と現実―日本の事例分析―」56-57 頁。

47　高度人材受入推進会議，前掲「外国高度人材受入政策の本格的展開を」10 頁。
48　「以下のような取組」では，「就労支援」，「生活環境支援」，「在留資格制度等の改善」，「その他の取組」について記されている。
49　詳しくは，前掲「外国高度人材受入政策の本格的展開を」20 頁を参照。
50　内閣府，前掲『平成 25 年版 経済財政白書』289 頁。
51　明石，前掲「外国人『高度人材』の誘致をめぐる期待と現実―日本の事例分析―」67-68 頁。
52　日本経済新聞朝刊，2014 年 3 月 16 日付，中外時評「建設職人はなぜ消えた」（志田富雄稿）。
53　拙稿「グローバリゼーションと企業行動―雇用の視点から―」『龍谷大学経営学論集』第 52 巻第 4 号（2013 年 3 月）47 頁参照。
54　日本経済新聞朝刊，2014 年 2 月 5 日，真相・深層「外国人労働者拡大，静かに模索」。
55　日本経済新聞朝刊，2014 年 2 月 20 日付，大機小機「外国人労働者を考える」。

参考文献一覧（「白書」類を除く）

第1章参考文献

1. 赤川学『子供が減って何が悪いか？』ちくま新書，2004年
2. 大嶋寧子『不安家族』日本経済新聞出版社，2011年
3. 小笠原泰・渡辺智之『2050 老人大国の現実—超高齢化・人口減少社会での社会システムデザインを考える』東洋経済新報社，2012年
4. 黒田祥子・山本勲『デフレ下の賃金変動—名目賃金の下方硬直性と金融政策』東京大学出版会，2006年
5. 神代和欣『産業と労使』放送大学教育振興会，2003年
6. 小峰隆夫『人口負荷社会』日経プレミアシリーズ，2010年
7. 小峰隆夫『日本経済の罪と罰』日経プレミアシリーズ，2013年
8. 雇用政策研究会報告書「『つくる』『そだてる』『つなぐ』『まもる』雇用政策の推進」2012年8月
9. 島田晴雄『盛衰—日本経済再生の要件』東洋経済新報社，2012年
10. 日本経済新聞社編『ニッポンこの20年』日本経済新聞出版社，2011年
11. 「日本再生戦略〜フロンティアを拓き，『共創の国』へ〜」平成24年7月31日閣議決定
12. 野田知彦・阿部正浩「労働分配率，賃金低下」樋口美雄編集『労働市場と所得分配』慶應義塾大学出版会，2010年
13. 原田泰『日本はなぜ貧しい人が多いのか—「意外な事実」の経済学』新潮社，2009年
14. 深尾京司『「失われた20年」と日本経済—構造的原因と再生への原動力の解明—』日本経済新聞出版社，2012年
15. ポール・クルーグマン（山形浩生訳）『さっさと不況を終わらせろ』早川書房，2012年
16. ポール・クルーグマン（大野和基訳）『そして日本経済が世界の希望になる』PHP新書，2013年
17. 松谷明彦・藤正巖『人口減少社会の設計』中公新書，2002年
18. 松谷明彦『「人口減少経済」の新しい公式』日本経済新聞社，2004年
19. 村川堅太郎『村川堅太郎古代史論集Ⅰ』岩波書店，1986年
20. 吉川洋『マクロ経済学』第3版，岩波書店，2009年
21. 吉川洋『デフレーション—"日本の慢性病"の全貌を解明する』日本経済新聞出版社，2013年
22. 吉川洋『高度成長—日本を変えた6000日』中公文庫，2012年
23. 吉川洋『いまこそ，ケインズとシュンペーターに学べ—有効需要とイノベーションの経済学』ダイヤモンド社，2009年

第2章参考文献

1. 猪木武徳『戦後世界経済史—自由と平等の視点から』中公新書，2009年
2. NHK取材班『NHKスペシャル 日米の衝突』日本放送出版協会，1990年
3. ケネス・ポメランツ／スティーヴン・トピック（福田邦夫／吉田敦訳）『グローバル経済の誕生—貿易が作り変えたこの世界』筑摩書房，2013年
4. 小池和男『日本産業社会の「神話」—経済自虐史観をただす』日本経済新聞社，2009年

5．神代和欣『産業と労使』放送大学教育振興会，2003年
6．ジョセフ・E・スティグリッツ（楡井浩一訳）『世界に格差をバラ撒いたグローバリズムを正す』徳間書店，2006年
7．ジョセフ・E・スティグリッツ／カール・E・ウォルシュ（藪下史郎／秋山太郎／蟻川靖浩／大阿久博／木立力／宮田亮／清野一浩訳）『スティグリッツ マクロ経済学』第4版，東洋経済新報社，2014
8．関満博『空洞化を超えて―技術と地域の再構築』日本経済新聞社，1997年
9．津田眞澂『企業は人を捨て国を棄てる―「半日雇用」時代を生き抜く思想』ネスコ，1988年
10．戸田康之『日本経済の底力―臥龍が目覚めるとき』中公新書，2011年
11．戸田康之『途上国化する日本』日経プレミアシリーズ，2010年
12．中村隆英『昭和経済史』岩波セミナーブックス，1986年
13．中村隆英『日本経済―その成長と構造』第3版，東京大学出版会，1993年
14．野口悠紀雄『製造業が日本を滅ぼす』ダイヤモンド社，2012年
15．野口悠紀雄『変わった世界 変わらない日本』講談社現代新書，2014年
16．深尾京司『「失われた20年」と日本経済―構造的原因と再生への原動力の解明』日本経済新聞出版社，2012年
17．藤本隆宏『ものづくりからの復活―円高・震災に現場は負けない』日本経済新聞社，2012年
18．ポール・イングラーシア／ジョゼフ・B・ホワイト（喜多迅鷹訳）『勝利なき闘い―日米自動車戦争』角川書店，1995年
19．増田寛也編著『地方消滅―東京一極集中が招く人口急減』中公新書，2014年
20．松島大輔『空洞化のウソ―日本企業の「現地化」戦略』講談社現代新書，2012年
21．宮崎勇・本庄真・田谷禎三『日本経済図説』岩波新書，2013年
22．吉川洋『マクロ経済学』第3版，岩波書店，2009年
23．ロバート・C・アレン（グローバル経済史研究会訳）『なぜ豊かな国と貧しい国が生まれたのか』NTT出版，2012年

第3章参考文献

1．朝日新聞「ロストジェネレーション」取材班『ロストジェネレーション―さまよう2000万人』朝日新聞社，2007年
2．麻生誠『日本の学歴エリート』講談社学術文庫，2009年
3．天野郁夫『学歴の社会史―教育と日本の現代』2005年，平凡社ライブラリー
4．天野郁夫『教育と選抜の社会史』ちくま学芸文化，2006年
5．太田總一『若年者就業の経済学』日本経済新聞出版社，2010年
6．加瀬和俊『集団就職の時代―高度成長のにない手たち』青木書店，1997年
7．加瀬和俊『失業と救済の近代史』吉川弘文館，2011年
8．苅谷剛彦『学校・職業・選抜の社会』東京大学出版会，1991年
9．苅谷剛彦『大衆教育社会のゆくえ―学歴主義と平等神話の戦後史』中公新書，1995年
10．苅谷剛彦・菅山真次・石田浩編『学校・職安と労働市場―戦後新規学卒市場の制度化過程』東京大学出版会，2000年
11．苅谷剛彦／本田由紀編『大卒就職の社会学―データからみる変化』東京大学出版会，2010年
12．児美川孝一郎『若者はなぜ「就職」できなくなったのか？―生き抜くために知っておくべきこと』日本図書センター，2011年
13．沢田健太『大学キャリアセンターのぶっちゃけ話―知的現場主義の就職活動』ソフトバンク新

書，2011 年
14. 城繁幸『若者を殺すのは誰か？』扶桑社新書，2012 年
15. 菅山真次『「就社」社会の誕生―ホワイトカラーからブルーカラーへ』名古屋大学出版会，2011 年
16. 清家篤『雇用再生―持続可能な働き方を考える』NHK 出版，2013 年
17. 竹内洋『日本のメリトクラシー――構造と心性』東京大学出版会，1995 年
18. 田中博秀『現代雇用論』日本労働協会，1980 年
19. ドーア，R. P.（松居弘道訳）『学歴社会 新しい文明病』岩波書店，2008 年
20. 野村正實『日本的雇用慣行―全体像構築の試み―』ミネルヴァ書房，2007 年
21. 濱口桂一郎『若者と労働―「入社」の仕組みから解きほぐす』中公新書ラクレ，2013 年
22. 本田由紀『教育の職業的意義―若者，学校，社会をつなぐ』ちくま新書，2009 年
23. 三戸公『会社ってなんだ―日本人が一生すごす「家」』光文社，1984 年
24. 若林幸男『三井物産人事政策史 1876〜1931 年 ―情報交通教育インフラと職員組織―』ミネルヴァ書房，2007 年
25. 「Works」№61，2003.12-2004.01，ワークス研究所

第 4 章参考文献

1. 有賀貞則『ダイバーシティ・マネジメントの研究―在米日系企業と在日米国企業の実態調査を通して―』文眞堂，2007 年
2. 稲上毅・連合総合生活開発研究所編『労働 CSR―労使コミュニケーションの現状と課題』NTT 出版，2007 年
3. 遠藤功『現場女子―輝く働き方を手に入れた 7 つの物語』日本経済新聞出版社，2012 年
4. 大久保幸夫・石原直子『女性が活躍する会社』日経文庫，2014 年
5. 大沢真理『企業中心社会を超えて―現代日本を〈ジェンダー〉で読む』時事通信社，1993 年
6. 大沢真理『男女共同参画社会をつくる』日本放送出版協会，2002 年
7. 小池和男『仕事の経済学』第 3 版，東洋経済新報社，2005 年
8. 小池和男「日本型経営の『改革』」（日本改革研究会報告書「日本改革」社団法人研究情報基金，1998 年，所収）
9. 『週刊東洋経済』第 6355 号，2011/10/15，年 10 月東洋経済新報社
10. ジェフリー・フェファー（村井章子訳）『権力を握る人の法則』日本経済新聞出版社，2011 年
11. 菅野和夫『新・雇用社会の法』補訂版，有斐閣，2004 年
12. 竹信三恵子『ルポ雇用劣化不況』岩波新書，2009 年
13. 谷口真美『ダイバーシティ・マネジメント―多様性をいかす組織―』白桃書房，2005 年
14. 鶴光太郎・樋口美雄・水町勇一郎編著『労働時間改革―日本の働き方をいかに変えるか』日本評論社，2010 年
15. 鶴光太郎・樋口美雄・水町勇一郎編著『労働市場制度改革―日本の働き方をいかに変えるか』日本評論社，2009
16. 中窪裕也『アメリカ労働法』第 2 版，弘文堂，2010 年
17. マティス，R.L.／ジャクソン，J.H.（西川清之・江口尚文・西村香織共訳）『人的資源管理論のエッセンス』中央経済社，2008 年
18. 水町勇一郎・連合総研編『労働法改革―参加による公正・公立社会の実現』日本経済新聞出版社，2010 年
19. パク・ジョアン・スックチャ『会社人間が会社をつぶす』朝日新聞社，2002 年

20. 八代尚宏『労働市場改革の経済学』東洋経済新報社，2009 年
21. 山口一男『ワークライフバランス—実証と政策提言』日本経済新聞出版社，2009 年
22. 山口一男・樋口美雄『論争 日本のワーク・ライフ・バランス』日本経済新聞出版社，2008 年
23. リンダ・グラットン（池村千秋訳）『WORK SHIFT』プレジデント社，2012 年
24. リンダ・グラットン（吉田晋治訳）『未来企業』プレジデント社，2014 年

第 5 章参考文献

1. 安西愈『雇用法改正—人事・労務はこう変わる』日本経済新聞出版社，2013 年
2. 太田聰一『若年者就業の経済学』日本経済新聞出版社，2010 年
3. OECD 編著（濱口桂一郎監訳，中島ゆり訳）『世界の若者と雇用：学校から職業への移行を支援する：OECD 若年者雇用レビュー：統合報告書』明石書店，2011 年
4. 黒田祥子／山本勲『デフレ下の賃金変動—名目賃金の下方硬直性と金融政策』東京大学出版会，2006 年
5. 小島明『「日本経済」はどこへ行くのか—危機の 20 年』1，2，平凡社，2013 年
6. 城繁幸『若者を殺すのは誰か？』扶桑社新書，2012 年
7. 加藤久和『世代間格差—人口減少社会を問いなおす』ちくま新書，2011 年
8. 神代和欣『産業と労使』放送大学教育振興会，2003 年
9. 菅野和夫『労働法』第 10 版，弘文堂，2012 年
10. 清家篤『高齢者の労働経済学—企業・政府の制度改革』日本経済新聞社，1992 年
11. 清家篤『生涯現役社会の条件—働く自由と引退の自由と』中公新書，1998 年
12. 清家篤『定年破壊』講談社，2000 年
13. 清家篤編著『生涯現役時代の雇用政策』日本評論社，2001 年
14. 高木朋代『高年齢者雇用のマネジメント—必要とされ続ける人材の育成と活用』日本経済新聞出版社，2008 年
15. 中窪裕也・野田進・和田肇『労働法の世界』第 9 版，有斐閣，2011 年
16. 日本経済団体連合会「経営労働政策委員会報告」2013 年版
17. 濱口桂一郎『日本の雇用と中高年』ちくま新書，2014 年
18. 樋口美雄編集『労働市場と所得分配』慶應義塾大学出版会，2010 年
19. 柳川範之『日本成長戦略 40 歳定年制—経済と雇用の心配がなくなる日』さくら舎，2013 年
20. 吉川洋『デフレーション—"日本の慢性病"の全貌を解明する』日本経済新聞出版社，2013 年
21. 『週刊東洋経済』第 6440 号，2013 年 1 月 26 日号
22. 『日経ビジネス』2013 年 3 月 4 日号
23. 労務行政「労政時報」第 3838 号，2013 年 1 月 25 日号

第 6 章参考文献

1. 吾郷眞一『労働 CSR 入門』講談社現代新書，2007 年
2. 吾郷眞一『国際労働基準法—ILO と日本・アジア』三省堂，1997 年
3. 稲上毅／連合総合生活開発研究所編『労働 CSR—労使コミュニケーションの現状と課題』NTT 出版株式会社，2007 年
4. 猪瀬桂二「障害者雇用と職務設計—知的障害者を多数雇用する特例子会社 3 社の事例を中心に」（奥西好夫編『雇用形態の多様化と人材開発』ナカニシヤ出版，2007 年）
5. 大熊由紀子『「寝たきり老人」のいる国いない国—真の豊かさへの挑戦—』ぶどう社，1990 年

6. 小倉昌男『福祉を変える経営―障害者の月給1万円からの脱出』日経BP社，2003年
7. 菊野一雄・八代充史編著『雇用・就労変革の人的資源管理』中央経済社，2003年
8. 工藤正「障害者雇用の現状と課題」（労働政策研究・研修機構編『日本労働研究雑誌』労働政策研究・研修機構，第578号，2008年9月）
9. 障害者雇用促進制度における障害者の範囲等の在り方に関する研究会「障害者雇用促進制度における障害者の範囲等の在り方に関する研究会報告書」平成24年8月3日
10. 菅野和夫『労働法』第10版，弘文堂
11. 立石泰則「障害者が主役になれる会社―会社は何をするべきなのか―」（『世界』岩波書店，第635号，1997年5月号）
12. 手塚直樹『日本の障害者雇用―その歴史・現状・課題』光生館，2000年
13. 中野裕也・野田進・和田肇『労働法の世界』第10版，有斐閣，2013年
14. 長谷川珠子「障害者の福祉と雇用と『福祉的就労』」濱口桂一郎編著『福祉と労働・雇用』ミネルヴァ書房，2013年
15. Ｐ・Ｆ・ドラッカー（現代経営研究会訳）『新しい社会と新しい経営』ダイヤモンド社，1957年
16. ミシェル・フーコー（田村俶訳）『狂気の歴史―古典主義時代における―』新潮社，1975
17. 山田明『通史　日本の障害者―明治・大正・昭和』明石書店，2013年
18. 渡邊幸義『雇用創造革命』ダイヤモンド社，2012年

第7章参考文献

1. 明石純一「外国人『高度人材』の誘致をめぐる期待と現実―日本の事例分析―」五十嵐泰正編『労働再審2―越境する労働と〈移民〉』大月書店，2010年所収
2. NHK取材班『ヒト不足社会―誰が日本を支えるのか―』NHKスペシャル，日本放送出版協会，1991年
3. 梶田孝道『外国人労働者と日本』日本放送出版協会，1994年
4. 上林千恵子編著『よくわかる産業社会学』ミネルヴァ書房，2012年
5. 神代和欣『産業と労使』放送大学教育振興会，2003年
6. 桑原靖夫『国境を越える労働者』岩波新書，1991年
7. 駒井洋『外国人労働者をみる眼』明石書店，1990年
8. 菅野和夫『労働法』第10版，弘文堂，2012年
9. 田中宏『在日外国人』第3版，岩波新書，2013年
10. 塚崎裕子『外国人専門職・技術職の雇用問題―職業キャリアの観点から―』明石書店，2008年
11. 手塚和彰『外国人労働者』日本経済新聞社，1989年
12. 手塚和彰『労働力移動の時代』中公新書，1990年
13. 手塚和彰『続・外国人労働者』日本経済新聞社，1991年
14. 中村二朗・内藤久裕・神林龍・川口大司・町北朋洋『日本の外国人労働力―経済学からの検証』日本経済新聞出版社，2009年
15. 日本労働研究機構編『労働の国際化』リーディングス　日本の労働⑨，日本労働研究機構，1997年
16. 濱口桂一郎「日本の外国人労働者政策―労働政策の否定に立脚した外国人政策の『失われた20年』―」五十嵐泰正編『労働再審2―越境する労働と〈移民〉』大月書店，2010年所収
17. 花見忠・桑原靖夫編「『明日の隣人　外国人労働者』」東洋経済新報社，1989年
18. 濱口桂一郎『福祉と労働・雇用』ミネルヴァ書房，2013年
19. 安田浩一『ルポ　差別と貧困の外国人労働者』光文社新書，2010年
20. 経済企画庁総合計画局編『外国人労働者と経済社会の進路』大蔵省印刷局，1989年

索　引

【人名】

ア行
明石純一　215
天野郁夫　94
有賀健　92
石田浩　96
太田聰一　93
大湾秀雄　136

カ行
苅谷剛彦　82, 95
黒田祥子・山本勲　13
小池和男　62, 115, 117〜118
小島明　158
小峰隆夫　10

サ行
ジョセフ・E. スティグリッツ／カール・E. ウォルシュ　39
菅山真次　88, 95〜96
清家篤　93

タ行
竹内洋　87
立石泰則　196
田中博秀　86, 223
塚崎裕子　215, 223
津田眞澂　66, 68
戸堂康之　62
ドラッカー, P. F.　197

ナ行
永瀬伸子　131
野田知彦・阿部正浩　13
野村正實　84

ハ行
濱口桂一郎　74

原田泰　31
深尾京二　12
藤本隆宏　40〜41
堀江奈保子　157, 159, 165, 168
ポール・クルーグマン　13
本田由紀　79

マ行
松島大輔　61
松谷明彦　9
ミシェル・フーコー　197
村川謙太郎　31

ヤ行
柳川範之　157, 168
山口一男　123〜125
吉川洋　9

ラ行
ロナルド・ドーア　82

ワ行
若林幸男　87

【語句】

ア行
一律定年制　146〜147
「失われた20年」　11, 15
M字型カーブ　19
円相場　42
遅い選抜　106, 115, 117〜118, 126, 129

カ行
海外現地法人　47
海外生産比率　48〜49
海外設備投資　60〜61
海外設備投資比率　48

索 引

ア行

外国人研修・技能実習制度　207
外国人労働者　202〜203
改正高年齢者雇用安定法　143
学歴インフレ　75, 82
家計可処分所得　22
加工貿易（垂直貿易）　44〜46
完全雇用　14
完全失業率　15
管理的職業従事者　105
技術革新（進歩）　9, 22
基準（継続雇用制度の対象となる高年齢者に係る基準）　145, 148〜149, 155, 159
技能実習（制度）　207, 228
希望者全員　145, 148, 152
勤続年数　106, 112〜113, 115, 126, 129
勤務延長（制度）　142, 147〜148
クオータ制　136
グローバリゼーション（グローバル化）　38, 40, 66, 228
経済成長　13, 22
経済成長率　11
経常収支　43
継続雇用（制度）　148〜149, 151〜152, 155, 163
継続雇用措置　144
現地生産（直接投資）　44〜47
現地法人売上高　49
合計特殊出生率　6〜7
構造的な失業（雇用のミスマッチ）　74
公的年金制度　142
高度人材　169, 204, 214〜216, 226〜228
高度人材の卵　223, 226
高度人材ポイント制度　204, 217〜218
高年齢者雇用安定法　144
高年齢者雇用確保措置（雇用確保措置）　150〜152
国際研修協力機構（JITCO）　207
雇用延長　142〜143, 156〜157, 161

サ行

再雇用（制度）　142, 144, 147〜148
在留カード　208
産業間労働移動　24〜25, 69
産業の空洞化（製造業の空洞化）　40〜41
事業協同組合算定特例　179, 191

指導的地位　109, 129
資本蓄積　9, 22
従業員1人当たり付加価値額　28〜30
就業者人口　106
就職協定　86, 88〜89, 95
就職氷河期　77, 80, 89
就職率の推移　84
出入国管理及び難民認定法（入管法）　203〜205
障害者　179
障害者基本法　179
障害者雇用　175
障害者雇用納付金（制度）　178
障害者の雇用の促進等に関する法律（障害者雇用促進法）　175, 177
除外労働者制度（除外率制度）　176, 178
職業リハビリテーション　177
女性の管理職比率　105, 118, 128〜129, 137
所得収支　43
進学率の推移　80
新規学卒一括採用　75, 86〜89, 91〜93, 97
人口オーナス（負荷）　13
人口減少社会（少産多死社会）　1, 6, 228
人口ボーナス　13
身体障害者　175, 179, 181〜183
水平貿易　46
生産年齢人口　6
精神障害者　175, 179, 182〜183, 191〜196
製品輸入　46
「全員参加型社会」　19, 141
総合職　104
総人口　4, 6

タ行

対外 M&A　56
大学キャリアセンター　97
代替性（置き換え効果）　165, 167
ダイバーシティ・マネジメント　106, 121, 123
単純労働者　204
男女雇用機会均等法　104
置換水準　7
知的障害者　175, 179, 181〜183
長時間労働　106, 126, 129, 130〜131, 133
貯蓄超過　13
TFP　20

定額部分　142〜143
定年延長　142
定年制　145
定年の延長　144
定年の廃止　144
投資減速　13
特例子会社制度　176, 178

ナ行
日本的雇用慣行　86, 106, 113, 115, 126, 129
年間就業日数　129
年齢3区分別人口　5

ハ行
福祉的就労　183
不法就労助長罪　206
貿易収支　42〜43
報酬比例部分　142〜143
法定雇用率　175〜176, 189

マ行
名目賃金　13

ヤ行
有効求人倍率　14〜15

ラ行
留学生　223, 225
流入決定要因　223
「倫理憲章」　91
労働時間　118
労働生産性　9〜10, 27〜28, 30, 65
「労働のかたまりの誤謬」　167
労働分配率　23
労働力人口　8, 10, 22, 141
労働力人口比率（労働力率）　8, 106
老齢基礎年金　143
老齢厚生年金　142〜143
「6重苦」　37

初出一覧

第1章　人口減少社会と「産業構造転換」の必要性
　　　　―雇用の視点から
　　　　『龍谷大学経営学論集』第 52 巻第 2・3 号，2012 年。

第2章　グローバリゼーションと企業行動
　　　　―雇用の視点から
　　　　『龍谷大学経営学論集』第 52 巻第 4 号，2013 年。

第3章　わが国の若年者雇用の現状と課題
　　　　―「学歴インフレ」と「新規学卒一括採用」を中心に
　　　　『龍谷大学経営学論集』第 53 巻第 1 号，2013 年。

第4章　女性の管理職比率と「日本的雇用慣行」
　　　　―ダイバーシティ・マネジメントの視点から
　　　　『龍谷大学経営学論集』第 53 巻第 2 号，2014 年。

第5章　「65 歳まで雇用」と企業
　　　　―人件費ならびに若者の就業に及ぼす影響を中心に
　　　　『龍谷大学経営学論集』第 53 巻第 3 号，2014 年。

第6章　わが国の障害者雇用の現状と課題
　　　　―精神障害者の雇用義務化に焦点を当てて
　　　　『龍谷大学経営学論集』第 53 巻第 4 号，2014 年。

第7章　外国人労働者と企業
　　　　―「高度人材」を中心に
　　　　『龍谷大学経営学論集』第 54 巻第 1・2 号，2014 年。

　なお，本書掲載にあたっては，原タイトル，内容等を修正，また加筆した。

著者紹介

西川　清之（にしかわ　きよゆき）
1947年　佐賀県に生まれる
1976年　北九州大学商学部経営学科卒業
1983年　北九州大学大学院経営学研究科経営学専攻修士課程修了
1986年　西南学院大学大学院経営学研究科経営学専攻博士後期課程単位取得満期退学

現　在　龍谷大学経営学部教授

著　書　『人的資源管理論の基礎』（単著，学文社，2010年）
　　　　『賃金管理』（共著，中央経済社，2008年）
　　　　『はじめて学ぶ経営学』（共著，ミネルヴァ書房，2007年）
　　　　『持続的変革をめざして』（共著，晃洋書房，2006年）
　　　　『やさしく学ぶ マネジメントの学説と思想』（共著，ミネルヴァ書房，2003年）
　　　　『知識創造型の人材育成』（共著，中央経済社，2003年）
　　　　『人的資源管理』（共著，学文社，2003年）
　　　　『現代組織の諸相』（共著，文眞堂，2000年）
　　　　『人的資源管理入門』（単著，学文社，1997年）
　　　　『マネジメント入門』（単著，学文社，1996年）
　　　　その他

翻　訳　ロバート・L・マティス／ジョン・H・ジャクソン（西川清之・江口尚文・西村香織訳）『人的資源管理論のエッセンス』（共訳，中央経済社，2008年）

人口減少社会の雇用
——若者・女性・高齢者・障害者・外国人労働者の雇用の未来は？——

2015年4月20日　第1版第1刷発行　　　　　　　　　　検印省略

著　者　西　川　清　之
発行者　前　野　　　隆
　　　　東京都新宿区早稲田鶴巻町533
発行所　株式会社　文眞堂
　　　　電話　03（3202）8480
　　　　FAX　03（3203）2638
　　　　http://www.bunshin-do.co.jp
　　　　郵便番号(162-0041)　振替00120-2-96437

印刷・モリモト印刷　　製本・イマキ製本所
© 2015
定価はカバー裏に表示してあります
ISBN978-4-8309-4859-6　C3034